잠든 사이 월급 버는

미국 배당주 투자

안정된 수익 내는 배당투자의 나침반

잠든 사이 월급 버는

미국 배당주 투자

안정된 수익 내는 배당투자의 나침반

소수몽키(홍승초)·베가스풍류객(임성준)·윤재홍

CONTENTS

LESSON 05 쉽지만 강력한 **배당성장주 고르기** 147

LESSON 06 최고의 **매매 타이밍 잡기** 169

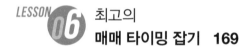

CONTENTS

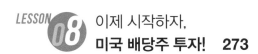

추천사

쥐꼬리만한 배당, 대주주의 부도덕성, 소액주주에 대한 차별 등으로 국내 증시에 실망한 투자자들이 대안으로 선진 미국 시장의 투자를 고려하게 되었고 저 또한 마찬가지였습니다. 하지만 언어의 장벽과 미국 증시 투자에 대한 막연한 두려움으로 망설여지는 게 사실입니다.

이 책은 '배당성장'이라는 키워드로 강력하면서도 보다 안전하게 미국 증시에 투자하도록 다양한 사례와 경험을 제시하고 있습니다. 미국 증시에 투자를 고려하는 투자자라면 먼저 이 책을 꼭 읽어보시라고 적극 권합니다. 많은 부분에서 큰 도움을 받을 수 있을 것이라 믿습니다.

– **김태석** 네이버카페 가치투자연구소 대표

미국 주식투자에 대해 얘기하다보면, 돈만 있다면야 국내 주식에 투자해도 충분하지 않느냐고 말하는 사람들이 있습니다. 하지만 거창한 이론을 들이대지 않더라도 미국 주식투자가 갖는 장점은 많습니다. 우선 미국 시장에서 '대표적'이라고 하는 기업은 세계에서 인정받는 기업이라고 할 수 있다는 점에서 충분히 투자할 가치가 있습니다.

게다가 미국 주식에 투자한다는 것은 달러화 자산에 투자한다는 뜻입니다. 우리는 국내 주식에 큰돈을 투자하지 않더라도 대부분의 경제활동을 원화로 하고 있습니다. 따라서 달러화 자산에 대한 투자는 위험을 분산한다는 의미를 갖습니다. 투자 위험을 분산하는 김에 세계에서 가장 안정적인 통화인 달러화 자산에, 그것도 세계적으로 인정받은 기업에 투자하자는 것입니다.

하지만 미국 주식에 투자하기로 마음을 먹었다고 해도 막상 시작하려면 무엇부터 해야 할지 막막해집니다. 증권사를 찾아가 상담을 받아도 되겠지만, 그렇다고 단기간에 모든 문제가 해결되길 기대하기는 어렵습니다. 분야별로 정통한 사람이 주변에 여러 명 있어 아무 때나 물어볼 수 있다면 큰 도움을 받을 것입니다. ≪잠든 사이 월급 버는 미국 배당주 투자≫는 각 분야에 정통한 여러 명의 역할을 하기에 충분한 책입니다. 더구나 이론부터 실무까지 직접 경험을 갖춘 여러 저자가 마치 다양한 실무적인 질문에 상담을 해주듯 꼭 필요한 정보를 제시하고 있어 더더욱 유용한 책입니다.

– **유춘식** 로이터통신 한국경제담당 수석특파원 겸 한글뉴스 편집장

투자에 대한 조언을 요청하시는 분들과 대화를 하다보면 '안전한' 투자처를 문의하시곤 합니다. 투자란 '원금 손실 가능성'을 전제로 하기에 불안전성에 기인하는 것이 마땅합니다. 이

를 모를 리는 없지만 사람들이 투자하려는 이유는 저금리로 인해 인플레이션을 붙잡기 어렵기 때문입니다. 이런 상황에서 배당투자는 좋은 투자 분야가 될 수 있습니다. 특히 한국이 아닌 미국 주식 배당 투자라면 더욱 매력적입니다. 한국 기업들보다 배당 성향이 높고 주주 민주주의가 확립된 나라이기에 수익률도 높을뿐더러 지속성도 있습니다.

문제는 어떻게 접근해야 하는지를 모른다는 것인데, 그런 약점을 메꿔주는 좋은 지침서가 바로 이 책이 아닐까 합니다. 투자를 하고 싶은데 비교적 안전한 방법을 찾는 사람들에게 적극적으로 추천합니다. 저 또한 이 책을 읽고 미국 주식 배당투자에 나설 생각입니다.

– **상승미소 이명로** ≪월급쟁이 부자들≫ 저자

다양한 인간군상이 모여 있는 주식시장에서는 테마주, 단타매매 같은 투자기법들이 그 화끈함으로 인해 많은 인기를 끌고 있는 반면, 배당투자는 지루하고 재미없는 투자법으로 인식되고 있습니다. 하지만 역사적으로 주식투자 총수익에서 배당수익이 차지하는 비중이 상당하기 때문에 현명한 투자자라면 배당을 절대로 무시해서는 안 됩니다.

이 책은 단순한 배당주 투자법만 다루고 있는 것이 아니라 고배당의 함정을 파헤치는 한편, 성장주와 배당주를 결합한 배당성장주 투자, 이벤트-드리븐을 적용한 배당투자 등 배당주 투자자가 놓치지 말아야 할 내용까지 담고 있습니다. 더 나아가 다양한 케이스 스터디 분석, 누구나 손쉽게 활용할 수 있는 해외 배당 ETF 투자 소개, 해외 세금, 트렌드 변화를 활용한 배당 투자 아이디어 도출 등 실전에 활용 가능한 투자 노하우를 제공한다는 측면에서도 매력적인 책이라고 할 수 있습니다.

— **한지영** 케이프 투자증권 투자전략팀 애널리스트

월급만큼 혹은 그 이상의 현금흐름을 꿈꾸는 분들에게 이 책을 추천하고 싶습니다. 흔히 월급 외 꾸준히 나오는 수익은 임대수익뿐이라고 믿기 쉬우나 배당주 주식들의 조합도 뛰어난 현금 흐름을 창출할 수 있습니다.

≪잠든 사이 월급 버는 미국 배당주 투자≫를 통해 독자들은 미국 우량 배당주들의 포트폴리오를 이용한 월급 외 현금 흐름을 차곡차곡 쌓아나가는 방법을 배우게 될 것입니다. 이론에 그치는 게 아니라 실전적으로 투자 대상을 발굴하는 법, ETF로 투자하는 법, 월급 이상의 포트폴리오를 만드는 법까지 상세하게 설명되어 있습니다. 회사의 충실한 종업원으로만 사는 것이 아니라 기업의 주인 중 한 사람이 되어 배당을 통해 그 이익을 향유하고 싶은 모든 분들에게 이 책을 적극 추천합니다.

— **주종륜** Columbia MBA Tiger Grandcub Hedge Fund 이사

투자는 노동으로부터의 해방이라기보다 노동을 고통이 아닌 행복으로 만드는 경제적 기초를 마련한다는 점에서 필수적입니다. 하지만 한국의 경우 코스피 200으로 압축하더라도 배당성향은 20% 미만에다 PBR 1배에서 시가배당률이 2% 정도입니다. 미국에는 독보적인 B2C 기업들이 많아서 배당률이 높고, 비슷한 산업구조를 가진 대만을 보더라도 배당성향이 50%에 시가배당률은 4%나 됩니다.

안타깝고 참담한 현실입니다. 한국에서는 합리적인 투자자라면 주식보다 부동산이 매력적일 수밖에 없습니다. 하지만 부동산은 관리, 환금, 소액투자가 어렵습니다. 이에 최근 미국의 안정적 배당주에 투자하는 방법과 뛰어난 노하우를 공개하는 이 책은 참으로 반갑지 않을 수 없습니다. 성실하게 노동하며 행복을 찾는 모든 분들에게 강력한 대안과 지침이 될 것으로 확신합니다.

– **김규식** 변호사/스카이투자자문 고문

"지금 당장 행복한 길을 택하라!"

이 책을 읽는 내내 미국이라는 나라가, 아니 정확하게 말하면 미국의 기업들이 부러웠습니다. "어떻게 하면 다른 이들보다 빨리 은퇴할까, 노동으로부터 조금 더 일찍 자유를 누릴까?" 이것이 미국 월급쟁이들의 화두라면 한국은 정반대입니다. "어떻게든 좀 더 버티자, 일찍 퇴직하면 루저가 된다."

자영업자 6백만 명 시대의 슬픈 자화상은 여기서 비롯됐습니다. 자유를 누리기는커녕 다시 일의 굴레 속으로 들어가야 '사람 대접' 받는 나라. 하지만 평균 2년을 못 버티고 가게 문을 닫는 나라. 오죽하면 한국에서 제일 잘 나가는 업종이 '상점 인테리어'란 말까지 나올까요.

저자들은 기업 성장과 배당의 함수관계를 통해 '은퇴 후 어떤 삶을 살 것인가'를 명확하게 설명하고 제시하고 있습니다. 그들은 늘 냉철하고 열정적인 자세로 미국 주식시장의 흐름을 발 빠르게 분석해왔습니다. 무엇보다 내가 저자들을 신뢰하는 가장 큰 이유는 숫자와 통계가 지배하는 냉혹한 자본시장에서도 사람에 대한 믿음을 잃지 않는다는 점입니다. 이 책에는 따뜻함이 배어 있습니다. 주식투자를 통해 돈을 벌기 위해서가 아니라 성장과 분배를 통한 주주들의 이익을 대변하는 시장과 윈-윈을 추구하고 있습니다. 이 책을 읽는다면 미국주식 배당투자를 통한 '행복한 은퇴'를 꿈꿔도 될 것 같습니다.

– **도기천** CNB 뉴스 편집국장

대한민국 투자문화를 바꿀 새 패러다임의 책!

추천사를 작성하기 위해 원고를 받았을 때의 첫 느낌을 아직도 잊지 못합니다. "배당 투자를 한다고? 그것도 미국 시장에서?"

≪잠든 사이 월급 버는 미국 배당주 투자≫를 읽으면서 개인투자자들에게 새로운 투자 길라잡이가 되어줄 수 있겠다는 확신이 들었습니다. 시중에 나와 있는 대다수 책은 시세차익을 위한 주식투자 방법에 대한 서술 일색이지만, 이 책은 미국 시

장에서 배당투자를 통해 어떻게 경제적 자유를 누릴 수 있는지를 서술하고 있습니다. 책에서 언급하는, 우리가 미국 주식에 배당 투자를 해야 하는 이유 몇 가지를 간략하게 요약하자면;

첫째, 배당투자로 기업 성장의 혜택을 나눌 수 있다.

둘째, 누구나 건물 월세처럼 꼬박꼬박 배당받을 수 있다.

셋째. 기축통화(달러)로 배당받기 때문에 복잡한 금융환경 속에서도 안정성을 유지할 수 있다.

이 책이 저의 가까운 지인들을 포함하여 많은 주식투자자에게 읽혀지길 희망합니다. 주식투자는 도박이 아닌 재테크 수단입니다. 이 책이 미국 배당투자의 세계로 여러분을 안내할 것입니다.

– **김용두** 이베스트투자증권 리테일금융본부 본부장

추천사를 요청받고 단숨에 책을 읽으면서 정말 미국 주식 투자자들에게 꼭 필요한 책이라는 생각이 들었습니다. 저자들의 수고와 노력에 진심으로 감사드립니다. 무엇보다 배당주에 투자하는 목적과 방법을 잘 서술했습니다.

우리는 공부를 잘해서 임금소득을 극대화하는 것을 배웠지만, 자본주의 사회에서는 자본소득을 극대화해야 하는데 그 방법이 자본에 투자하는 것입니다. 월세를 받기 위해서 부동산에 투자하거나 배당금을 받기 위해서 주식에 투자하는 것이 대표적입니다. 이 책은 배당금을 받기 위해 미국 주식에 투자하는 투자자들에게 믿음직한 지침서가 될 것입니다. 미국에 40년 가까이 살면서 느낀 것이 미국만큼 자본주의가 발달된 나라

가 없다는 점입니다. 많은 사람들이 이 책을 읽고 미국 주식 배당금을 통해서 부를 축적하고 노후를 대비하기를 진심으로 바랍니다.

— **김형진** 미국 리폼드 대학 노동경제학 교수

올해 1월 ≪미국주식 투자지도≫, 6월 ≪무조건 돈 버는 주식 투자, ETF가 답이다≫를 출간한 후 미국 주식 투자 시리즈의 완성을 위해 미국 배당주 투자에 대한 서적이 필요하다고 생각하던 차에 반가운 소식을 들었습니다. 저자들로부터 미국 배당주 투자 책을 준비하고 있다고 말입니다. 서둘러 목차와 원고를 요청했습니다. 와… 뭐 더 말할 필요가 없었습니다. 미국 주식에 관심 있고 또 현재 투자하고 있는 사람이라면 이 책은 무조건 꼭 봐야 할 것 같습니다.

"아깝다… 최초를 놓쳐서 말이다. 그리고 기쁘다… 오롯이 글을 쓰면서 느끼는 고통을 대신해줬으니 말이다. 그야말로 정말 고마운 책이다."

— **안석훈** 대한민국 10대 핀테크 기업 뉴지스탁㈜ 해외주식팀장

프롤로그

미국 배당 블로거 이야기

미국을 위시한 선진국에서는 '얼마나 많이 버느냐'보다 '얼마나 빨리 은퇴하느냐'가 자랑거리다. 살아 있는 투자의 대가 워런 버핏은 자신이 마지막으로 노동한 것이 18세였다고 어느 인터뷰에서 밝힌바 있다. 돈이 얼마나 많은가보다 얼마나 빨리 노동으로부터 해방되느냐가 진정한 자긍심인 셈이다.

실제로 최근 미국에서는 '파이어(FIRE)'족이 등장했다. FIRE족은 경제적 독립과 동시에 빠른 은퇴를 목적(Financial Independence, Retire Early)으로 하는 젊은 세대를 칭하는 말이다. 20~30년씩이나 회사에 다닌 후에 은퇴하는 것이 아니라, 빠르면 30대 중반, 늦어도 40대 초반까지 은퇴하는 것이 이들의 목표다. 또 이들은 자산 100만 달러(원화 약 11억 원)를 기준으로 삼으며, 그 자산에서 나오는 배당금이나 투자 수익으로 모든 생활을 꾸리는 것을 꿈꾼다.

내가 미국 배당주 투자를 시작하기로 결심한 것 또한 어느 젊은 해외 블로거의 사진 한 장 때문이었다. 그는 30대 중반에 미국 배당주 투자로 생활비 이상의 현금흐름을 만들어 '경제적 은퇴'를 달성했다. 가족과 함께 배낭여행을 다니며 찍은 사진에서 느껴지는 '경제적 자유'의 기쁨과 행복이 배당주 투자에 강력한 동기를 부여했다. 매달 배당금으로 여행 다니는 삶! 생각만 해도 설레고 잠이 오지 않아 그 다음날 바로 미국 주식계좌를 개

설해 배당투자를 시작했던 기억이 난다.

배당투자에 가장 필요한 것은 특별한 지식, 기술, 노하우가 아니라 '결단'과 '시간'이다. 이른 나이에 경제적 자유를 이룰 수 있었던 수많은 해외 배당투자자들의 비결은 '일찍 시작하는 것'이었다고 해도 과언이 아니다. 본격적으로 배당투자를 해온 4년여 동안 나는 단 한 달도 빠짐없이 미국의 기업들로부터 배당금을 꼬박꼬박 받고 있으며, 그 금액은 느리지만 꾸준히 우상향하고 있다. 그 여정을 블로그 '소수몽키닷컴'(sosumonkey.com)에 매달 기록하며 보다 많은 사람들과 소통한다. 그리고 본론에서 서술하겠지만 필자는 미국 배당주 투자로 월급에 준하는, 혹은 그 이상의 배당금을 받는 것을 목표로 투자하고 있으며, 이 책을 읽는 독자들도 부디 필자와 같이 하루 빨리 월급 외 소득을 받는 즐거움을 느끼길 간절히 바라고 기원한다.

월세 받기, 부동산만 바라볼까? '미국 배당성장'에 주목하자.

금융 선진국에서 배당은 기업과 성장의 과실을 나누며 부를 키워나가는 중요한 방법의 하나다. 현금흐름을 만드는 투자 방법이 부동산으로 매우 제약되어 있는 한국과 대비된다.

사실상 대한민국은 부동산에 소위 '몰빵'하는 나라다. 한국은행과 통계청의 2017년 국민대차대조표 자료(잠정)에 따르면 우리나라 가계 총자산 중 비금융자산(부동산 등)의 비중은 (미국 29.9%, 일본 37.4%에 비해) 62.4%나 된다. 자연스럽게 모든 정책, 사고, 심지어 재테크까지 부동산을 중심으로 돌아갈 수밖에 없다. 초등학생의 미래 희망직업 중 공무원과 함께 건물주/임대업자가 상위권을 차지한다는 설문 결과가 뉴스거리가 된 적도 있다.

이 책이 부동산 투자나 '월세 만들기'의 갈망을 비판하는 것은 아니다. 오히려 꾸준히 수익을 내주는 자산에 투자하는 '인컴(Income) 투자'는 주요 투자전략 중 하나다. 특히 빠른 은퇴와 진정한 경제적 자유를 위하여, 시세차익만을 기대하는 투자보다는 꾸준히 '현금'이 유입되는 투자가 필요하다. 확률에 기대야 하고 팔아야만 수익이 생기는 투자보다는 꾸준한 수익을 주는 투자에 관심이 가는 것은 인간의 본능 아닐까.

다만 강조하고 싶은 것은 부동산만이 월세를 만드는 유일한 방법은 아니라는 점이다. 조금만 눈을 돌려 미국을 보면 적은 금액으로도 충분히 월세 만들기를 시작할 수 있다. 바로 '미국 배당투자'다. 특히 이 책은 기업의 실적과 배당이 꾸준히 증가하는 '배당성장'에 주목한다.

미국 배당성장 투자로 성장의 과실 나누기

자본주의의 발전을 선도해온 미국은 가히 주주들을 위한 자본주의 국가라고 할 수 있다. 세상에서 가장 똑똑한 사람들이 모여 글로벌 혁신을 주도하고 있으며, 투명한 경제 시스템과 이를 지원해주는 엄격한 사법 체계가 어우러져 전 세계의 부를 미국으로 빨아들이고 있다. 미국의 대표지수인 S&P500에 포함된 아마존, 알파벳(구글) 등은 글로벌 혁신을 이끌고 있으며, 존슨 앤 존슨, 액티비전 블리자드, 애플, 디즈니 등은 지구

촌을 상대로 꾸준히 수익을 올리고 있다.

특히 주주 친화적인 배당 시스템은 전 세계에서 벌어들인 부를 주주에게 돌려주는 역할을 하고 있다. 실제 2018. 06. 11 기준으로 미국은 25년이 넘게 매년 배당을 늘려온 소위 '배당 귀족(Dividend Aristocrats)'을 53개나 보유한 국가이며, 10년 이상 계속 배당을 늘려온 종목은 264개나 된다. 예를 들어 포스트잇으로 잘 알려진 3M은 59년째, 코카콜라는 55년째 연속으로 배당을 늘려왔다.

이들 배당귀족들은 성과도 훌륭하다. S&P500 배당귀족 지수는 최근 10년 동안 219.33% 상승하여, S&P500 지수(146.36%) 대비 72.97%p 더 우수한 성과를 보였으며, 연평균으로는 12.62% 상승하여 S&P500 지수 9.74%보다 연평균 2.88%p 더 탁월했다.

이들 배당귀족 지수의 성과가 우수한 것은 매출과 순이익이 증가해야만 배당도 늘어날 수 있기 때문이다. 대개의 경우 배당의 성장은 곧 기업의 성장을 보여주는 신호라는 얘기다. 따라서 이들 기업에 관심을 가지고 꾸준히 투자한다면 매월 주어지는 배당과 함께 주식 가격의 상승에서 오는 시세차익도 함께 누릴 수 있다.

월세를 만들고 다시 모아라, 경제적 자유를 얻는 그날까지

한 예로 부동산을 운영하는 미국 기업 리얼티 인컴은 2018. 9. 25. 현재 시가 배당률 4.69%를 매월 지급하며, 22년간 배당을 증가시켜 왔다. 이는 부동산114에서 밝힌 서울 오피스텔 평균 임대수익률 4.89%(2018.8. 기준)와 비교해도 큰 차이가 없다. 차이가

* 시가 배당률

현재 주식 가격을 기준으로 몇 %의 배당을 받을 수 있는지를 나타낸 수치. 배당금/주식 가격으로 계산된다. 예를 들어 100달러짜리 주식의 배당금이 3달러라면 3달러/100달러로 시가배당률은 3%이다.

있다면 전국/서울 오피스텔 평균 임대수익률이 2010년 이후 지속해서 하락 중이라면, 리얼티 인컴은 꾸준히 배당금을 늘리고 있다는 점이다.

또한 한국감정원에 따르면 2018년 2분기 서울 오피스텔의 공실률은 12.1%에 달하고 있다. 반면 리얼티 인컴은 하와이를 제외한 49개주 및 푸에르토리코에서 임대업을 영위하고 있으며 154명의 전문 인력이 50개 지역, 56개 섹터에 걸친 5천 개 이상의 자산을 관리하고 있다. 또한 2018. 9. 25 기준 한 주당 가격은 56.46달러로, 6만 원만 있으면 바로 월세 만들기를 시작할 수 있다. 부동산의 경우처럼 대출이라는 레버리지를 활용하기는 어렵지만, 직접 오피스텔이나 갭 투자에 의한 부동산 투자보다는 훨씬 적은 비용으로도 투자할 수 있다는 장점이 있다.

한편 배당금으로 다시 배당주를 사 모으는 배당 재투자는 경제적 자유를 한층 더 빠르게 해줄 수 있다. 다른 조건이 불변이라는 가정 아래 1,000만 원을 투자해 매년 7%의 배당을 받는다고 가정해보자. 배당을 받고 재투자를 하지 않을 경우 30년 후 총투자금은 3,100만 원이 된다. 반면 매년 배당을 받아 재투자하면 7,612만 원이 되고, 매월 배당을 받아 재투자하면 8,116만 원이 된다. 또한 30년 후 매년 받는 배당금은 재투자하지 않을 경우 217만 원, 매월 배당금을 재투자한 경우 547만 원으로 2.5배 가까이 커진다. 아인슈타인이 세상의 8번째 불가사의라고 불렀던 '복리의 마법'이 이런 큰 차이를 만들어낸 것이다.

오라, 미국 배당성장의 바다로

이미 많은 한국 투자자들이 미국 배당성장을 통해 수익과 배당을 동시에 누리고 있음에도, 여전히 '잘 모르기 때문에' 혹은 '두려워서' 시작조차 못하는 사람들이 많다. 지금이라도 늦지 않다! 소액으로라도 시작해보고 그 성과를 확인한 다음, 점차 금액을 늘려갈 수도 있다. 그 과정에서 이 책은 미국 배당성장의 바다를 항해하기 위한 나침반이 될 것이다.

이 책은 크게 미국 배당성장의 (1) 투자 기초, (2) 투자 실전, (3) 투자 핵심 정보로 구성되어 있다. 투자 기초에서는 배당투자에 도움을 주는 기본 개념과 함께, 한국과의 비교를 통해 미국 배당성장 투자의 구체적인 내용을 알려준다. 그리고 투자 실전에서는 배당성장주를 고르는 기준, 매매 시점과 같은 구체적인 투자 방법과 함께 성향별, 목적별 배당투자를 위한 포트폴리오를 제시한다. 특히 '배당으로 생활비 충당하기'에서는 통신비 내기, 연금 만들기와 같은 구체적인 목표별로 투자 방법을 제시한다. 마지막 투자 핵심 정보에서는 스스로 배당투자를 할 수 있도록 배당 정보 사이트, 블로그 및 계좌개설, 세금 이슈를 다룬다. 이들 자료를 통해 독자는 배당투자의 전반을 쉽게 이해하고 실천할 수 있을 것이다.

이 책의 필자들은 직-간접으로 미국 주식에 투자하고 있으며, 미국 주식시장과 배당성장 투자의 가능성을 몸으로 생생하게 느끼고 있다. 이 책을 읽고 더 많은 투자자가 미국 배당성장 투자를 통해 하루라도 더 빨리 경제적 자유, 경제적 은퇴를 이루길 기원한다.

2018. 12.

소수몽키(홍승초)
베가스풍류객(임성준)
윤재홍

일러두기

**** '배당성장'이란?**

기업은 보통 1~5명 내외로 꾸려진 작은 스타트업(Start-up)으로 시작하게 된다. 점차 사업의 가능성을 본 투자자들이 생겨나기 시작하며, 막대한 자금이 필요한 경우 주식시장에 상장(IPO)을 하게 된다. 이후 매출과 이익을 지속적으로 확대시키면서 '성장주'로 불리며 시장의 관심을 받는다. 현재의 아마존, 넷플릭스(NFLX) 같은 기업이 대표적 사례다.

더 이상의 막대한 투자가 필요하지 않고 안정적인 현금흐름을 만들어낸 기업들은 배당금을 지급하기 시작하면서 '배당주'로 변하게 된다. 꾸준히 배당을 지급하고 그 금액이 늘게 되면 '배당성장주'로 탈바꿈한다. 5년 연속 배당을 늘린 애플, 7년 연속 배당을 늘린 스타벅스(SBUX) 등이 대표적 사례다.

이후 지속적으로 성장이 유지되면서 배당도 늘어나면 배당성장주의 지위를 유지하고, 시대의 흐름을 따라가지 못한 채 역성장을 하면 배당금도 줄어든다. 제네럴 일렉트릭이 그런 경우다. 배당을 줄인 수많은 기업들이 다시 역사의 뒤안길로 사라진다.

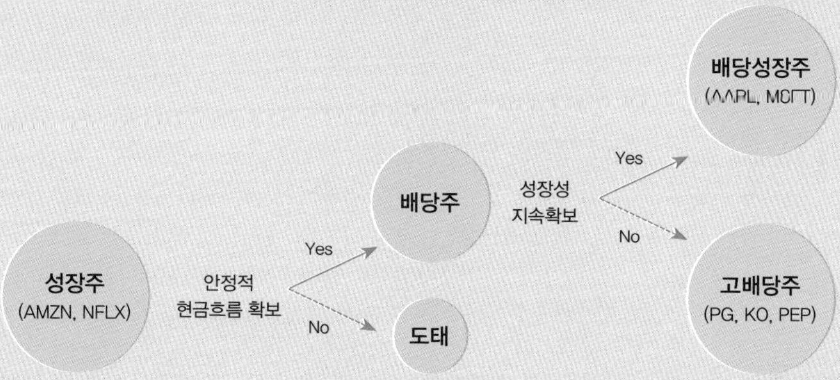

자료 : 인베스테인먼트

우리는 위와 같이 '성장→배당→배당성장→고배당'이라는 기업의 사이클을 활용한 투자를 해볼 수 있다. 초기 성장주 투자를 통해 최소한 수십 년간은 시세차익을 누리며, 성장이 둔해진 다음에는 고배당이라는 두 마리 토끼를 같이 잡을 수 있다. 보다 자세한 내용은 본문에서 펼치겠다.

(1) 이 책은 기업 IR(Investor Relations) 자료를 비롯해서 팩트셋(Factset), 로이터(Reuters), 디비던드 닷컴(Dividend.com), ETFDB(Etfdb.com) 및 한국은행, OECD 등의 자료를 기반으로 삼았다.

(2) 이 책에 실린 자료들은 신뢰할 수 있을만한 공신력 있는 출처를 바탕으로 작성되었으나, 독자들이 책을 접하는 시점과의 차이로 인해 세부 데이터나 제도 측면에서 현실과의 괴리가 생길 수 있으므로, 투자 시점에서 주요 내용에 대한 점검이 필요하다.

(3) 이 책에 실린 주가/배당률 데이터들은 자료가 작성된 시점을 기준으로 사용되었으며, 그 기준일자가 표기돼 있다. 특별한 이유가 없는 한 가장 최근의 데이터를 활용하였다.

(4) 미국 기업 명칭의 한글 표기는 2018년 4월에 출간된《미국주식 S&P500 가이드북》(인베스테인먼트 지음)을 기준으로 하였다.

(5) 이 책에서 사용된 숫자 단위는 가급적이면 10억 달러($10억), 10만 달러($10만)를 기준으로 작성하였다. 원화 기준으로 10억 달러는 1조 원가량, 10만 달러는 1억 원가량으로 생각하면 편할 것이다(2018. 9. 15. 기준 달러-원 환율은 1119.5원으로, 10억 달러는 1조 1,195억 원, 10만 달러는 1억 1,195만 원에 해당된다).

* 이 책에 담긴 투자의견은 필자들의 의견이며, 투자에 의한 최종 수익/손실은 오로지 투자자에게 귀속됨을 유의해주기 바란다.

"Do you know the only thing that gives me pleasure?
It's to see my dividends coming in."

"내 유일한 기쁨이 뭔지 아나?
차곡차곡 배당금이 들어오는 걸 보는 일이라네."

존 록펠러(John Davison Rockefeller)

미국의 석유재벌

LESSON 01

달러로 월세를 받는다고? 미국 배당주 투자를 접하다

재테크, 월급만으로 어림없다

> *나는 5년째 회사에 다니고 있는 직장인. 같은 팀 박종혁 대리는 부모에게 물려받은 돈이 많다. 옆 팀 김성진 주임은 비트코인으로 떼돈을 벌었다. 나는? 아무리 머리를 굴려봤자 이 월급만으로는 노후 대비는커녕 당장 가정 꾸리기조차 버겁다. 틀림없다. "월급 외 소득을 만들어야지!" 하루에도 몇 번씩 곱씹었다. 하지만 하루의 대부분을 회사에서 보내고 퇴근하면 지친 몸과 마음을 달래기도 벅찬 상황. 아, 결국 일 안 하고 돈을 버는 '비노동소득', 즉 자본소득이 유일한 방법이었다.*

윤정훈 대리는 대한민국의 지극히 평범한 직장인이다. 회사에 첫발을 내딛은 후 대다수의 직장인처럼 월급 받아 카드값 내고 경조사에 몇 번 갔다 오면 얼마 남지 않은 잔고를 보며 허탈한 느낌도 들었다. 직장인 첫 해를 마무리하며 '종잣돈 모으기'를 결심했다.

그렇게 1년의 시간이 지났건만 마음과는 달리 안타깝게도 현실은 크게 변하지 않았다. 여전히 카드값은 나갔고, 돈 좀 남겠다 싶으면 어김없이 돈 쓸 곳이 생겼다. 연차가 쌓이면서 월급은 조금씩 올라갔지만 월급 오르는 속도보다 물가-부동산-주식이 올라가는 속도는 더 빨랐다. 비교할 수 없을 정도로 벌어지는 격차! 다시 한 번 무기력함만 느꼈다.

2007년 이후 금융자산, 임금, 부동산 가격 상승률

	미국			한국		
	S&P500	가계 평균임금	주택가격 지수	코스피	가계 평균임금	주택가격 지수
상승률(%)	82.1	5.5	16.2	30.1	9.4	25.1

자료 : 인베스테인먼트, Nasdaq.com, 한국거래소(KRX), OECD, 댈러스 연준(Federal Reserve Bank of Dallas)

위의 표를 보면 실제로 2008년 미국발 금융위기 이후 임금 상승률은 금융자산이나 부동산 상승률과 비교하면 지극히 낮은 수준이다. 주식 투자자는 돈을 벌었다. 부동산 투자자도 돈을 벌었다. 물론 임금도 올랐지만 물가만큼은 오르지 못했다. 실제로 통계청 가계동향 지표에서 2인 이상 월평균 실질 가계 소득은 2008년 394만 원에서 2016년 436만 원으로 10.66% 상승했다. 반면 소비자물가상승률은 25.19%, 식료품 및 비주류 음료는 46.85% 상승했다. 월급이 늘었어도 사실 늘어난 게 아니란 얘기다. 이대로 있을 수는 없었다. 방법을 찾아야 했다.

방법을 고민하던 찰나, 우연히 해외주식 투자자가 몇 년간 꾸준히 작성해온 배당금 기록을 보게 되었다. "와, 이게 뭐야? 어떻게 주식으로 매달 배당을 받지?" 정말 머리를 한 대 맞은 듯한 충격이었다. 그 투자자는 꾸준히 늘어난 배당금을 개인 블로그에 몇 년째 매달 기록하고 있었으며 이미 경제적 자유를 달성해 배당금으로 가족과 여행을 다니는 삶을 살고 있었다. 잠이 오지 않았다. 나도 이렇게 현금흐름을 만들어야겠다는 생각이 간절해졌다. 그날 퇴근 후부터 잠자는 시간까지 줄여가며 미국 배당주식 투

미국/한국의 대표 주가지수, 가계 평균임금, 주택가격 지수 상승률 (YoY, %)

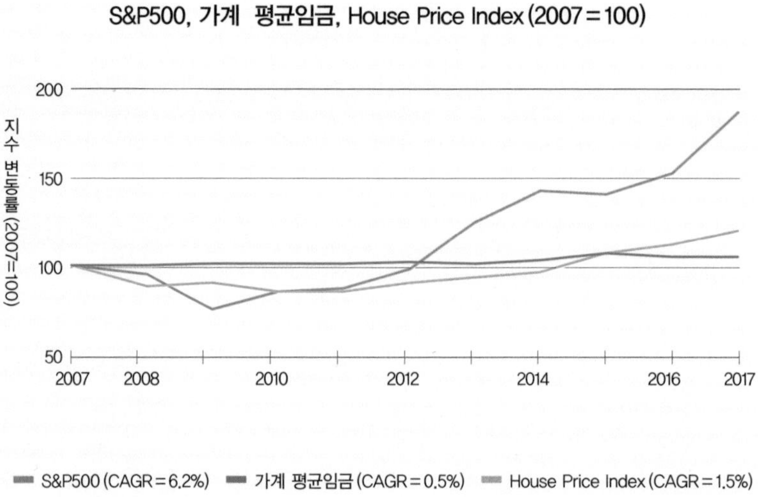

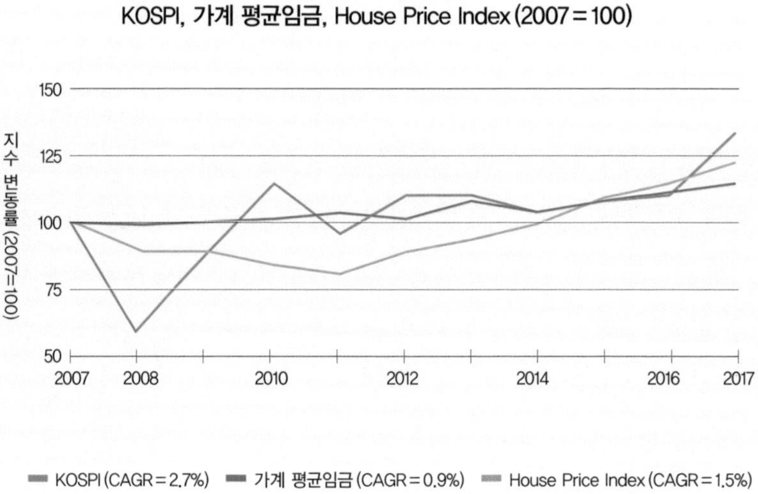

자료 : 인베스테인먼트, Nasdaq.com, 한국거래소(KRX), OECD, 댈러스 연준(Federal Reserve Bank of Dallas)

NoMoreWaffles 월별 순자산

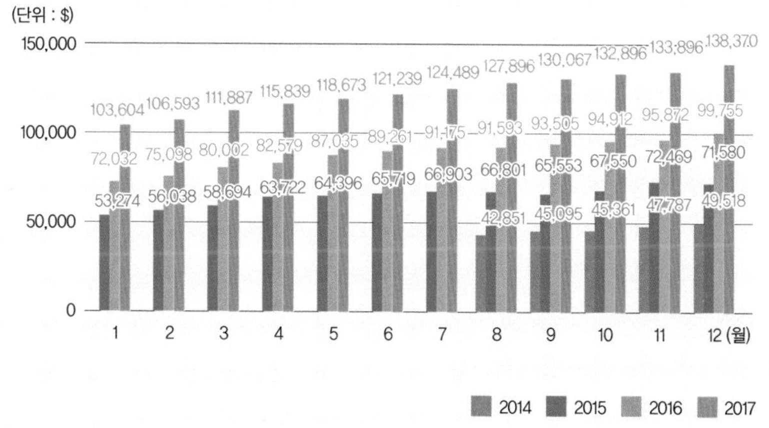

자료 : Nomorewaffles.com

자 공부에 몰두했다. 정확히 말하자면 공부하는 재미에 잠이 오지 않았다.

이 책의 주제인 '미국 배당성장주 투자로 월세 만들기'에 많은 영감을 주었던 《나는 오늘도 경제적 자유를 꿈꾼다》에서는 월세와 같은 자본소득을 이렇게 표현하고 있다.

> 자본주의 사회에서는 노동에서 얻는 열매보다 자본을 통해 얻는 열매가 훨씬 크다. 내가 열심히 일해서 돈을 버는 속도보다 돈이 돈을 버는 속도가 더 빠르다는 말이다…그렇기 때문에 가급적이면 일찍 돈을 불리는 시스템을 만드는 게임에 참여해야 한다. 할 수 있는 한 빨리 포식자 쪽으로 나의 포지션을 옮겨야 한다는 말이다… 하지만 부자가 되기 위해서는 점차 '근로소득 + 자본소득' 구조를 만들어야 하며 자본소득의 비중을 점차 늘려나가야 한다. 그리고 궁극

> 적으로는 자본소득만으로도 충분히 생활할 수 있는 구조를 구축해야 한다.
>
> *– 유대열, 《나는 오늘도 경제적 자유를 꿈꾼다》, 134~135쪽*

> 결국 이자만으로 살아야 진짜 부자다. 원금을 훼손하지 않고, 즉 거위의 배를 가르지 않고 거위가 낳는 알만으로 충분히 생활할 수 있어야 진정한 경제적 자유를 얻었다 할 것이다.
>
> *– 같은 책 140쪽*

노동소득은 언젠가 잃게 된다. 그뿐인가, 경제적 자유를 위해서라도 근로소득 외 소득은 필수다. 그래서 다들 월세 만들기에 관심 폭발이다. 그저 근로소득을 모으는 것만으로는 불충분하다. 자본소득에 관심을 가져야 하는 이유다.

나는 왜 미국 배당성장주에 주목하게 되었나?

이유는 간단했다. 믿음직했기 때문이다. 아직 잘 모르는 단계였지만 유명하다는 배당 블로거들은 대부분 미국 배당주에 투자하고 있었다. 왜 하필이면 배당투자, 그것도 미국이었을까? 며칠 동안의 검색 끝에 내린 결론은 다음과 같았다.

왜 미국인가?

1. 미국 기업들의 브랜드 가치와 업력, 그리고 주주자본주의가 정착된 미국 사회의 투명성

브랜드 파이낸스가 발표한 「2018 세계 500대 브랜드」에 의하면, 글로벌 브랜드 가치 최상위 50대 기업 중 8개는 아마존(1,508억 달러), 애플(1,463억 달러), 구글(1,209억 달러) 같은 미국 기업이다. 이처럼 미국을 바탕으로 성장해온 많은 다국적 기업 브랜드들은 지금도 전 세계인을 대상으로 돈을 벌고 있다. 이런 이익을 원동력으로 주주들에게 매월 또는 분기별로 꾸준히 배당금을 지급하고 있으며, 이는 주주들에 대한 보상(리워드)이다.

또한 미국 기업들은 투명성과 주주 친화정책 측면에서 주주자본주의가 확실하게 정착되어 있다. 물론 미국 역시 100년 전만 하더라도 상장기업의 일부 오너들이 기업을 좌지우지했고 2세나 가족에게 기업을 물려주는 것을 당연시하던 나라였다.

하지만 시간이 지나면서 전문 경영인 체제가 기업의 관리-발전에 더 유리하다는 것을 인식하게 되어, 오늘날과 같은 전문경영인 체제를 통한 주주 친화 시스템으로 바뀌었다. 또한 창업자들의 후손도 기업의 지분을 보유하고 배당받는 것을 선호한다.

2. 기축통화국의 지위: 투자의 안전판, 달러

우리는 달러 없이는 살아갈 수 없다. 거의 모든 원자재와 상품은 달러로 거래된다. 우리가 원유를 사올 때도 달러가 필요하고, 커피와 콜라를 마시거나 양키 캔들을 켤 때도 간접적으로 달러를 사용한다. 이처럼 우리는 일상생활에서 끊임없이 달러를 사용한다. 달러가 특히 빛을 발하는 것은 금융위기가 왔을 때다. 불안 심리는 모두가 달러를 찾게 만든다.

2018년 주요 지역 및 국가별 예상 배당성향(현금 배당/당기 순이익)

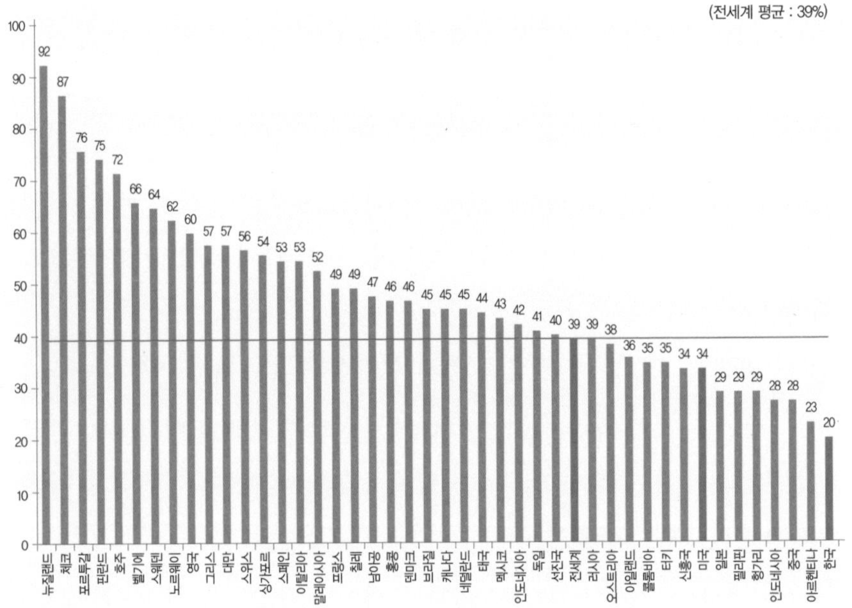

자료: Thomson Reuters, NH투자증권 리서치본부

Thomson Reuters가 집계한 2018년 주요 지역 및 국가별 예상 배당성향을 보자. 미국의 평균 배당성향 34%는 한국의 20%보다는 높지만 여전히 미국보다 높은 국가가 많다. 그럼, 왜 하필 미국의 배당주에 투자해야 하는 걸까? 이유는 분명하다. 미국의 달러와 EU의 유로가 주요 기축 통화이기 때문이며, 미국 달러는 EU의 유로화에 대해서도 강력한 우위를 갖고 있기 때문이다. 다시 말해 위기 상황에서 보호를 받을

수 없다는(즉 통화가치가 하락한다는) 얘기다.

1998년 IMF 구제금융을 받으면서 달러-원 환율은 1,960원까지 올랐다. 2008년 미국발 금융위기가 왔을 때는 1,540원대까지 상승했다. 당시 금융위기의 원인이 미국이었음에도 환율은 오히려 그 이전 3년(2005~2007년) 평균인 969원에 비해 58.9%나 치솟았다. 이후에도 2011년 유럽발 위기 등에도 달러-원 환율은 어김없이 상승하는 모습을 보였다.

달러-원 환율 추이
(1995. 9. 9 ~ 2018. 9. 7, 최고 1,960원, 최저 758.05원, 평균 1,111.21원, 표준편차 150원)

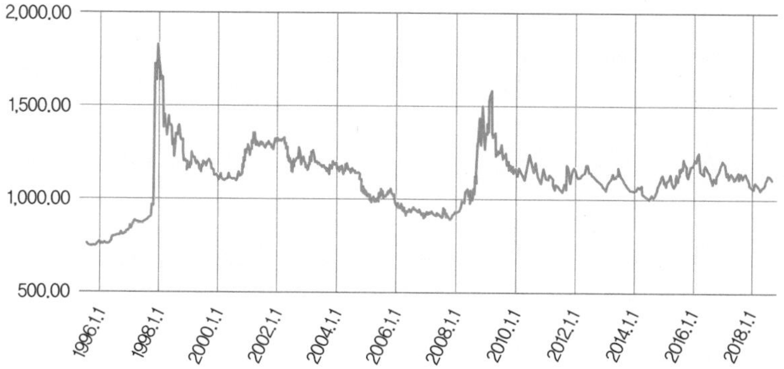

자료 : 인베스테인먼트, Investing.com

위기가 닥치면 달러-원 환율이 올라간다는 사실은 미국주식을 가지고 있는 투자자에게는 매우 중요하다. 주가가 하락하더라도 환율이 오르면 전체 계좌의 손실은 줄어들기 때문이다. 아래 표를 보자.

투자시점

	투자자금	환율	주가	투자
미국	1,000,000원	$1 = 1,000원	$100	$100*10주*1,000원
한국	1,000,000원		100,000원	10주*100,000원

한국주식과 미국주식에 똑같이 100만 원씩 투자하는데 미국주식은 1주에 $100, 달러-원 환율은 1,000원이라고 가정해보자. 100만 원을 환전하면 $1,000이 되고 주당 $100짜리 주식을 10주 살 수 있다. 한국주식은 주당 10만 원으로 역시 10주를 매수할 수 있다.

위기 시

	주가 변화	환율	평가액	최종 수익률
미국	$75 (–25%)	$1 = 1,000원 → 1,250원 (+25%)	$75*10주*1,250원 = 937,500원	(–) 6.25%
한국	75,000원 (–25%)		10주*75,000원 = 750,000원	(–) 25%

그러던 어느 날 금융위기가 닥쳐서 주가가 각각 25%씩 하락하고($100 → $75, 100,000원 → 75,000원), 달러-원 환율은 25% 상승($1 = 1,000 → 1,250원)했다. 이럴 경우 내 잔고의 수익률은 미국주식의 경우 $75(주가) × 10주 × 1,250원(환율) = 937,500원(수익률 –6.25%)이지만 한국주식의 경우는 75,000원(주가) × 10주 = 750,000원(수익률 –25%)이다.

주가는 똑같이 25%씩 하락했지만 환율이 25% 오르면서 미국주식 계좌 수익은 6.25%만 떨어졌다. 넘어질 때 쿠션이 충격을 줄여주는 것처럼 달러-원 환율이 쿠션과 같은 역할을 하는 것이다. 이러한 효과를 이 책에서는 '쿠션효과'라고 부르기로 한다.

코스피와 S&P500 및 달러-원 환율로 평가한 S&P500
(2011. 7. 1 ~ 2012. 6. 30, 2011. 7. 1=100)

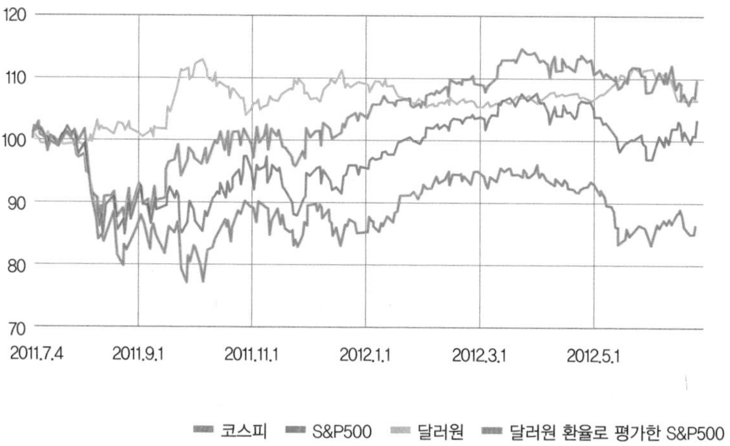

자료 : 인베스테인먼트, Investing.com

실제로 2011년 유럽발 금융위기가 왔을 땐 어떠했나? 위기가 본격화되면서 2011년 9월의 S&P500은 동년 7월 대비 최대 16.44% 하락했다. 코스피는 10월경 22.9% 하락한다. 하지만 2011년 9월 이후 달러-원 환율(노란 선)이 10% 넘게 상승하면서 S&P500(빨간 선) 하락에도 계좌 평가액(녹색 선)은 상승한다. 쿠션효과가 작용한 것이다.

이처럼 달러로 하는 투자는 마음이 편하다. 최악의 상황에서 달러는 내 계좌를 지켜주는 든든한 쿠션이 되니까. 다시 말해 신흥국에서 살아가는 리스크를 감내하는 대신, 달러자산에 투자함으로써 내 자산을 보호를 받을 수 있다는 얘기다.

3. 주주친화적 성향

미국은 자본주의로 시작해 자본주의로 성장한 나라이다. 그래서 주주친화적이다. 주주들에 대한 환원을 아끼지 않는다.

반면 한국은 주주에 대한 배려가 열악하다. 아래 표를 보면, 코스피 200에 속한 200개 기업의 2017년 평균 배당성향은 15.51%였다. 물론 2013년 14.63%에 비해 0.88%p 높아지기는 했지만, 시가배당률 1.24%은 5대 시중은행의 주요 평균 예금금리인 1.64%보다도 열악하다. 또한 미국 S&P500에 속한 500개 기업의 52.05%와 비교하면 대단히 낮다.

*배당성향
순이익 가운데 배당금으로 지급된 금액이 차지하는 비율

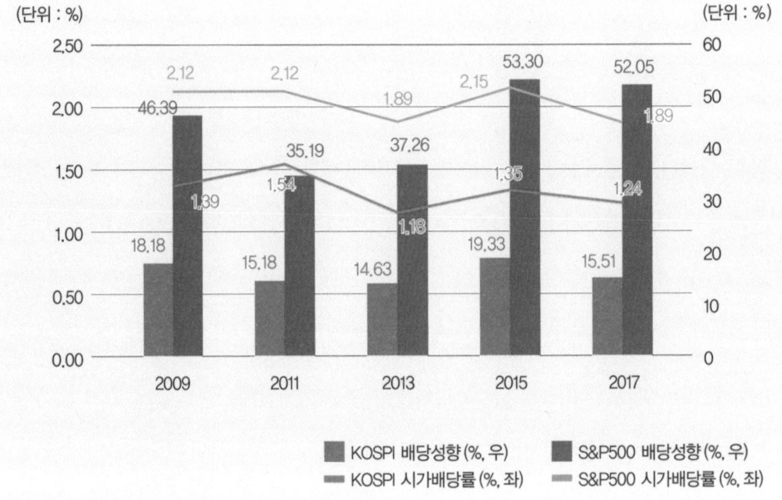

자료 : 인베스테인먼트, Bloomberg

물론 배당률이 높다고 해서 반드시 좋은 금융시장이라고 단정할 수는 없다. 그러나 배당은 주주가 주식회사에 투자한 금액에 대한 분배라는 점에서, 투자자들에 대한 기업의 태도를 알 수 있기에 매우 중요하다. 기업의 수익을 끊임없이 재투자하며 높은 주가 상승률로 훌륭하게 보답하는 아마존 같은 기업도 존재한다. 그러나 기업이 벌어들인 이익을 주주에게 돌려주거나 재투자하지 않고 오너나 그 가족이 대주주로 있는 비상장 계열사에 터무니없이 높은 마진을 주는 방식 등을 통해 오너 일가의 배만 채우는 경우도 많다.

미국의 경우 대다수 기업은 전문경영인이 운영하고, 오너는 기업 지분 보유와 배당을 통해서 이익을 공유한다. 각 기업들의 최대주주는 명성 높은 헤지펀드(엘리엇, 버크셔 해서웨이, 소로스펀드)이거나 뱅가드나 블랙락 같은 자산운용사인 경우가 대부분이다. 이들은 자기들이 투자한 기업이 조금이라도 빈틈을 보이면 압박을 가해서 최대한 많은 배당을 이끌어내고 끊임없이 문제 제기를 해서 관철시킨다.

실제 애플의 경우 전체 지분에서 기관 투자자가 보유한 비중이 61.01%나 된다. 뱅가드(Vanguard) 그룹이 6.87%에 해당하는 3억 4,846만 주를, 블랙록(Blackrock)이 6.30%에 해당하는 3억 1,971만 주를 갖고 있다. 아마존은 기관투자자 보유 비중이 58.60%로, 뱅가드그룹이 5.76%에 해당하는 2,787만 주를, 블랙록이 5.07%에 해당하는 2,453만 주를 보유 중이다. (2017. 12. 30. 기준)

4. 정치, 경제, 지리적 리스크

우리는 확실히 위험에 둔감해져 있다. 최근 남북 화해무드에도 불구하고, 지리적 리스크는 여전하다. 미국 군사력평가기관인 Global

Firepower 보고서에 의하면, 2017년 11위였던 대한민국의 군사력 순위는 2018년 7위로 올라갔다. 그럼에도 남쪽에는 8위 일본, 서쪽에는 3위인 중국, 북쪽에는 2위 러시아, 게다가 수많은 비대칭 전력을 보유한 북한이 버티고 있다. 압도적인 국방력 1위 미국 역시 동북아시아 정세에 촉각을 세우고 있다. 성적이 전교에서 7등이지만 같은 반에 전교 1, 2, 3등이 나란히 있는 것과 비슷한 처지라 할까?

5천만 명이 겨우 넘는 우리 내수시장에 비해 미국의 내수시장은 3억 명이 넘는 규모이다. 기업 가치가 아닌 외부적 요인에 의해 한국 증시가 쉽게 흔들리는 것과는 달리, 미국 증시는 탄탄한 내수시장에다가 4차 산업혁명을 주도하는 기술력과 막강한 군사력을 바탕으로 하고 있어 각종 리스크에서 상대적으로 자유로운 편이다. 또 정치에서는 자신의 지지 정당을 밝히고 정치자금을 후원하는 문화가 뿌리내리고 있어 상대적으로 투명하다는 것도 장점이다.

수익의 안정성에 있어선 어떨까? 줄넘기 한쪽 끝을 잡고 흔들어본 적이 있는가? 손에서 가까운 쪽이 조금만 움직여도 손에서 멀리 떨어진 부분의 움직임은 더 커진다. 경제에서도 같은 현상이 존재한다. 한 달에 평균 10만 대의 핸드폰을 구매하던 미국 소비자들이 경기가 좋아지면서 2만 대가 늘어난 12만 대의 핸드폰을 구매했다고 치자. 소매점에서는 갑자기 수요가 늘면서 장래에 대비하기 위해 14만 대를 주문한다. 그러면 도매점들은 16만 대를 주문한다. 한국의 핸드폰 부품 업체들은 갑자기 매출이 6만 대나 늘어나면서 호황을 맞이한다. 반대로 미국 소비자들이 구매를 줄이면 똑같이 과장된 축소 현상이 나타난다.

1990년 이후 미국 IPI 및 한국의 대미 수출액 변동 (월간, YoY, %)

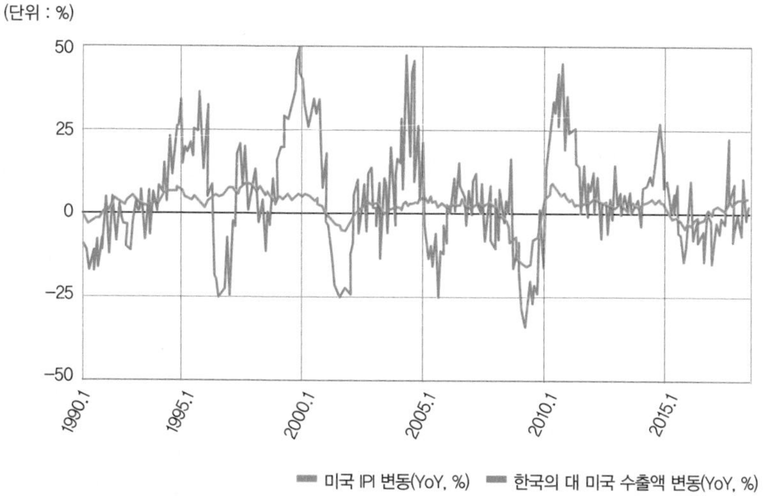

(상관계수 +0.51)	최대치	최저치	변동 폭	표준편차
미국 IPI 변동(YoY,%)	8.56	–15.33	23.89	4.01
한국의 대 미국 수출액 변동(YoY,%)	49.33	–29.81	79.14	15.19

자료 : Federal Reserve of ST. Louis, 미국 IPI(Industrial Production Index), 한국의 대 미국 수출액(U.S. Imports of Goods by Customs Basis from South Korea)

글로벌 경제에서 이 같은 현상을 '채찍효과'라고 한다. 위의 차트를 보자. 파란 선은 월간 미국 산업생산 지수, 빨간 선은 한국의 대미 수출액의 전년 대비 변화를 나타낸다. 미국 산업생산 지수가 조금만 움직여도 한국의 대미 수출액은 큰 폭으로 움직이는 것을 볼 수 있다. 한국에 투자하는 투자자 입장에서는 미국 경제에 끊임없이 신경을 쓸 수밖에 없는 이유다. 거꾸로 생각하면 미국에서 최종 제품을 생산하는 기업에 투자하는 것이 매출-수익의 변동을 줄이고, 안정적으로 투자할 수 있는 방법이 될 수 있다.

왜 배당인가?

1. 배당금은 현금이기 때문에 속일 수 없다.

배당금은 회사 밖으로 나오는 현금이라서 속일 수가 없다. 또 배당금이란 것은 쉽게 늘리거나 줄일 수 없다. 함부로 줄였다가는 배당을 보고 투자한 투자자들이 대규모로 매도에 나설 것이 분명하기 때문이다. 그래서 경영자들은 장래 실적이 늘어날 것이라는 확실한 전망이 있을 때만 배당금을 늘린다. 투자자 입장에서는 기업이 IR(Investor Relations)이나 언론을 통해 사업 전망이 나아지고 있다고 앵무새처럼 이야기하는 것보다 배당금을 증액시키는 것이 기업 전망 개선의 확실한 증거다.

게다가 배당금은 회계의 취약점도 보완해준다. 회계는 의외로 취약하다. 영업이익이나 순이익은 기업의 의도대로 '예쁘게' 만들 수 있다. 반대로 물건을 팔아 장부상 수익으로 기록했지만 실제로는 물건 대금을 받지 못해 이른바 '흑자도산'을 하는 경우도 있다. 그러나 현금은 확실하다. 장부상 수익이 아닌 실제 현금으로 수익을 내야만 배당금을 지급할 수 있다. 반드시 명심하자. 돈을 못 버는 기업은 오랫동안 배당금을 지급하지 못한다. 일시적으로는 속일 수도 있겠지만 언제까지 주주들과 시장을 속일 수 있겠는가?

2. 배당 증액은 투자자를 인플레이션으로부터 보호한다.

물가는 올라간다. 앞서 살펴본 것처럼 통계청에 따르면 2008~2016년 소비자물가 상승률은 25.19%로 연평균 2.85% 증가했다. 반면 2인 이상 월 평균 실질가계소득은 2008년 394만 원에서 2016년 436만 원으로 10.66%만 올라 연평균 1.27% 상승에 그쳤다. 물가가 올라가는 상황에서 현금을 그대로 갖고 있으면 구매력은 하락한다. 2008년 100만 원으로 10만 원짜리 물건을 10개 살 수 있었다면, 2016년에는 12만 5천 원짜리를 8개밖에 사지 못하는 것이다.

배당 증액은 물가 상승으로부터 투자자를 보호한다. 로우즈(LOW)의 배당금은 2008년 0.34달러에서 2016년 1.33달러로 9년 만에 291.2% 증가했다. 연평균 상승률이 16.36%에 달한다. 이 같은 배당 상승률은 물가 상승으로부터 투자자를 보호하는 데 충분할 것이다.

2008 ~ 2016년 연평균 상승률 (CAGR, %)

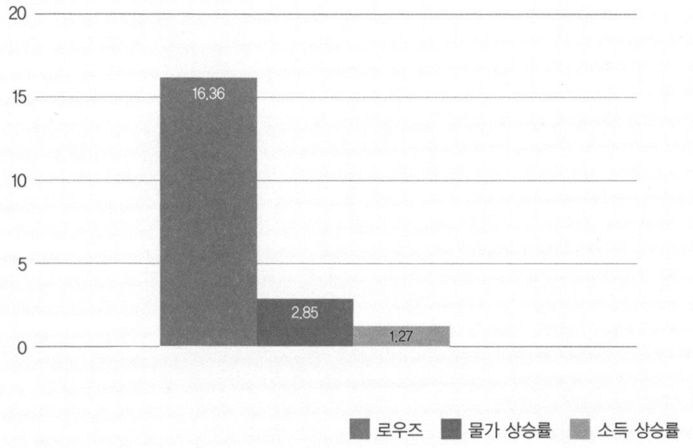

자료 : 인베스테인먼트, 로우즈 IR, 통계청

3. 배당은 변동성에 대처하는 데 도움을 준다.

또한 배당은 변동성을 줄여준다. 주가가 하락하면 배당투자자 입장에서는 시가배당률이 상승한다. 같은 금액으로 더 많은 배당을 받을 수 있게 되면서 주식은 더욱 매력적으로 변한다. 기본적인 사업에 문제가 없다는 점만 확인되면 추가 매수가 들어오게 되고 주가 하락은 제한된다. 특히 시장 외적인 요소로 주가가 떨어진 경우라면 배당주의 매력은 더욱 빛나게 된다.

2007 ~ 2012년 SPY (S&P500 ETF)와 VIG (미국 배당지수 ETF) 비교

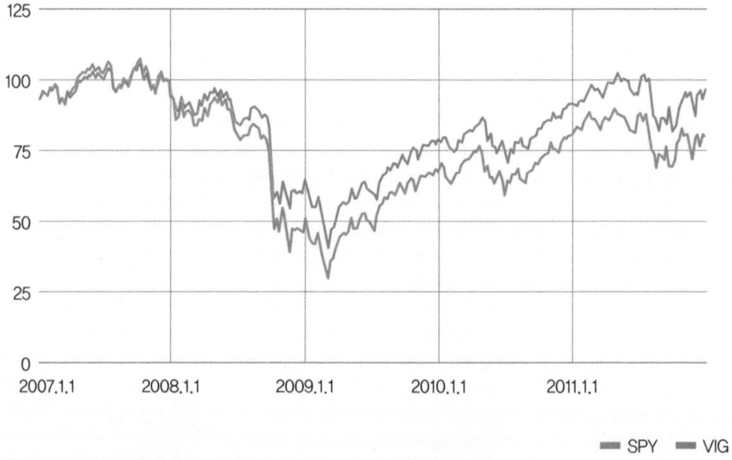

	최대수익률(%)	최대손실률(%)	표준편차
SPY	11.24	-50.96	14.45
VIG	9.49	-42.28	11.77

자료 : 인베스테인먼트, Google Finance (기준 2007.1.1.=100)

위 차트와 표는 S&P500을 추종하는 ETF인 SPY(SPDR S&P 500 ETF)와 NASDAQ U.S. Dividend Achievers 배당지수를 추종하는

VIG(Vanguard Dividend Appreciation ETF)의 2007~2012년 수익률이다. 2008년 금융위기 당시 시장이 급락하면서 두 지수 모두 하락했다. 그렇지만 VIG는 SPY에 비해 최대 8.68%p 덜 하락했고, 변동성(표준편차)도 2.68%p 가량 낮은 모습을 보인다. 이 같은 배당주의 특성으로 배당 투자자들은 상대적으로 편안한 투자를 할 수 있게 된다.

4. 배당은 현금흐름을 창출한다.

투자자 입장에서 안정적인 수익은 현금흐름을 통해 창출된다. 자본차익만으로 수익을 창출하려고 할 경우 불확실성이 최대의 걸림돌이다. 아무리 좋은 주식이라도 반드시 주가가 오르라는 법은 없기 때문이다. 반면 배당투자는 설사 주가가 오르지 않더라도 지급된 배당금을 생활비나 재투자로 활용할 수 있다는 장점이 있다.

배당투자의 장점

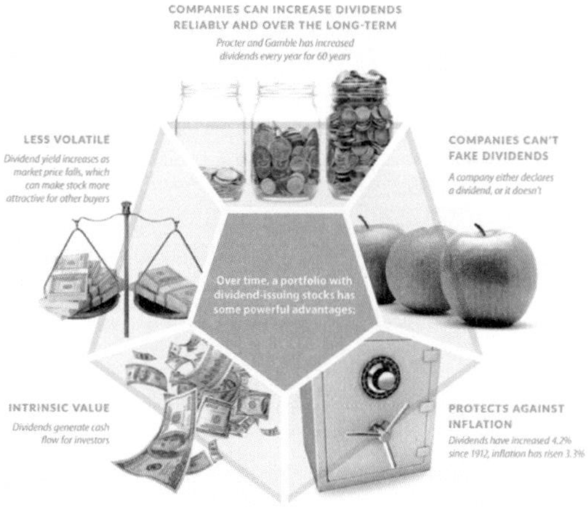

자료 : Visualcapitalist.com

기업 입장에서도 현금흐름은 기업이 실제로 생존하는 데 중요한 요소다. 미국 연방중소기업청(SBA)은 매년 중소기업의 주요 폐업 사유로 '현금흐름 관리의 실패'를 들었고, 미국공인회계사협회(AICPA)가 500명의 중소기업 오너들을 대상으로 조사한 결과, 83%가 현금흐름 관리를 주요 관심사로 꼽았다.

고배당의 함정에 빠지다 (미국 배당주 첫 경험)

지금 돌이켜보면 너무나 바보 같지만, 미국 배당투자에 첫걸음을 뗀 후 며칠간의 짧은 공부 끝에 배당투자의 핵심은 '배당률'이라는 결론을 내렸다. 최소한 예-적금보다는 이자율이 높아야 되지 않겠는가 하는 생각에

제너럴 일렉트릭(GE) 2008. 1. 1 이후 주가

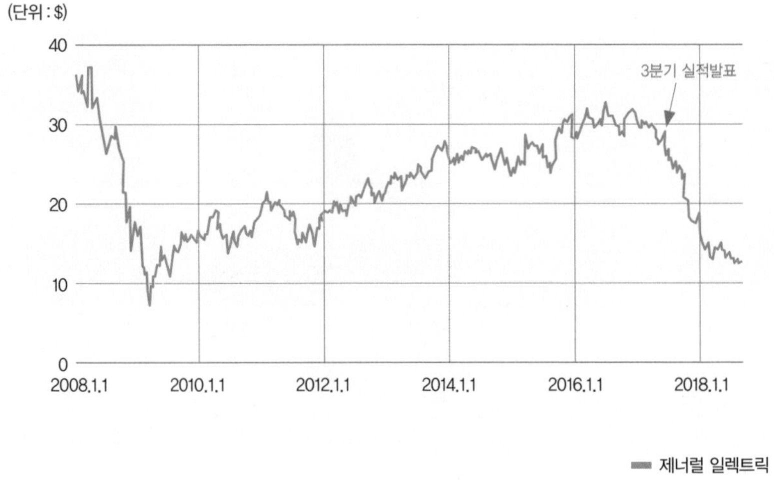

자료 : 인베스테인먼트, Google Finance

무조건 배당률이 높은 '고배당주'부터 찾았다. 그렇게 해서 100년이 넘는 역사를 자랑하며 절대 망하지 않을 것 같았던 초우량 기업 제너럴 일렉트릭을 매수하게 된다. 최근 1년 중 가장 높았던 가격 32달러에 비해 약 25%

제너럴 일렉트릭 2008년 이후 실적 추이

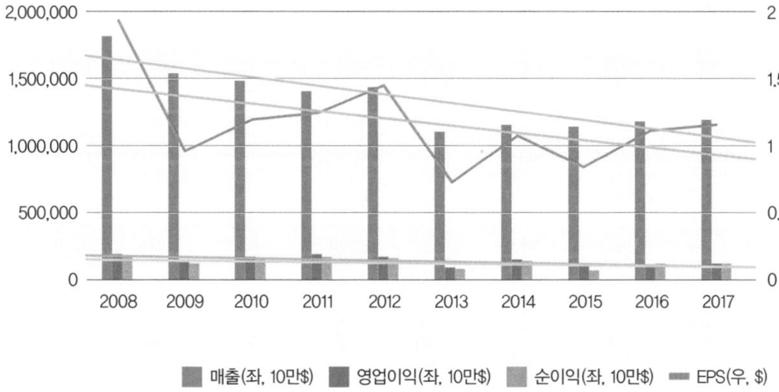

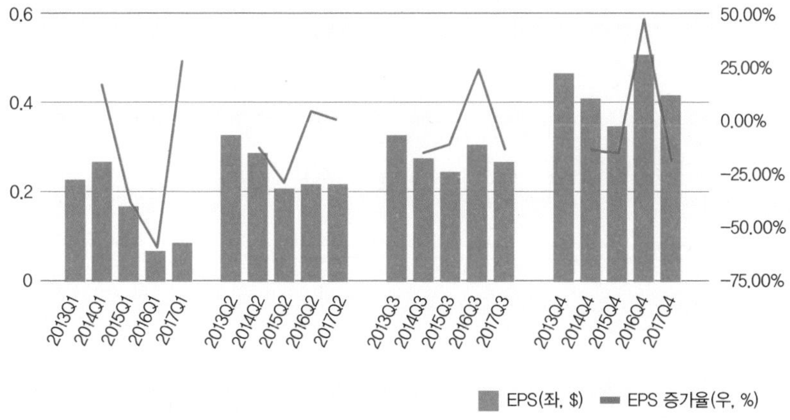

자료 : 인베스테인먼트, 제너럴 일렉트릭 IR, 기준: Non-GAAP

나 빠져 있는 주가에다 4%가 넘는 시가배당률은 너무나도 매력적이었다.

그러나 거기까지였다. 2017년 10월 20일 GE가 발표한 3분기 실적에서 주당순수익은 0.29달러였다. 시장 기대치 0.49달러보다 40.8%나 낮은 수치였다. 그뿐인가, 배당금을 기존 1주당 0.24달러에서 0.12달러로 반이나 줄여버렸다. 매출과 순이익이 꾸준히 감소하고 있었음에도 불구하고 이를 간과했던 것이 내 실수였다. 2017년 11월 22달러 부근에 머물고 있었던 주가는 이듬해 4월 13달러까지 빠졌다. 최근 1년 중 고점이었던 32달러보다 25%나 낮은 25달러 부근에 들어갔건만, 거기서 다시 절반으로 꺾여버린 것이다.

* 주당순수익(EPS; Earnings per share)
기업 실적을 나타내는 대표적인 지표로 주식 1주당 어느 정도의 수익을 창출해냈는지를 나타낸다. 순수익/주식 수로 계산된다.

이렇게 첫 배당주 투자는 아픔으로 마무리되었다. 도대체 무엇이 잘못이었을까? 미국 블로거들의 글과 각종 기사를 찾으면서 현재 지나치게 높은 배당금을 지급하거나 실적이 나빠지면서 주가가 하락해 배당률이 올라간 종목은 언젠가 문제가 생길 수 있음을 알게 되었다. 100만 원을 벌어서 150만 원을 지불하는 관행이 영원히 계속될 수 없는 것과 마찬가지인 셈이다.

위와 같은 실패 경험을 통해 무작정 '고배당'을 고집하거나 절대적인 기준으로 삼아서는 안 된다는 교훈을 얻게 되었다. 그리고 배당투자에 앞서 반드시 살펴봐야 할 사항들을 포함해 기본기부터 제대로 공부해야겠다고 다짐하게 되었다.

고수의
포트폴리오 1

구로동 최선생 (https://blog.naver.com/kckh3333)

'고수들의 포트폴리오'에서는 남들보다 한 발 앞서 미국 배당투자를 해오며 묵묵히 자신만의 길을 만들어가고 있는 한국 블로거들의 장바구니를 살펴보려 한다. 우리가 투자를 시작하기로 마음먹었을 때 가장 궁금한 것이 '투자고수'의 장바구니 아니겠는가? 그래서 워런 버핏(버크셔 해서웨이 CEO), 레이 달리오(세계 최대 헤지펀드 CEO) 등 투자 대가들의 포트폴리오와 매매에 많은 사람들이 관심을 보인다. 이처럼 한국인 미국 배당투자 고수들의 포트폴리오를 엿보는 것만으로도 시행착오를 줄이고 귀한 시간과 비용을 아낄 수 있을 것이다.

Q 현재 포트폴리오 소개 및 성과는?

A 2018년 9월 기준, 포트폴리오 전체적으로 미국 주식 41개 종목과 일본 주식 3개 종목을 보유하고 있다. 이것은 배당을 지급하지 않는 기업, 비중이 전체 포트폴리오 내에서 2% 미만인 기업, 일본 주식시장에 상장된 일본 기업을 제외한 리스트다. 비중 상위 10개 종목의 비중은 54%다. 단 한 번의 부분매도 없이 매수로 보유수량을 늘린 종목이 다수 있으며, 배당성장을 거듭하여 투자비용 대비 수익률이 시가배당률을 뛰어넘는 종목이 늘어나고 있다. 구로동 최선생 포트폴리오는 전체적으로 2.6% 정도의 배당수익률을 발생시키고 있으며 포트폴리오 구성에서 가장 중요하게 생각하는 부분은 고배당주, 배당성장주, 성장주의 밸런스를 유지하는 것이다.

* 투자비용 대비 수익률 (YOC; Yield On Cost)
현재 배당 수익을 초기 투자 비용으로 나눈 값. 100달러에 100주를 매수한 주식이 현재 200달러가 되었고, 주당 배당금을 10달러 지급하면 현재 시가배당률은 5%이다. 이때 200달러에 100주를 추가 매수하면 평균 매수 단가는 150달러가 되고, 이때 YOC = 10/150달러 × 100 = 6.67%가 된다.

장바구니 속 기업의 핵심 키워드

기업명(업종)	한 줄 소개
리얼티 인컴 (O, 리츠)	Triple Net Lease 형태의 안정적–비용친화적인 사업 구조, 동종 그룹 대비 압도적인 배당 성장 이력.
스타벅스 (SBUX, 서비스)	높은 브랜드 가치, 그것을 증명하는 탁월한 영업이익률. 리저브 로스터리 등의 특화 점포로 미개척 시장진입 및 주요시장 지배력 강화 중.
AT&T (T, 통신)	기존 통신사업자의 한계를 뛰어넘으려 타임워너(현 워너미디어) 인수. 미디어와 통신의 수직결합 시도.
존슨 앤 존슨 (JNJ, 제약)	뉴트로지나에서 레미케이드 그리고 수술용 로봇까지 소비재와 제약, 헬스케어를 폭넓게 아우르는 헬스케어 섹터의 거인.
마이크로소프트 (MSFT, IT)	윈도우, 오피스365, 클라우드까지 다각화된 매출 성장.
애플 (AAPL, 소비재)	애플 생태계의 확고한 지배력, 그리고 서비스 매출의 꾸준한 성장.
버라이즌 (VZ, 통신)	최고 수준의 커버리지와 가입자를 확보한 북미 최대 이동통신사, 5세대 이동통신 선두주자.
암젠 (AMGN, 제약)	다수의 파이프라인 및 수익성 있는 신약 라인업 확보. 바이오시밀러 파이프라인 다수 대기 중.
록히드마틴 (LMT, 항공우주/방위)	남중국해를 포함, 중국과 주변국의 잠재적 분쟁 발생 가능성은 가시화되고 있으며 일본/한국 등 동맹국에서는 비용 및 상호 작전성 때문에 미국산 무기체계를 선호.
보잉 (BA, 항공우주/방위)	중국, 아프리카 항공 산업의 폭발적인 성장과, LCC의 대두로 신규 항공기 및 항공기 대체수요 폭발.
매리어트 (MAR, 서비스)	스타우드를 합병한 세계 최대 호텔기업. 두터운 호텔 브랜드 포트폴리오를 보유하고 리츠칼튼, JW매리어트, 세인트레지스 등 럭셔리 세그먼트에서 강점.
3M (MMM, 산업재)	산업재와 헬스케어를 아우르는 다양한 제품 포트폴리오와 스카치, 포스트잇 등 소비재 영역에서의 강력한 브랜드 보유.
알트리아 그룹 (MO, 소비재)	필립모리스의 지주회사. IQOS, 누마크 등 저위험 담배 대체용품 연구개발에 주력. 기호용 마리화나 합법화 추세에 맞춰 마리화나 시장 진입 가능. 미국의 전설적인 배당주.
맥도날드 (MCD, 서비스)	노란색 아치로 대표되는 강력한 브랜드. 지난 수십 년간 미국을 대표한 패스트푸드 레스토랑. 무인화를 통한 비용 절감 및 다양한 메뉴 개발 중.
비자 (V, 금융)	세계 금융 결제시장의 지배적 사업자로서 갖는 각종 금융 데이터, 세계적인 여행 수요 증가에 따른 수혜, 그리고 막강한 브랜드 가치 보유.
콘솔리데이티드 에디슨 (ED, 유틸리티)	뉴욕시와 웨스트체스터 지역에 전기와 가스를 공급하는 발전/에너지 기업. 뉴욕 광역 도시권의 안정적 전력수요를 바탕으로 43년간 배당 성장 중.

기업명(업종)	한 줄 소개
채썸 롯징 Chatham Lodging 트러스트 (CLDT, 리츠)	미국 주요 도시에서 프리미엄 브랜드의 실렉트 서비스 호텔에 집중. 미국의 견고한 비즈니스 트립 수요와 보유자산의 낮은 유지비용이 강점.
아메리칸 타워 (AMT, 리츠)	5세대 이동통신망 구축 최고 수혜주. 환경보호, 에너지 절약 기조로 안테나 타워 임대 수요 견조.
아메리칸 워터 (AWK, 유틸리티)	급수인구 1위의 미국 최대의 물 솔루션 업체. 수도 인프라, 하수처리, 관련시설 디자인/건축/운영, 담수화, 인프라 확보, 거주/상업용 부동산 프로젝트까지 참여하는 기업.
메드트로닉 (MDT, 헬스케어)	의학 기술, 서비스, 솔루션을 제공. R&D 역량과 대량생산 및 자체 유통망으로 미국 의료기기 시장점유율 1위. 의료기기 품목별 규모가 가장 큰 심혈관계 관련 제품에서 강점.

Q 왜 미국 배당주식 투자를 시작하게 되었고, 계속하고 있는지?

A 한국 주식시장에서도 성과는 비교적 좋았지만, 내부정보를 이용한 빈번한 부당거래, 대기업 계열사의 경영권 상속 – 승계를 위한 기업 일감 몰아주기 등을 경험하며 한국 증권시장에 대한 회의감이 커지던 차에 제일모직 – 삼성물산 합병이 결정적이었다. 국민연금이란 거대한 규모의 자금을 이용해 정부 권력이 시장에 부당하게 개입하는 정황이 뚜렷했음에도 소액 주주들이 꼼짝없이 권리를 침해당하는 모습을 보면서 시스템의 룰 자체가 불공정하다는 생각을 했다. 차라리 그 유명한 골드만삭스나, JP모건체이스, 브릿지워터와 직접 맞붙는 한이 있더라도 일단은 심하게 기울어진 운동장에서 빠르게 벗어나는 것이 먼저라고 판단했다.

한국 주식시장의 비이성은 그것을 포착하고 이용할 수 있는 사람에게는 큰 기회가 될 수 있지만, 장기적으로 편안한 마음을 갖고 건강한 기업의 지분을 늘려가고 싶은 사람에게는 심리적으로 편안한 환경이라고 할 수 없다. 미국 기업은 주주환원을 최고의 가치로 두고, 주주에게 이익을 돌려주는 경영진의 능력을 높이 평가한다. 적극적인 자사주 매입 – 소각과 배당정책은 미국 주식시장이 갖는 최고의 매력 중 하나이며, 대주주가 있다 해도 그가 오너로서 기업을 직접 경영하며 군림하는 경우는 거의 찾아볼 수 없다. 우리 주식시장과의 차이점이다.

시장 전체의 건전성, 높은 회계 투명성, 강력한 증권거래법과 증권거래위원회(SEC)의 존재는 개인 투자자의 권리가 침해되는 것을 방지하는 데 큰 도움이 된다. 기본적으로 미국 배당주식에 투자하는 것은 심리적으로 편안함을 유지하며 주식시장에 투자해 자산을 늘리고 싶은 사람들에게는 최고의 선택지 중 하나라고 생각한다.

Q 미국 배당투자에 주목해야 하는 이유와 장점은?

A 한국에서는 상장회사가 정률 배당을 하는 곳도 찾기 힘들다. 미국 회사는 거의 대부분 정액 배당을 하고 경영진은 회사를 성장시켜 배당금을 늘려주는 것을 그들의 사명 중 하나로 받아들인다. 미국 기업들은 어닝즈 콜 (Earnings Call) 또는 투자자 프레젠테이션에서도 늘 배당이 투자자를 유인하는 중요한 지표임을 인식하고, 배당금을 늘리기 위한 경영진의 노력을 반드시 소개한다. 배당을 성장의 과실로 이해하는 투자자이거나, 배당의 증가를 성장의 증거로 이용하는 투자자 모두에게 미국 배당주는 유효한 투자자산이다.

세계 최고 수준의 자본시장에서 어중간한 성장, 어중간한 배당은 투자자들에게 철저하게 외면 받는다. 따라서 미국 기업들은 배당을 한번 시작하면 그때부터 잘 멈추지 않고, 투자자들은 기업의 배당금 삭감을 기업의 위기 상황으로 인식한다. 미국 주식시장에는 고배당주와 배당성장주가 공존하고 있으며, 투자자들은 본인의 성향 – 필요에 맞게 또는 투자환경에 따라 투자판단을 내릴 수 있다. 이것은 큰 장점이다.

Q 포트폴리오 구성 기준, 논리, 철학: 배당주 투자에서 가장 중요하게 보는 것은?

A 견고한 비즈니스모델과 배당 성장 이력 : 자본의 효율적 이용이란 측면에서 미국을 능가하는 나라는 찾기 힘들다. 절대다수의 기업들은 감당할 수 있는 수준에서 배당을 하며, 전반적인 회계 투명성 덕분에 고배당을 유지하기 어려운 회사들은 몇 가지 지표만 확인해도 초보 투자자들이 확인할 수 있을 정도로 걸러지고 시장에서 외면 받는다. 단순하고 견고한 비즈니스 모델은 일시적 위기나 대규모의 경제 침체에도 기업이 꾸준한 현금흐름을 만들 수 있다는 뜻이다.

배당을 50년 이상 늘려온 미국의 Dividend King 종목 리스트를 살펴보면 식음료, 소비재, 보험업 등 단순한 사업 모델을 가진 기업이 많다. 사회가 빠르게 변화하는 것은 사실이지만 미디어는 단지 변화가 일어나는 단면에만 집중한다. 빅 데이터 혁명, 로봇 혁명, 4차 산업혁명 등 우리는 쉬지 않고 혁명을 이야기하지만, 여전히 우리는 리바이스 청바지를 입고 맥도날드 햄버거를 먹지 않는가? 세상에는 잘 변하지 않는 것도 있다는 얘기다. 성장주 투자가 우리 삶의 모습에 변화를 불러올 기업을 찾는 과정이라면, 배당주 투자는 시간이 흘러도 변함없이 우리 곁에 있을 기업을 찾는 과정이다.

미국에는 Dividend King, Dividend Aristocrat, Dividend Champion 등 다양한 기준과 이름으로 배당을 증가시켜온 기업의 리스트를 만들고 자산운용사들은 이런 종목들만 모아 ETF를 설계해서, 개인투자자들이 배당 성장이라는 긍정적 시그널을 투자지표로 활용할 수 있도록 해준다. 과거를 보고 미래를 단정하는 것은 비합리적으로 보일 수도 있지만, 반대로 이러한 배당 성장의 레코드는 경영진의 장기적인 노력과 성과가 숫자로 드러난 것이다. 옷으로 피부는 가릴 수 있지만 몸매를 감출 수는 없듯, 긴 배당 성장의 이력은 내부에서 경영진과 이사회의 장기적인 노력을 확인할 수 있는 부분이라고 생각한다.

Q 가장 좋아하는 미국 배당주는?

A 마음 편한 주식이 가장 좋은 주식이다. 그런 의미에서 존슨 앤 존슨 같은 회사를 굉장히 선호하는 편이다. 아주 긴 업력을 갖고 꾸준히 성장해왔고 전설적인 배당 성장 기록을 가진 회사이며 R&D 역량도 뛰어나지만 M&A를 통해 계속 성장을 멈추지 않았다. 리스터린, 타일레놀 같이 강력한 브랜드를 갖춘 소비재 라인업부터 전문의약품, 그리고 구글과 함께 개발 중인 수술용 로봇까지 제약/바이오/헬스케어 섹터 전반에 많은 강점을 갖고 있다고 판단한다. 배당 성장에 있어서는 더 이상 잘할 수 없을 만큼 잘해온 기업이므로 장기적으로 YOC를 끌어올려 줄 수 있는 잠재력이 충분하다고 생각한다.

Q 배당투자 시 유의해야 할 점은?

A 장기적인 계획을 갖고 포트폴리오를 키워나가고 싶은 초보자라면, 포트폴리오의 벌크를 키우는 것도 중요하지만 일단 방향성에 대한 고민을 해보는 것이 좋다. 배당을 단순하게 기업이 영업활동을 하고 남은 잉여 이익을 주주들에게 돌려주는 거라고 생각한다면, 회계 처리의 관점에서만 보는 것이다. 투자자로서 배당이라는 테마를 갖고 배당주에 투자할 때에는 배당을 성장의 결과로 인식할 것인지, 또는 성장의 증거로 인식할 것인지, 스스로가 뚜렷한 관점을 가

져야 한다.

단지 배당을 지급한다는 이유만으로 특정 종목을 포트폴리오에 편입하려 한다면 다시 한 번 원점으로 돌아가서 배당의 의미를 생각해볼 필요가 있다. 제대로 된 투자판단만 거치면 배당투자는 잦은 트레이딩 없이도 배당 재투자로 보유 수량이 늘어나 성과가 나오는 비교적 마음이 편안한 투자 방식이다. 성급하게 고배당이라는 이유로 투자하기보다는 투자하려는 기업의 비즈니스 모델을 이해하고 배당 발생의 과정을 이해하는 과정이 꼭 필요하다.

Q 향후 배당투자 목표 및 계획은?

A 배당금의 증가는 투자원금의 증가 및 배당 성장 두 가지 동력으로 이루어진다. 따라서 배당주 투자를 시작한 이후 계좌에서 단 한 번도 인출하지 않고 감당 가능한 수준에서 최대한 원금을 늘리고 모든 배당금을 전부 재투자하며 배당금을 증가시키는 데 집중하고 있다. 동시에 일본에 상장된 자산을 포트폴리오에 편입해서 원화, 달러화에 그치지 않고 엔화로도 자산을 분산하고 있다. 원칙이라는 큰 틀 안에서 유연성을 잃지 않고 배당을 기반으로 하는 포트폴리오를 더욱 키우는 것에 집중할 계획이다.

Q 미국 배당투자를 처음 시작하는 독자를 위한 한마디?

A 배당주 투자는 일반적으로 마음 편한 투자라고 알려져 있지만, 실은 그것을 편안하게 받아들이는 것도 개인의 그릇입니다. 세계 최강국이라는 미합중국의 국채에도 변동성이 있거늘, 하물며 단지 배당을 지급한다는 이유로 주식에 변동성이 없겠습니까? 눈앞의 주가 변동이라는 일시적 현상에 집중하지 말고, 더

멀리 보겠다는 마음가짐으로 접근하시기 바랍니다.

장기적인 관점에서 주식이라는 자산은 채권, 금, 부동산을 압도하는 투자 성과를 내고, 그중에서도 배당을 증가시켜온 기업들에 배당금을 재투자하는 것이 효과적인 전략이라는 것은 굳이 워런 버핏 같은 전설적 투자자의 예를 들지 않아도 데이터가 증명하고 있습니다. 하루하루의 가격 변동에 일희일비하기보다 쉬지 않고 좋은 회사를 찾아 보유하겠다는 생각으로 접근한다면, 좋은 성과는 저절로 따라올 수 있다고 믿습니다. 대부분의 미국 회사들은 분기별로 배당금을 지급하기 때문에 보유량에 따라 배당금이 늘어나는 것을 비교적 빠르게 확인할 수 있고, 동시에 소비의 기회비용을 체감하며 자연스럽게 라이프스타일의 변화를 느끼게 되실 겁니다.

"Dividends may not be the only path for an individual investor's success,
but if there's a better one, I have yet to find it"

"배당금이 개인투자자의 성공을 위한 유일한 길은 아닐지 모른다.
그러나 더 좋은 방법이 있다 해도 난 아직 그걸 찾지 못했다."

조쉬 피터즈(Josh Peters)

《The Ultimate Dividend Playbook》 저자

LESSON 02

왜 배당투자인가?

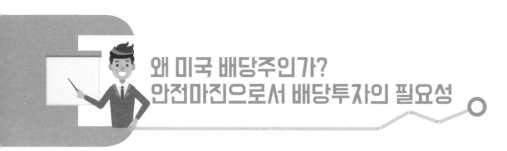

왜 미국 배당주인가?
안전마진으로서 배당투자의 필요성

매매차익을 보려고 매수한 기업의 주가가 떨어질 때 할 수 있는 일은 딱 3가지다. 더 사거나, 팔거나, 그냥 버티는 것. 그 외에는 할 수 있는 것이 전혀 없다. 그러나 배당투자는 다르다. 주가가 떨어질수록 시가배당률은 높아지므로 비교적 즐거운 마음으로 그 기업의 지분을 더 모아갈 수 있으며 배당을 받을 때까지 기다리며 버틸 수 있는 힘을 준다. 심리적으로 이미 지지 않는 싸움을 하고 있는 것이다.

배당투자의 궁극적 목표는 최대한 주식 수를 늘리고 그로부터 나오는 배당금을 통해 경제적 자유를 얻는 것이므로, 오히려 주가 하락이 최적의 배당주 매수 기회가 된다. 그래서 다른 투자자들과 달리 주가 하락이 오히려 즐겁다. 시세차익만 노리는 투자는 주가가 무조건 올라야 하지만, 긴 기간을 통해 싼 가격에 배당주를 모으는 전략은 이와 반대인 셈이다.

그러나 나처럼 성격 급한 대표 한국형 인간들은 1년에 한 번씩 배당금을 지급하는 한국 배당투자의 지루함에 두 손 두 발 모두 들고 만다. 누구나 장기투자를 하라고 외치지만, 정작 투자자에게 1년은 결코 짧지만은 않은 시간이기 때문이다. 참고로 한국인들의 평균 투자기간은 8.01개월로, 전 세계 144개국 중 네 번째로 짧다. 그런 점에서 3개월마다 꼬박꼬박 배당금을 통장으로 꽂아주는 미국주식은 배당금 받는 재미뿐 아니라 주가가 하락할 때 버티는 힘까지 확실하게 주는 경향이 있다.

미국 주식시장을 대표하는 S&P500지수에 포함된 500개 상장기업 중 배당을 지급하는 기업은 무려 414개! 그러니까, 대부분의 상장기업에게 배당이란 너무나도 당연한 주주들과의 약속이라는 얘기다. 게다가 분기마다 배당을 지급하는 기업이 무려 396개에 달한다. 아래 표를 보더라도 한국에 비해 미국에서는 분기 배당 기업의 비중이 월등히 높다. 똑같은 배당률일 때 3개월마다 받는 것과 1년에 한 번씩 받는 것 중 어느 쪽을 선택하겠는가?

한국 기업과 미국 기업의 배당별 비중

	한국	미국
기준	코스피200	S&P500
연 배당	143 (71.5%)	5 (1%)
반기 배당	13 (6.5%)	9 (1.8%)
분기 배당	6 (3%)	396 (79.2%)
월 배당	0 (0%)	1 (0.2%)

자료 : 인베스테인먼트, Dividend.com, 한국예탁결제원(Seibro.or.kr)

배당은 어떻게 만들어지나?

일반적으로 배당은 수익의 일부를 주주에게 나누어주는 행위다. 배당을 가리키는 영어 dividend는 '나눔'을 의미하는 라틴어 dividendum에서 유래했다. 최초로 배당을 지급한 기업은 1250년 설립된 프랑스의 바자클 제분소(Société des Moulins du Bazacle)였으며, 주식회사 형태로 배당을 지급한 것은 1602년 설립된 동인도회사였다. 오늘날에도 배당은 주주를 위한 대표적인 환원 정책으로 꼽히고 있다.

배당이 만들어지는 원리는 간단하다. 기업은 직원을 고용하고 재료를 사서 제품을 만들어 시장에 판다. 제품을 팔고 받은 돈(매출)으로 재룟값(매출 원가)과 각종 지출을 충당하고 직원에게 급여(판관비)를 준다. 또 세금을 내고 남은 돈(순이익)으로 미래를 위한 투자를 하거나 불확실한 미래를 위해 저축(유보금)을 하고, 마지막 남는 돈을 배당금으로 주게 된다.

좀 더 구체적으로 설명해보자. 장은아와 박지혜는 각각 2억 5천만 원씩 총 5억 원을 모아 빵을 잘 만들기로 소문난 정정운을 고용해 빵집을 차렸다. 2017년 한 해 빵을 팔아 번 돈은 10억 원(매출)이었는데, 재료를 사는 데 든 돈 6억 원(매출원가)을 빼니 4억 원(매출 총이익)이 남았다. 여기서 정정운에게 인건비로 5천만 원, 임대료로 1억 원, 이자 등 기타 비용으로 5천만 원 등, 총 2억 원(판관비 및 기타 비용)을 지출해 2억 원이 남았고, 세금 5천만 원을 내고 나니 1억 5천만 원(당기순이익)이 남게 되었다.

두 사람은 함께 벌어들인 돈 1억 5천만 원을 어떻게 할지 고민한다. 가게를 키울까? 그냥 둘이서 나눠가질까? 고민 끝에 둘은 5천만 원을 현금으로 보유(유보금)하고, 5천만 원은 가게를 넓히는 데 사용(투자)하고, 나머지 5천만 원을 2천5백만 원씩 나눠가지기로 했다. 여기서 두 사람이 현금으로 받게 된 5천만 원이 배당금이다.

배당금이 만들어지는 예

빵을 팔아 번 돈	매출액	10억 원
재룟값(밀가루, 우유, 버터 등)	매출원가	(–) 6억 원
	매출 총이익	(=) 4억 원
직원 월급, 월세 등	판관비 및 기타비용	(–) 2억 원
세금	세금	(–) 0.5억 원
	당기순이익	(=) 1.5억 원
	사내 유보 및 투자	(–) 1억 원
	배당금	(=) 0.5억 원

박지혜와 장은아는 각각 2억 5천만 원씩을 투자해 2천 5백만 원씩 배당을 받았으므로
배당수익률은 2,500만 원/2억5천만 원 = 10%가 된다.

부동산 투자, 차익매매 vs 월세 받기

부동산 월세가 주는 매력은 '꾸준한 현금흐름'에 있다. 그러다보니 서점에 꽂혀있는 재테크 책의 절반 이상은 부동산에 관한 것이다. 앞서 밝혔던 것처럼 이 책은 결코 월세에 대한 열망을 부정하진 않는다. 오히려 꾸준한 수익으로 안정을 추구하는 것은 인간의 가장 근본적인 본능이라 했다. 사실 미국 배당주 투자는 월세를 받는 투자와 다르지 않다.

부동산 투자의 수익은 크게 (1)부동산을 산 가격보다 판 가격이 높을 때 발생하는 평가 차익과 (2)월세 수익의 두 가지로 나눌 수 있다. 미국 배당주 투자도 마찬가지다. 주식을 샀는데 나중에 주가가 더 올라가면 (부동산에서의 평가 차익과 마찬가지로) 평가 차익을 얻게 된다. 게다가 기업이 수익을 남기고 배당금을 지급한다면, 그것은 부동산으로 월세를 받는 것과 동일하다. 형태만 다를 뿐 기본 원리는 같다.

미국 배당성장과 부동산의 비교

	미국 배당성장	부동산
인컴(수익)의 확보	○	○
성장성에 대한 고려	○	○
레버리지(대출) 활용 가능성	△	○
유동성/환금성	○	△
변동성	△	○
소액 분산투자 가능성	○	△

* 인컴(Income)
채권의 이자수익과 주식의 배당수익 등을 가리키는 용어로, 보유 채권-주식의 가격 변동과 무관하게 안정적·정기적으로 지급된다.

우리가 '월세'에 열광하는 이유는 인컴투자가 주는 안정성과 지속성에 있다. 부동산이든 주식이든, 산 가격보다 항상 올라갈 거라고 장담할 순 없다. 기간이 짧아질수록, 투기 목적이 강할수록, 투자에 실패할 확률은 더 높아진다. 반면 월세나 배당은 꾸준하다. 가격이 올라가야만 수익이 나는 투자와는 달리 월세와 배당은 정해진 시점에 정해진 돈이 들어온다. 또한 적절한 시점에서 팔아야만 수익이 확정되는 것과는 달리, 꾸준하게 '현금 흐름'이 생긴다는 매력이 있다.

배당, 기업의 성과 공유하기

드라마 〈미생〉에서 깊은 인상을 남긴 말이 있었다. "회사가 전쟁터라고? 밖은 지옥이야!" 직장인들은 매일 고단한 몸으로 전쟁터 속을 살아간다. 직장 밖의 자영업자, 프리랜서도 살아남기 위해 몸부림친다. 그럼에도 모두를 고통스럽게 했던 2008년 미국발 금융위기 이후 돈을 가장 많이

번 것은 개인도, 국가도 아닌 기업이었다.

그뿐인가, 한국을 포함한 OECD 국가들의 기업 유보금은 빠르게 증가했다. 경기회복을 바탕으로 늘어나는 매출 및 미래의 불확실성을 감안할 때, 유보금 증가는 물론 당연하다. 그러나 가계는 그렇지 못하다는 데 문제가 있다. 가계 부채는 빠르게 늘고 있다. 미국이 본격적으로 기준금리를 올리는 현 시점에서 이는 작게는 우리 개인에게, 크게는 신흥국들에 부메랑으로 되돌아오고 있다.

실제로 2018년 8월, 한국은행은 기준금리를 올리지 못하고 또다시 동결했다. 2017년 11월, 16개월 만에 1.25%에서 1.50%로 0.25%p 올린 이후 9개월째다. 2018년 6월 기준 1,498조 원에 달하는 가계부채가 금리 인상을 저지하고 있기 때문이다. 결국 한국은행은 11월달에 와서야 0.25%p를 올렸다.

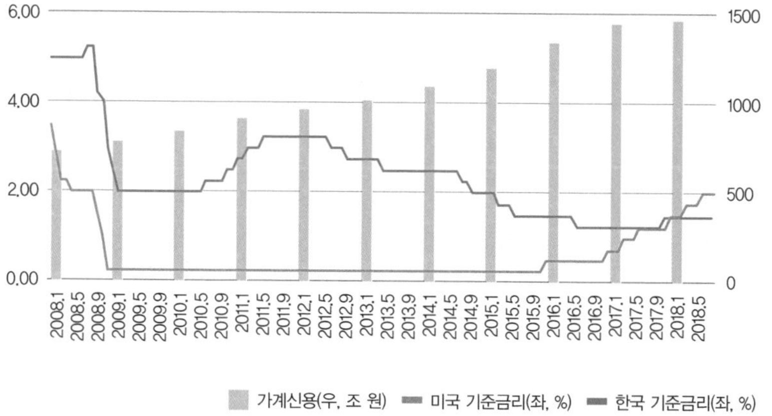

자료 : 인베스테인먼트, Federal Reserve Bank of St Louis, 한국은행

부채, 빈부격차, 부동산 가격 상승에 관해서 매일같이 쏟아지는 기사에 무력감을 느낄 때도 있었다. 그렇다고 나에게 아무런 방법이 없는 것은 아니었다. 나보다 기업이 돈을 더 잘 번다고? 그럼 답은 간단하다. "기업에 투자하자!"

최초의 주식회사가 생긴 1600년 이후로 오늘날까지 배당은 주가 상승과 함께 기업의 성과를 나누는 가장 확실한 방법이었다. 더군다나 미국은 가장 자본주의적인 동시에 세계 최고의 기업들이 모여 있는 나라다. 2018. 8. 2. 현재 애플의 시가총액은 1조 달러(약 1,120조 원)를 넘어섰다. 이 한 종목을 다 팔면 삼성전자, SK하이닉스, 셀트리온, 현대차, 포스코, SK텔레콤, 한국전력 등 코스피에 있는 대부분의 종목을 단번에 살 수 있는 수준이다.

코스피200 기업과 미국 시가총액 상위 기업들

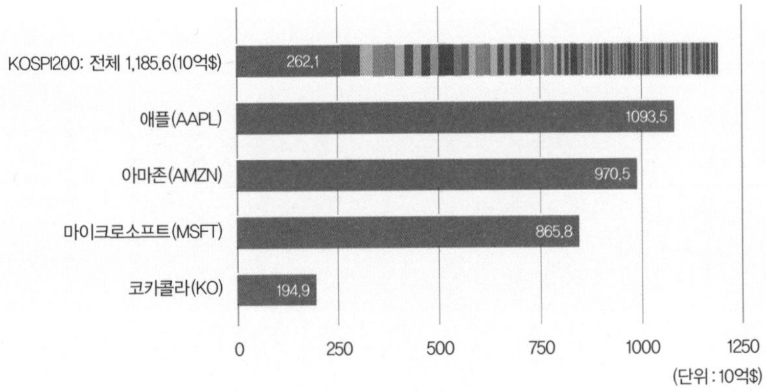

자료 : 한국거래소, Nasdaq.com, 한국거래소, 적용환율 1,130원 (2018. 9. 13 기준)

"거인의 어깨에 올라타라!" 제너럴 일렉트릭 투자에서의 실패에도 불구하고 내가 미국 배당주식을 매수하고 있는 이유다.

배당투자, 절대 지루하지 않다 : 미국 배당성장 개념

흔히들 '배당투자'는 일반적으로 예-적금 이자보다 높은 배당률을 보유한 주식에 투자하는 것이라고 생각하기 쉽다. 장기 저금리 시대에 보다 수익률이 높은 투자처를 찾는 것은 너무나 당연한 행동이다. 그러다보니 예-적금 이자보다 최소 1~2% 높은 수익률을 기대하게 되며, 일반적으로 배당주 투자는 최소 4% 이상의 배당률을 보유한 기업으로 한정 짓기 쉽다. 그러다보니 투자 대상이 한정되는 경우가 많다.

미국에 상장된 배당률 4% 이상의 우량 기업(시가총액 1,000억 달러 이상)

No	티커	기업명	기업명(한글)	업종	시가총액(10억$)	배당률(%)
1	XOM	Exxon Mobil Corporation	엑손모빌	에너지	347.1	4.00
2	RDS.A	Royal Dutch Shell	로얄더치쉘	에너지	262.5	5.04
3	VZ	Verizon Communications	버라이즌	통신	236.4	4.21
4	CHL	China Mobile Ltd.	차이나 모바일	통신	192.9	4.17
5	TOT	TOTAL S.A.	토탈	에너지	153.8	4.25
6	BUD	Anheuser-Busch InBev SA/NV	앤호이저 부시 인베브	필수소비재	147.4	4.49
7	BP	BP p.l.c.	BP	에너지	141.5	5.72
8	PM	Philip Morris International	필립모리스	필수소비재	138.0	5.14
9	BHP	BHP Billiton Limited	BHP	원자재	129.2	4.91
10	ABBV	AbbVie	애브비	헬스케어	126.7	5.12
11	MO	Altria Group	알트리아	필수소비재	121.9	4.93
12	IBM	International Business Machines Corporation	IBM	IT	111.9	5.10
13	RY	Royal Bank of Canada	로열 뱅크 오브 캐나다	금융	104.8	4.05

자료 : Simplysafedividends.com, 인베스테인먼트 (2018. 11. 7 기준)

위 도표는 미국에 상장된 초우량 기업(시가총액 1,000억 달러 이상) 중 배당률 4% 이상인 기업들을 나타내고 있다. 단순히 고배당을 기준으로 할 경우 위 도표처럼 대부분 에너지(한국의 S-Oil), 통신(한국의 SK텔레콤), 담배(한국의 KT&G) 같은 업종에 투자할 수밖에 없으며 그로 인해 투자 대상이 매우 한정되거나 쏠림현상이 심해질 수밖에 없다.

한편 미국에서는 배당금의 증가 이상으로 빠르게 상승하는 주가 때문에 배당률이 낮아 보이는 '착시효과'를 흔히 마주하게 된다. 예컨대 배당금이 100원에서 200원으로 늘어 배당률이 2배가 될 동안, 주가 역시 2배가 올라 배당률은 그대로인 것처럼 보이는 현상이다.

코카콜라의 주가 – 시가배당률 (2010. 1. 1 이후)

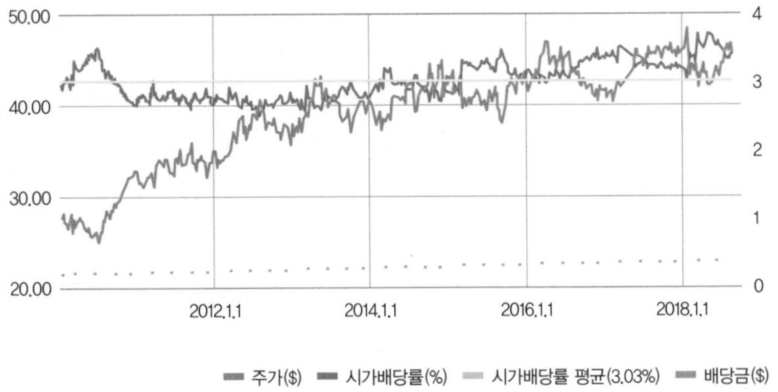

자료 : 인베스테인먼트, Google Finance, 코카콜라 IR

55년 가까이 배당금을 꾸준히 늘려온 코카콜라의 경우 2018년의 배당금(1.56달러)이 2010년(0.88달러) 대비 77.3% 가까이 늘었음에도 주가가 65.4% 상승해 배당률은 3%대로 유지되고 있다. 주가의 빠른 상승이 배당금 증가를 가리고 있는 것이다. 2012년 코카콜라를 매입한 투자자들은 현재 분기마다 시가배당률 7% 이상의 배당금을 받고 있다.

VISA의 주가 – 시가배당률

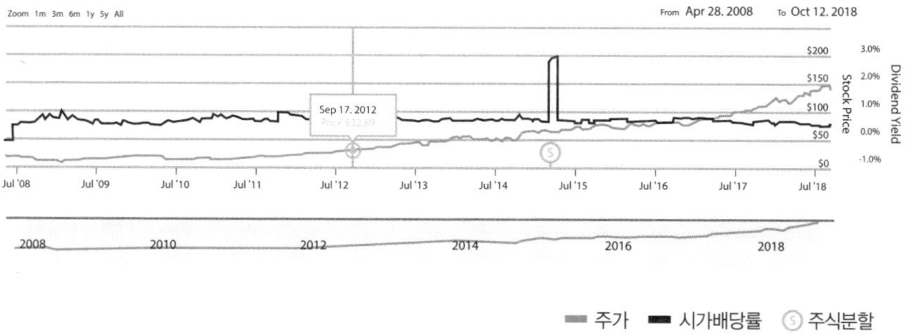

자료 : 인베스테인먼트, Dividend.com

전 세계 결제 시장의 절반 이상을 차지하고 있는 비자카드(V)도 마찬가지다. 이 회사의 배당률은 약 1%를 넘은 적이 없다. 그래서 보통의 배당투자자들은 '배당률이 낮다'는 이유로 이 엄청난 잠재력을 가진 기업을 놓치게 되는 것이다. 위 그래프에서 볼 수 있듯이, 비자카드 역시 주당 배당금을 2008년의 0.03달러에서 2018년의 0.21달러까지 약 7배 늘렸다. 한편 주가는 같은 기간 약 14달러에서 140달러 수준으로 10배 이상 올라 배당률이 낮아 보이는 착시효과를 나타내는 것이다. 배당을 끊임없이 성장시키는 기업에 투자하자, 절대로 지루하지 않다.

VISA의 분기별 배당금

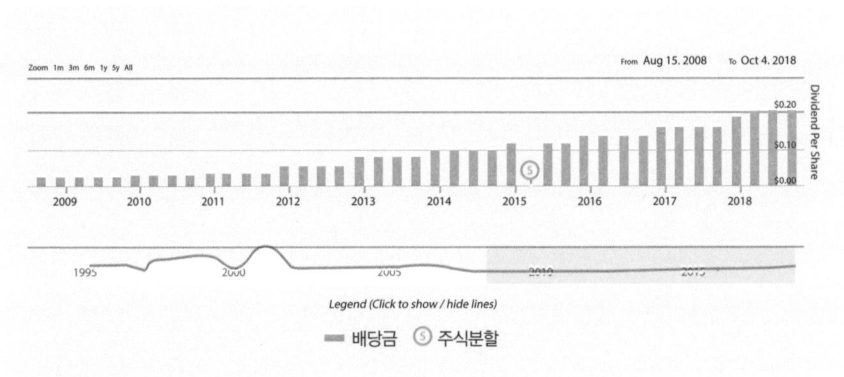

혁신기업들은 안정적인 현금흐름을 갖췄다고 판단하는 시점에 배당을 지급하기 시작하고, 주가 대비 배당금의 상승비율이 높아지면서 점점 고배당 기업으로 변모해간다. 그런 양상이 일반적인 미국 기업들의 흐름이다. 그러므로 우리는 지금 당장 배당이 높은 '고배당주'에만 관심을 둘 것이 아니라 앞으로 배당을 늘려 가까운 미래에 내게 고배당을 지급해줄 회사를 미리 선점해야 한다. 배당성장이라는 과실과 주가상승이라는 선물까지 안겨줄 것이다.

게으르고 편안한 배당 투자

내가 미국 배당성장 투자에 더욱 관심을 갖게 된 까닭은 그것이 게으르고 편안한 투자이기 때문이었다. 투자가 게으르고 편안할 수 있다고? 그렇다, 나는 사실 배당투자를 하면서 마음이 불편했던 적이 거의 없었다.

배당성장 투자가 마음 편안한 이유는 뭘까? 매매차익만을 위한 투자는 본질적으로 확률게임에 가깝다. 그 확률을 높이기 위해 우리는 기업이 돈을 잘 벌고 있는지 분석하고 차트를 분석한다. 하지만 확률게임은 반복될수록 성공의 확률이 낮아진다. 아래의 표처럼 동전 던지기에서 연속으로 앞면이 나올 확률은 최초 50%에서 두 번째 25%, 일곱 번째 0.78%로 회를 거듭할수록 급격히 줄어들게 된다.

동전 던지기에서 연속으로 앞면이 나올 확률

회차	1	2	3	4	5	6	7	…	n
확률	1/2	1/4	1/8	1/16	1/32	1/64	1/128	…	½^n
	50%	25%	12.5%	6.25%	3.125%	1.5625%	0.78125%	…	

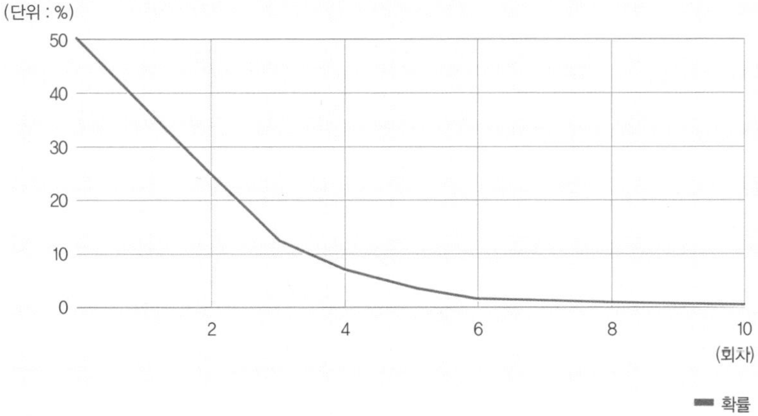

자료 : 인베스테인먼트

투자도 마찬가지다. 매매차익만을 노리는 투자는 언젠가 실패에 직면한다. 그리고 수익은 짧게 손실은 길게 가져가는 투자 행태로 볼 때, 그 한 번은 치명타로 돌아오기 십상이다. 또한 수많은 소음 속에서 끊임없이 새로운 상승주를 찾는 것 역시 만만치 않은 시간과 스트레스를 유발한다. 그럼에도 주가가 오르지 못하면 수익은 환상일 뿐이다.

그러나 배당주 투자는 상대적으로 마음이 편안하다. 좋은 주식을 고르고 나면 언제 오를지 노심초사할 필요가 없다. 기업이 열심히 일해서 배당을 벌어다주기만 기다리면 된다. 가끔 기업 가치와 상관없이 시장 분위기 때문에 주가가 빠지면 오히려 고마운 기회다. 배당금이 일정하다고 가정하는 경우 주가가 떨어지면 새로운 자금을 투자하거나 배당금을 재투자할 때 배당률은 올라가기 때문이다. 물론 이미 보유 중인 주식의 배당률이 올라가는 것은 아니지만.

주가가 떨어지면 왜 배당률이 올라갈까?

아래 예를 보자.

> 현재 A주식의 주당 가격은 $100, 배당금은 1년에 $10이다. $10,000로 투자한다고 가정할 때 주당 $100인 A주식을 100주 매수하게 되므로 배당은 주당 $10씩 총 $1,000을 매년 받게 된다. 즉 시가배당률은 $10/$100=10%다.
>
> 자, 이번엔 주식 가격이 $80으로 떨어졌는데, 배당금은 여전히 $10라고 가정하자. 이때 $10,000으로 주가 $80인 A주식을 매수하면 125주를 보유하게 되고 주당 $10씩 모두 $1,250의 배당을 매년 받게 된다. 즉 시가배당률은 $10/$80=12.5%로 상승하게 된다.

배당투자는 마음이 편안하다. 기업이 문제없이 운영되고 있는지 간간이 확인하면 된다. 배당은 주기적으로 들어온다. 기업의 원래 가치와 상관없이 시장 분위기 때문에 주가가 떨어지면 오히려 더 높은 배당률로 주식을 매수할 수 있다.

한국은 실적이 올라도 배당금을 올려주지 않는 경우가 많아 주주들이 기

주가 하락 시 배당수익률 상승의 원리

투자금	$10,000	$10,000
주가	$100	$80
주식 수(투자금/주가)	100주	125주
주당 배당금	$10	$10
총 배당금(배당×주식수)	$1,000	$1,250
시가배당률(배당/주가)	10.0%	12.5%

업의 과실을 함께 공유한다는 느낌을 받기 어렵다. 반면 미국은 배당금이 곧 실적과 연동되므로(배당성향) 배당금만 체크하면 재무제표, 그 기업의 업황을 다 들여다보는 것과 같거나 혹은 그 이상의 효율을 내므로 보다 편안하게 투자할 수 있다.

한국은 왜 배당 불모지가 되었을까?

한국인들의 재테크에 대한 관심은 엄청나다. 그러나 그처럼 높은 관심에 반해 금융에 대한 관심-지식은 낮은 편이다. 우리는 초등학교, 중-고등학교를 거치면서 금융에는 어떤 것이 있는지, 투자란 무엇인지, 무엇을 조심해야 하는지 등을 배우지 못했다.

실제로 OECD의 금융이해력 수준 조사(2016)에 따르면 한국인의 금융문맹은 심각한 수준이다. 만 18~79세 성인 1천820명을 대상으로 이뤄진 이 조사에서 우리의 금융이해력은 100점 만점에 고작 66.2점이었다. OECD 17개 회원국의 평균인 64.9점을 약간 웃돈 점수지만 OECD 산하기구 '금융교

* 금융문맹 (Financial Illiteracy)
일상적인 금융거래를 이해하고 금융지식을 활용하여 금융선택에 따른 책임을 이해하는 능력을 금융이해력이라고 하는데, 금융문맹은 이러한 금융이해력을 갖추지 못해 '장님'과 같은 상태를 뜻한다.

육 국제네트워크(INFE)'가 정한 최소 목표치 66.7점에는 미달이다. 또 조사 대상자 중 목표 점수를 미달한 '낙제' 비중도 61.5%에 달할 정도다. 이와 같은 경제적 무지는 239만 명의 신용카드 신용불량자를 만들어낸 2002년의 카드사태 같은 부메랑이 되어 돌아온다.

그렇다면 왜 우리는 금융이며 투자며 배당에 생소한 것일까? 가장 크게는 주식을 '투기'로 보는 전반적 시각이 그 원인일 것이다. 주식을 한다고 하면 일반적으로 '투기하는 것 아니냐', '얼마나 땄느냐'는 식의 반응이 돌아온다. '싸게 사서 비싸게 파는' 매매차익에만 매몰된 투자행태도 문제로 꼽힌다.

배당에 인색한 한국의 주주환원 정책도 문제다. 한국 기업들은 고속경제 성장기에 주로 부채에 의존해 성장해왔다. 그러다보니 잉여현금은 주로 부채를 줄이는 데 활용되었고, 2014년에서야 주주환원 금액이 늘어나기 시작했다. 또 경기 변동에 민감한 산업에 속한 기업이 많다보니 상대적으로 주주환원 정책은 약할 수밖에 없었다. 게다가 낮은 지분율로 경영권을 유지해야 하는 재벌 체제의 특성상, 동등하게 이익이 배분되는 배당보다는 전적으로 활용이 가능한 사내 유보가 중심이 되었다.

실제로 한국의 배당성향은 다른 나라에 비해 낮은 편이다. NH투자증권에 의하면 2017년 한국의 배당수익률은 1.86%로 전년도 1.80%에 비해 소폭 상승했으나 주요국(2016)과 비교하면 대만 4.3%, 중국 2.6%, 미국 2.1%보다 낮다. 또한 배당성향을 기준으로 보면 지난해 국내 상장사의 평균 배당성향은 16.02%로 조사 대상 46개국 중 가장 낮았다. 미국 38.62%, 일본 34.08%, 중국 30.87%, 인도 30.21%에 비하면 거의 절반 수준에 불과했다.

자본이득(매매차익)에 비해 배당소득이 불리한 세율 구조도 원인으로 꼽힌다. 현재 매매차익의 경우 소액주주에 대해서는 비과세이기 때문에 거래세 0.3%를 제외하면 사실상 세금이 없다. 그러나 배당 소득에 대해서는 배당소득세 15.4%가 부과되고 2천만 원 이상 수령 시 금융소득 종합과세에도 합산되어 세금만으로 보면 배당투자자들은 세금 부담을 더 많이 갖게 된다. 반면 미국은 매매차익에도 과세하고, 또 1년 이상 보유한 경우엔 장기자본소득(LTCG)으로 분류되어 해당 세율이 적용되므로 장기투자를 유도한다.

요약컨대 금융에 대한 부정적인 시각, 배당에 인색한 주주환원 정책, 낮은 배당성향, 배당 소득에 불리한 과세가 어우러져 한국을 배당투자의 볼모지로 만들었다고 평가할 수 있다.

고수의 포트폴리오 2

알디슨 (http://blog.naver.com/silvury)

Q 현재 포트폴리오 및 성과를 소개해주신다면?

A 알디슨의 네버슬립 배당주 포트는 '네버슬립 투자레터'에서 매월 분석-소개하고 있는 미국 배당주들을 매수하여 운용하고 있는 포트폴리오다. S&P500 배당 캘린더를 참고하면서 배당락일 직전에 매수하는 전략 및 배당이 꾸준히 증가하고 있는 배당성장주 종목들로만 구성하는 전략을 결합하여 장기적으로 복리 효과를 극대화하는 것을 지향하고 있다.

포트폴리오 성과는 현재 각 종목의 수익률 플러스 및 마이너스 여부를 기반으로 단순하게 계산하면 65~70%의 승리 확률을 보이고 있고, 장기적으로는 더욱더 높은 승리 확률을 기록하는 것을 목표로 하고 있다.

Q 장바구니 기업 핵심 키워드 한줄 소개

기업명(업종)	한 줄 소개
인텔 (INTC, IT/반도체)	PC 중심에서 데이터 중심 회사로 탈바꿈한 회사. 빠르게 성장 중인 IoT 사업.
카디날 헬스 (CAH, 헬스케어/의료)	미국 3대 의약품 유통회사에 속하고 불황에 강함. 32년 연속 배당 증가.
화이자 (PFE, 헬스케어/제약)	비아그라 매출 감소를 바이오시밀러 매출 증가로 방어. 최근 8년간 배당 증가.
JP모건 체이스 (JPM, 금융/은행)	미국에서 가장 큰 은행 중 하나. 인기 신용카드인 체이스 카드 발행사.
애브비 (ABBV, 헬스케어/제약)	글로벌 바이오 제약 회사. 휴미라의 꾸준한 매출 성장. 최근 5년간 배당 증가.

기업명(업종)	한 줄 소개
크로거 (KR, 컨슈머/그로서리)	매출 기준 미국 내 3위, 세계 5위인 식품소매 기업, 최근 10년간 매출과 배당 증가.
프로로지스 (PLD, 리츠/물류)	물류 부동산투자신탁(REIT) 회사, 전자상거래 급증으로 유통 센터 수혜.
넥스트 이어러 에너지 (NEE, 유틸리지/에너지)	전력 및 에너지 인프라 회사, 재생에너지 산업 선두주자.
웨스트락 (WRK, 컨슈머/패키징)	미국 2위 규모 골판지 및 컨슈머 패키징 회사, 최근 6년간 배당 증가.
티 로우 프라이스 그룹 (TROW, 금융/자산관리)	주식시장이 상승하면서 덩달아 자산관리 규모가 커지는 회사.

Q 왜 미국 배당주식 투자를 시작하게 되었고, 계속하고 있는지?

A 미국 주식시장의 환경 때문이다. 미국 배당주들은 한국 배당주들보다 변동성이 더 낮다. 미국에서는 세금 보고를 할 때 장기적으로 보유한 주식으로부터 받은 배당에 대해서는 세금 혜택을 주고 있기 때문에, 미국의 배당주 투자자들은 한국의 배당주 투자자들보다 주식을 매도할 이유가 하나 줄어드는 셈이다. 즉 세금 정책으로 인해 하락의 힘(매도 심리)이 약해지고, 투자자들로 하여금 장기적으로 배당주를 보유하게끔 유도하기 때문에 주식의 꾸준한 상승도 가능하다.

게다가 대부분의 기업이 분기마다 배당을 하기 때문에, 복리효과가 한국 시장보다 커서 매력적이다. 요약하자면 배당주 투자는 '주가 수익' & '배당 수익'을 둘 다 이루기 좋은 시장 환경이기 때문에 시작하게 되었고 영원히 잠들 때까지 계속할 예정이다.

Q 본인이 생각하는 미국 배당투자에 주목해야 하는 이유와 장점은?

A 배당락일(ex-dividend date 또는 ex-date)을 지켜보다가 분기 배당주를 배당락일 직전에 매수하면, 매수 후 13개월 이내에 배당을 5회 받을 수 있다는

장점이 있다. 이렇게 하면 복리효과를 극대화할 수 있기 때문에 개인적으로도 그렇고 네버슬립 투자레터의 '미국 배당주에 장기투자하기' 챕터에서도 매월 다음 달에 배당락일이 있는 모든 S&P500 종목들을 '배당 캘린더'라는 표로 정리해 모니터링하고 있다. 또한 배당주 중에는 배당을 꾸준히 늘려온 역사 깊은 기업들이 많고, 배당이 증가함에 따라 주가도 덩달아 꾸준히 오르는 경향이 있기 때문에 미국 배당투자에 주목해야 한다.

Q 포트폴리오 구성 기준, 논리, 철학: 배당주 투자에서 가장 중요하게 보는 것은?

A '페이아웃 비율', '배당 증가 여부' 그리고 '배당 성장률'이다. 배당투자를 할 때 딱 한 가지만 봐야 한다면, '배당성장'이라는 요소를 꼽는다. 최근 몇 년간 배당이 꾸준히 증가해 왔는지, 그리고 증가했다면 얼마나 성장했는지, 살펴보는 것이 중요하다. 배당성장은 보통 회사의 매출이 늘어나고 이익이 증가하였을 때 하는 것이기 때문에, 기업의 펀더멘털을 대변하는 중요한 지표다. 그런 다음에는 '페이아웃 비율(payout ratio, 배당성향)'이 적정 수준인지 살펴본다. 기업의 업종 특성을 고려하여 해당 기업이 이익에 비해서 배당을 알맞게 지급하고 있는지를 보는 과정이다.

추가로 매년 배당을 증가해 왔는지, 매년 하지 않았다면 최근 몇 년간 배당 증가를 몇 회 했는지 살펴본다. 이 과정에서 배당을 줄인 이력이 있는 기업들은 투자 후보 대상에서 제외한다. 이렇게 S&P500에 포함된 500개 기업을 모두 살펴보고 상대 비교하여 조건이 가장 좋은 기업들로 투자 후보 기업 목록을 작성한다. 마지막으로 각 기업의 사업 보고서(annual report)를 보면서 어느 기업의 비즈니스 모델이 더 나은지 판단하는 과정을 거쳐서 최종적으로 포트폴리오를 구성하고 있다.

가장 좋아하는 미국 배당주는?

A 배당주 투자를 하면서 중요한 것은 '배당성장'과 '배당의 지속성'이라고 할 수 있다. 배당 성장 요소는 과거 배당 역사 데이터를 통해 간단히 확인할 수 있고, 배당을 지속적으로 지급할 수 있는지의 여부는 사업보고서를 보면서 기업의 비즈니스 모델에 대한 이해를 바탕으로 판단하고 있다.

변화하는 사업 환경에서 기업이 어떻게 대처했는지, 그리고 그렇게 대응하는 가운데 매출과 이익이 증가하면서 배당 성장을 할 수 있었는지, 그런 것들을 중점적으로 보고 있다. "사업 환경이 달라졌을 경우 이 기업은 알맞게 대응할 수 있을까?" 이런 질문을 던져보고 그럴 능력이 있다고 판단되는 기업을 선호한다.

그런 저력이 있는 배당주로는 인텔과 화이자가 있다. 인텔은 핵심 사업인 PC 시장이 감소하는 상황을 인지하여 일찌감치 데이터 중심 기업으로 탈바꿈했고, 지금은 '사물인터넷' 하면 떠오르는 대표적인 기업 중 하나가 되었다. 화이자는 테바 제약이 지네릭 버전의 비아그라를 출시하면서 화이자의 대표 제품 중 하나였던 비아그라의 매출이 30% 감소하는 상황을 맞이하였지만 다른 핵심 브랜드들과 바이오시밀러 매출 증가로 이를 방어하였다. 비자처럼 경제적 해자 垓字가 뚜렷한 배당주들도 좋지만, 개인적으로는 인텔이나 화이자처럼 위기 대처 능력이 뛰어난 배당성장주들이 좋다. 미래에 사업 환경이 변하더라도 기업이 진화하며 알맞게 운영될 것이라는 믿음이 있기 때문이다.

Q 배당투자 시 유의해야 할 점은?

A 지나치게 높은 시가배당률에 현혹되어 투자하는 상황을 조심해야 한다. 그렇게 되면, 주가가 크게 하락하였을 때 시가배당률이 지나치게 높아지기 십상이기 때문이다. 이 현상은 미래 가이던스가 부정적으로 나온 경우일 확률이 높으며 가까운 미래에 배당 컷(dividend cut)을 할 가능성도 크기 때문에, 가급적이면 과도하게 높은 시가배당률보다는 배당 성장률을 살펴보는 것이 좋다. 기업의 이사회에서 배당성장을 결정했다는 것은 앞으로도 지금까지 해온 이익 성장 정도는 할 수 있겠다는 판단을 근거로 삼았을 가능성이 크기 때문이다. 그러므로 배당 성장을 꾸준히 해온 기업들에 분산 투자하여 포트폴리오를 구성하면 승리 확률이 높아진다는 의견을 드리고 싶다.

Q 향후 배당투자 목표 및 계획은?

A 버핏이 펀드매니저들과의 100만 달러 내기에서 (버핏은 펀드들이 S&P500 지수를 이길 수 없을 것이라고 했음) 승리했듯이, 어차피 펀드매니저들도 S&P500 지수를 이기지 못한다는 것을 우리는 목격했다. 그런데 S&P500을 이긴 포트폴리오가 있다. 바로 '배당 귀족(Dividend Aristocrats)'에 해당하는 기업들이다. 그래서 배당 성장을 꾸준히 하는 기업 중 100개 이상의 기업에 분산 투자해서 '알디슨의 네버슬립 배당주 포트폴리오'를 '인덱스화'하려고 계획하고 있으며, 시장(S&P500)을 이기는 배당 투자를 목표로 하고 있다.

Q 미국 배당투자를 시작하는 독자를 위한 한마디?

A 미국 주식시장 환경은 배당투자 하기에 아주 좋다. 기본적으로 분기 단위로

배당을 하는 시스템이고 월 단위 배당을 하는 기업들도 많기 때문이다. 미국 배당주들로부터 받은 배당을 재투자하면서 복리 효과를 극대화할 수 있기 때문에, 투자자들도 자연스레 장기투자를 하게 된다. 그리고 미국 배당투자를 하다 보면 주식시장이 하락하면 좋겠다는 엉뚱한 생각을 하게 되는 자신의 모습도 발견하게 될 것이다(시가배당률이 높을 때 좋은 배당성장주를 살 수 있게끔 말이다). 그 정도로 미국 배당투자는 심리적으로도 안정된 투자를 할 수 있도록 만들어주기 때문에 아주 매력적인 투자다.

"Stock market is a device for transferring money
from the impatient to the patient."

"주식시장은 인내심 없는 사람의 돈을
인내심 있는 사람에게 이동시키는 도구다."

워런 버핏(Warren Buffett)

투자의 귀재, 버크셔 해서웨이 CEO

LESSON 03

목표를 정하라!
배당으로 뭐하지?

중요한 건 목표야!

"목표는 막연한 꿈이 아니라 기술이다."
세계적인 경영 컨설턴트 브라이언 트레이시가 말했다.

과거 한 매체에서 하버드 MBA과정을 밟고 있는 학생들을 대상으로 목표설정에 대한 연구를 진행했다. 연구 결과, 뚜렷한 목표와 함께 구체적 실천계획까지 수립한 비율은 전체의 3%에 불과했으며, 13%의 학생들은 목표는 명확했으나 구체적 실천계획은 세우지 않았다. 졸업 이후 3%의 학생들과 나머지 97% 학생들의 평균수입 격차는 10배 가까이 차이가 났다고 한다. 실행계획은 없으나 뚜렷한 목표를 가졌던 13%의 학생들도 나머지보다 약 2배 이상의 수입을 올리고 있는 것으로 나타났다.

내가 미국 주식을 시작하고 처음 받은 배당금은 정확히 0.17달러였다. 달러로 받은 첫 배당금에 너무나 흥분해 주변 지인들한테 그 화면을 캡처해 보여준 기억이 난다. 그들의 반응은? 당연히 썰렁했다. "지금 장난하냐? 0.17달러면 도대체 얼마야?" 비웃음 가득한 답변만 돌아왔지만, 내 머릿속에는 200원 남짓한 0.17달러라는 숫자가 아니라 그 이후의 현금흐름에 대한 뚜렷한 그림이 그려졌다. 물론 그들에겐 보이지 않았겠지만 나는 이 0.17달러라는 눈덩이가 구르고 굴러 머지않은 미래에 크나큰 보답을 해줄 거라는 확신이 들었다.

목표/구체적 계획을 수립한 3%의 학생과 나머지의 수입 격차는 10배

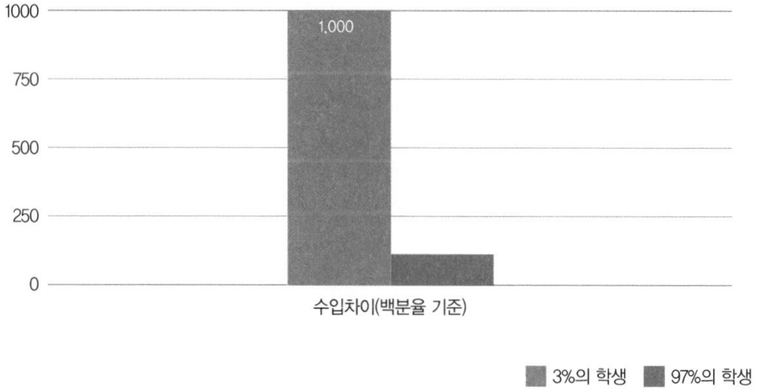

자료 : SIDSAVARA.COM, "어떻게 하버드 졸업생 가운데 3%의 수입이 나머지 97%의 수입을 모두 합친 것의 10배나 되는가?"

목표설정에 관한 설문조사 결과

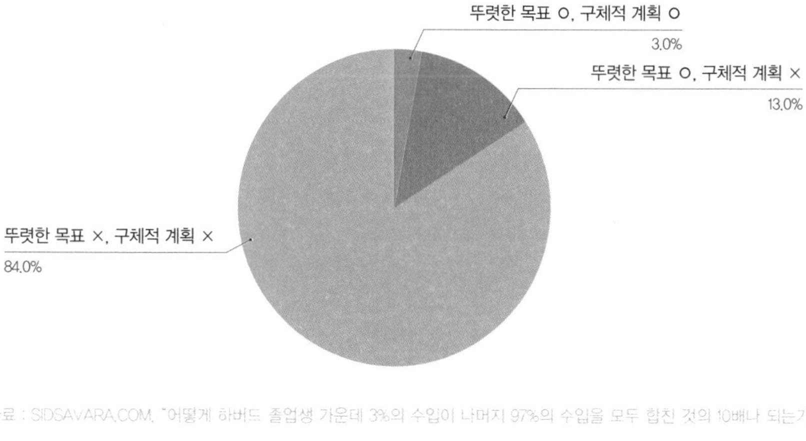

자료 : SIDSAVARA.COM, "어떻게 하버드 졸업생 가운데 3%의 수입이 나머지 97%의 수입을 모두 합친 것의 10배나 되는가?"

2016~2020년 월별 미국(해외)주식 배당금 기록 및 계획

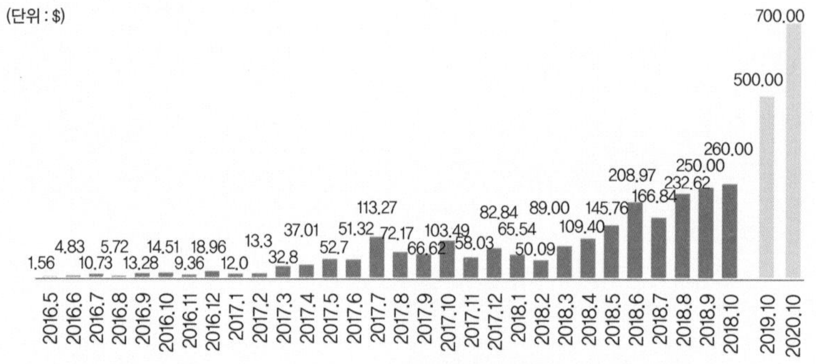

하지만 장밋빛 꿈과 함께 첫 미국 배당투자를 시작한 지 얼마 지나지 않아 나는 금방 슬럼프에 빠지게 되었다. 1년에 한번 배당을 받는 한국주식과 달리 3개월마다 배당금을 받을 수 있다는 점에서 장점은 명확했지만 구체적인 계획과 목표가 없으니 막연한 마음은 하루하루 커져만 갔다. 돈이 생길 때마다 배당주를 사 모으다보면 언젠가 월세 혹은 월급 이상의 돈이 들어올 거라는 막연한 기대만으로는 부족하다는 생각이 강하게 들었다.

배당주 3개로 월세 만들기

미국 배당투자의 가장 큰 장점 중 하나는 배당을 '자주' 준다는 것이다. S&P500에 포함된 500개 기업 중 약 400여개가 배당금을 3개월마다 지급한다. 그야말로 '돈 받는 재미'가 있었다. 나는 여기서 더 나아가 단 3개의 주식으로 월세를 받는 방법을 생각해냈다.

배당주 3개로 월세 만들기

NO	기업명	티커	배당 들어오는 달 (Pay Month)												현재시가 배당률(%)
			1	2	3	4	5	6	7	8	9	10	11	12	
1	시스코	CSCO	$			$			$			$			2.97
2	AT&T	T		$			$			$			$		6.8
3	보잉	BA			$			$			$			$	2.15

자료 : 인베스테인먼트, Dividend.com, 2018.11.21(배당지급일 기준, 세전 기준)

전 세계 네트워크 및 보안 선두주자인 시스코(CSCO), 미국의 거대통신사 AT&T(T), 전 세계 항공기의 절반 이상을 만들어내는 보잉(BA). 이 단 3개의 기업에 투자하는 것만으로도 월마다 배당금이 내 주식계좌에 따박따박 들어오게 된다. 그것도 달러로 말이다. 성향에 따라 각 기업에 투자하는 비중에 따라 얼마든지 평균 배당률도 조절할 수 있게 된다.

예를 들어 배당률이 6.8%에 달하는 AT&T의 비중을 35%, 시스코의 비중을 30%, 보잉의 비중을 35% 가져가게 된다면 내가 평균적으로 받게 되

(단위 : $)

기업명	주가($)	분기배당금($)	비중(%)	배당지급월	주식수	할당금액
시스코	44.49	0.33	30	1, 4, 7, 10	600	26,694.00
AT&T	29.42	0.5	35	2, 5, 8, 11	1050	30,891.00
보잉	317.7	1.71	35	3, 6, 9, 12	99	31,452.30

총 투자금($)	89,037
총 배당금($)	3,569
연간배당률	4.01%

(단위 : $)

기업명	1월	2월	3월	4월	5월	6월	7월	8월	9월	10월	11월	12월
시스코	198			198			198			198		
AT&T		525			525			525			525	
보잉			169			169			169			169
현금흐름	198	525	169	198	525	169	198	525	169	198	525	169

는 배당률은 약 4%에 달하게 된다. 각 업종 1등 우량기업 단 3개를 보유하며, 4%에 달하는 배당률을 안전마진으로 확보하며 그 배당금을 매달 어김없이 받게 되는 즐거움을 누릴 수 있게 된다. 물론 거기에 주가 상승으로 인한 시세차익은 덤이다(당연히 반대의 경우도 있을 수 있다).

물론 3개의 주식만 보유하라는 메시지가 아니다. 대부분의 기업이 3개월마다 배당한다는 점을 잘 활용해, 매월 현금흐름을 창출할 수 있음을 강조하고 싶은 것이다. 실제로 지금도 아래와 같이 기업들을 분류하여 현금흐름을 일정하게 만들도록 분배하고 매매에도 참고한다.

각 분기 그룹별 대표 배당주 목록

No	분기(배당락일 기준)	기업명(티커)	업종	시가배당률(%)
1	Q1 (1,4,7,10월)	마스터카드 (MA)	금융	0.48
2	Q1 (1,4,7,10월)	프록터 앤 갬블 (PG)	필수소비재	3.14
3	Q1 (1,4,7,10월)	JP모건 체이스 (JPM)	금융	2.87
4	Q2 (2,5,8,11월)	애플 (AAPL)	IT	1.39
5	Q2 (2,5,8,11월)	존슨 앤 존슨 (JNJ)	헬스케어	2.49
6	Q2 (2,5,8,11월)	스타벅스 (SBUX)	자유소비재	2.11
7	Q3 (3,6,9,12월)	코카콜라 (KO)	필수소비재	3.16
8	Q3 (3,6,9,12월)	뱅크 오브 아메리카 (BAC)	금융	2.10

자료 : 인베스테인먼트, Dividend.com (2018.11.8 기준)

위 차트처럼, 각 분기 그룹에 속한 배당주를 적절히 조합-관리하면 매달 일정한 현금흐름을 누리는 재미를 느낄 수 있다. 가령 Q1그룹에 속한 마스터카드, Q2에 속한 애플, Q3에 속한 코카콜라를 골고루 매수하는 순간, 매달 현금흐름을 창출하는 시스템이 완성된다. 이보다 간단한 방법이 있을 수 있을까? 심지어 달마다 배당을 지급하는 주식도 있다. 3개월마다 배당을 받는 것과 매달 배당을 받는 것, 어떤 것이 더 재투자, 복리효과에 도움이 되는지는 굳이 계산기를 두드려보지 않아도 느껴질 것이다.

게다가 매주, 거의 매달 배당이 들어오는 알람을 확인하게끔 구성할 수도 있다는 점에서 미국 배당투자는 지루할 틈이 없다고 강조하고 싶다. 여러분들도 위의 표를 참고하여 소액도 좋으니 매월 현금흐름을 만드는 재미를 느끼기 바란다. 매달 월급 외에 단돈 100원이라도 소득이 발생한다는 그 사실만으로도 설레고 흥분되지 않겠는가.

배당으로 생활비 충당하기(1) - 목표 설정

배당투자를 하며 부딪히는 가장 큰 문제는 '지루함', '따분함'이다. 금액이 적으면 적을수록 받는 배당금도 적은 게 당연해 그만큼 지루하고 따분해지기 십상이다. 100만 원을 예/적금에 넣는 대신 과감히 리스크를 안고 배당수익률 4%에 달하는 미국 배당주에 투자했지만, 3개월 마다 겨우 9달러(약 1만 원)씩 나오는 배당금에 울화통이 터진다. '아, 이래서 언제 돈 불리지?' '어떤 친구는 테마주로 10배 불려서 퇴사한다던데!' 이런 생각이 하루에도 수십 번씩 든다. 호기로웠던 마음은 약해지고 배당투자에 대한 회의감마저 들게 되는 것이 대부분의 배당투자자가 처음 겪는 마음이다.

나 역시 그런 과정을 겪으며 소위 슬럼프라는 것에 빠졌었다. 장기적으로 배당투자가 옳다는 것을 누구보다도 절실히 느낀 것 같았지만, 머리와 몸이 따로 움직였다. 그래서 생각해낸 것이 바로 '배당으로 생활비 충당하기' 프로젝트다.

일상생활에서 매달 필수적으로 지출되는 '고정비' 성격의 항목들이 있다. 예컨대 통신비, 보험비, 교통비 등이 해당된다. 우리는 배당금에 단계별 목표를 설정함으로써 동기부여와 투자하는 재미를 만들어냈다.

소수몽키의 배당금 단계별 목표 설정

포트폴리오 평균 배당률은 약 5%, 배당금 성장을 감안하면 복리효과는 더욱 커질 것이며 중기 이상 투자 시 주가상승으로 인한 시세 차익은 덤.

1. 통신비 단계

월 배당 5~10만 원(50~80달러), 투자금 약 12,000달러(1,300만 원)

월 배당금 50~80달러를 목표로 투자한 뒤, 그것은 매달 고정적으로 빠져나가는 통신비 정도로 생각하는 것이다. 즉 미국주식에 투자한 보상으로 매달 통신비는 해결이 된다고 생각할 수 있다. 자본이 자본을 벌어오는 것이다.

2. 보험료 단계

월 배당 15~20만 원(150~180달러), 투자금 약 36,000달러(4,000만 원)

통신비와 함께 10만 원 내외로 매달 지출되는 보험료 역시 배당금으로 지불이 가능한 단계다. 실제 달러로 받은 배당금을 환전해 보험료로 지출할 건 아니지만, 자산 전체로 볼 때 미국 배당금으로 통신비와 보험료를 지불할 수 있게 된 단계라 하겠다.

3. 스타벅스 단계

월 배당 30~50만 원(250~400달러), 투자금 약 6만 달러(6,600만 원)

이 단계부터는 소형 오피스텔을 소유하여 월세를 받는 수준이므로 매달 나가는 통신비, 보험료에다 커피 값까지도 배당금으로 커버할 수 있는 상황이다.

4. 여행(힐링) 단계

월 배당 80~100만 원(700~1,000달러), 투자금 약 17만 달러(1억 8,000만 원)

연간 천만 원 이상의 추가 수익, 노동 외 소득이 생기는 단계. 말 그대로 배당금을 두어 달 모으면 해외여행도 갈 수 있을 정도로 배당 시스템이 활성화된 상황이다. 눈덩이가 폭증하기 시작하는 시기랄까.

5. 경제적 자유 단계

월 배당금 200만 원(2,000달러) 이상, 투자금 약 48만 달러(5억 원)

일반 직장인의 월급에 준하는 배당소득이 추가로 발생! 심리-정신-경제적 자유 단계에 이르렀다. 마지못해 회사에 나가는 게 아니라 즐거운 마음으로 다니게 되며, 일이 더 잘되고 마음이 편하여 자기주장을 보다 솔직하게 펼치고 행동할 수 있는 단계다.

나는 미국 배당 투자를 시작하는 순간부터 위와 같이 금액별 단계를 나누고 그에 대한 보상을 정했다. 수많은 주변의 유혹(테마주, 단기투자, 주변의 추천 등)으로부터 흔들리지 않기 위한 최선의 방어책이었다.

허버트 제임스 드레이퍼의 〈율리시즈와 사이렌〉 (1909)

〈오디세이아〉의 오디세우스는 아름다운 외모와 노래로 뱃사람들을 홀려 바다로 빠뜨리는 '세이렌'의 유혹에 빠지지 않기 위해 아예 몸을 배에 묶어버린다. 배당투자 역시 '지루하다'는 이유 하나로 주변의 유혹에 빠지기 쉽다고 생각한다. 배당금으로 꼭 가고 싶었던 나라에 여행을 가고, 더 나아가 세계 일주를 하거나 버킷리스트에 적어두었던 것들을 하나씩 실행한다는 목표를 상상하는 것만으로도 배에 몸을 묶는 것과 같은 강력한 효과가 나타난다. 배당투자는 오직 '시간'과의 싸움이기 때문이다. 여러분들도 배당투자를 하는 이유와 단계별- 궁극적 목표를 세운다면 주변 유혹에 흔들리지 않는 성공적인 투자에 도달할 수 있을 것이다.

배당으로 생활비 충당하기(2) – 사례 중심/종목 소개

앞에서 배당금 단계별 목표의 중요성을 얘기했다면, 보다 구체적으로 '배당으로 생활비 충당하기'를 얘기해보자. 투자 대상, 투자 아이디어는 결코 멀리 있지 않다. 증권사 리포트나 외신이나 유료 사이트의 바다를 헤매며 무언가 새로운 게 있겠지 하는 착각 속에 시간과 비용을 들이지 말고, 바로 주변에서 투자 대상부터 찾는 편이 낫다.

1. 주류/담배 기업

당신이 친구들과 어울리는 걸 즐기고 술값 지출이 많다면 앤호이저-부시 인베브(BUD), 브라운-포맨(BF.A), 콘스털레이션 브랜즈(STZ) 같은 주류업체 주식을 매수해서 친목도모를 위한 술값을 마련할 수 있다. 혹은 담배를 많이 피우는 사람이라면 필립 모리스 인터내셔널(PM), 알트리아 그룹(MO) 같은 담배회사 주식을 보유해 분기마다 받는 배당금으로 담배

값을 충당할 수 있다. 이왕이면 내가 자주 마시는 주류 브랜드를 가진 기업에서 배당금을 받자는 것이다.

PHILIP MORRIS INTERNATIONAL　BROWN-FORMAN

Altria　Constellation Brands　ABInBev

아래 이미지를 보면 생각보다 많은 브랜드들이 위에 언급한 기업에 속해 있음을 알 수 있다. 심지어 많은 독자들이 국내 맥주로 알고 있는 카스 역시 앤호이저-부시 인베브의 자회사다.

자료 : Marketwatch

2. 전력회사/쓰레기 수거업체

월 전기료가 많이 나온다면, 미국의 지역 전력 기업 주식을 매수하여 배당금으로 충당해보면 어떨까? 또는 요리를 많이 하고 집에 가스레인지를 갖고 있다면, 사우스웨스트 가스(SWX) 같은 지역 가스회사 주식으로 배당을 받아서 충당할 수 있다. 국내에서도 비슷한 관점으로 SK가스, 지역난방공사, 한국전력 등에 투자하지 않는가. 미국 투자자들 역시 자신의 거주지 기업에 투자해 배당금으로 이런 비용을 충당한다. 이번 여름 폭염으로 에어컨을 많이 사용했다면 지역 전력회사의 수익이 올라갈 테니 상대적으로 기분 좋게 소비할 수 있을 것이다.

미국에서는 3개월마다 쓰레기 수거료를 지불하는 시스템이 구축되어 있다. 지방자치단체에서 처리업체를 운영하는 한국과 달리, 미국은 지역별로 독과점을 형성한 쓰레기 수거업체인 리퍼블릭 서비스(RSG)와 웨이스트 매니지먼트(WM)가 쓰레기를 수거한다. 해당 기업 주식을 매수해 분기마다 나오는 배당금으로 수거료를 충당할 수 있다.

3. 정유/자동차 회사

만약 출퇴근 및 출장 시 차량을 이용한 휘발유 소비가 많다면 미국 정유주 셰브런(CVX), 엑슨 모빌(XOM), 필립스 66(PSX)을 매수해 배당금으로 연료비를 충당할 수 있다. 한국의 정유관련기업 S-Oil, SK이노베이션

같은 기업에 투자하는 것과 유사한 논리다.

또한 자동차를 구매한 투자자라면, 자동차 주식 포드(F), 제너럴 모터스(GM)를 매수해서 배당금으로 매달 할부금을 갚아나갈 수 있다. 자신이 구매한 자동차 기업에 투자해도 좋지만, 배당률도 높고 성장성도 갖춘 미국 자동차 기업에 투자하여 분기마다 배당을 받는 것이 더 매력적으로 보인다.

4. 통신/여행 회사

통신비 지출이 많고 신형 스마트폰을 자주 구입한다면 미국 최고 통신사인 버라이즌(VZ), AT&T(T)의 배당금으로 통신비를 낸다든지, 애플이 주는 배당금으로 2년 약정의 아이폰 할부금을 충당할 수 있다. 삼성전자의 갤럭시 시리즈를 구매하고 SK텔레콤을 쓰는 독자라면 해당 기업 주식을 사는 것과 같은 논리다.

해외여행이나 출장이 잦은 사람은 미국 항공사나 상업용 비행기 제작사 주식을 보유하면 어떨까. 전 세계 상업용 항공기의 50% 이상을 생산하는 보잉(BA), 미국 항공산업 독과점을 형성한 델타(DAL), 유나이티드(UAL), 사우스웨스트 항공(LUV)을 매수해서 배당을 받으면 된다. 비자나 마스터카드에서 자주 이용하는 항공사의 탑승 마일리지를 잘 적립해주는 카드까지 사용한다면 배당과 아울러 마일리지 적립을 통해서 여행경비를 절약할 수 있다.

5. 화장품/장난감/식료품 회사

화장품을 많이 사는 편이라면 에스티로더(EL), 존슨 앤 존슨의 주식을 사서 배당을 받아 그 비용을 충당할 수 있다. 자녀 교육비도 많고 장난감을 많이 산다면 해즈브로(HAS)나 마텔(MAT)의 주식에서 나오는 배당으로 교육비와 장난감을 사보자. 과자 같은 군것질을 좋아하는가? 그러면 식품회사 크래프트 하인즈(KHC), 허쉬(HSY), 몬델리즈(MDLZ)를 매수해서 배당금으로 사면 될 것이다.

6. 게임/미디어 회사

온라인 게임을 좋아하는 사람이라면 스타크래프트와 오버워치로 유명한 액티비전 블리저드(ATVI) 주식을 매수해 배당금으로 각종 게임 신작, 콘텐트, 아이템 등의 구입비용을 충당할 수 있다. 내가 좋아하는 게임이 어느 회사 제품인지부터 확인하는 습관을 가지는 게 좋다. 내가 들이는 시간과 비용만큼 고스란히 그 회사의 수익이 되고 다시 배당으로 돌아올 테니 말이다.

영화를 많이 보는 사람이라면 콘텐트 제작사인 컴캐스트(CMCSA)와 디즈니(DIS)를 보유해 그 배당금으로 영화표를 구입할 수 있다. 참고로 넷플릭스(NFLX)는 아직 콘텐트 제작에 많은 비용을 퍼붓고 있어 배당을 지급하지 않는다.

7. 금융 회사

미국에서 주택을 구입하기 위해 15~30년 모기지 대출을 받았다면 필시 JP모건 체이스, 웰스파고(WFC), 뱅크 오브 아메리카(BAC), 시티그룹(C) 등 4대 은행 중 하나를 이용했을 가능성이 높다. 그들의 주식을 사서 배당금을 받아 주택대출 원리금을 갚는 것도 가능하다. 우리나라에서 시중은행들로부터 주택자금을 대출 받고, 그 은행 주식을 매수해 배당을 받는 것과 같은 논리다.

앞서 항공사 투자에서도 언급했지만 자영업, 사업 등의 이유로 신용카드 결제 수수료가 많이 나간다면 비자나 마스터카드 주식을 보유해서 배당금으로 매달 나가는 결제 수수료를 납부할 수 있다.

어떤 독자는 이렇게 물을지 모르겠다. "내 삶이 다른 사람들과 비교해 평범한 것이 아닐 수도 있으며 내 취향이 독특할 수 있는데, 이렇게 하면 투자대상 선정 자체에 실패할 수 있는 것 아닐까?" 예리하고도 합리적인 의문이다. 그래서 나 자신뿐만 아니라 주변, 그리고 나와는 생활이나 소득이 다른 사람들의 삶도 관심을 갖고 살펴보는 것이 이런 방식의 투자에서 중요하다.

8. 기타

이해를 돕기 위해 이야기를 하나 꾸며보자. 미국에 거주하는 30대 중반, 아이가 있는 사무직이고 맞벌이 부부인 송효영 씨와 임아름 씨의 하루 일상과 생활패턴을 살펴보고 거기서 배당 리워드 투자의 아이디어를 얻을 수 있다.

송효영 씨 이야기

송효영 씨는 오늘도 여느 때와 같이 아침 6시에 일어나 출근 준비를 한다. 버크셔 해서웨이(BRK)가 투자했다는 질레트 면도기로 매일 자라는 수염을 깎는다. 유니레버(UL)의 브랜드인 도브 제품으로 샤워하고 머리를 감는다. 양치질은 콜게이트(CL) 치약으로 한다. 존슨 앤 존슨의 화장품을 얼굴에 바르고 거울을 본다. 며칠 전 사이먼 프로퍼티 그룹(SPG)의 프리미엄 아울렛에서 새로 구입한 랠프로런(RL)의 폴로 티셔츠와 나이키(NKE) 신발을 신고 출근길에 나선다.

잠시 스타벅스에 들러 모바일 앱으로 주문해둔 아메리카노를 픽업해 가는 길에 마신다. 출퇴근용 포드(F)의 이스케이프에서 급유가 필요하다는 알림이 떠서, 주유소에 들러 엑슨 모빌의 기름을 넣는다. 회사에 도착할 때까지 알파벳(GOOGL)의 유튜브를 통해 차 안에서 음악을 듣는다. 스피커는 애플 아이폰과 블루투스로 연동돼 있다.

사무실 도착. 인텔(INTC)의 CPU와 엔비디아(NVDA)의 그래픽카드가 장착된 컴퓨터의 전원을 켜고 업무를 시작한다. 마이크로소프트 윈도우로 움직이는 컴퓨터에서 워드프로세서로 문서를 작성하고 엑셀로 수식을 만들며 파워포인트로 프레젠테이션을 작성한다. 구글 검색을 통해 며칠 후 회사에서 발표할 자료들의 프레젠테이션 정보도 얻는다.

점심시간. 동료와 함께 회사 근처에 있는 맥도날드나 레스토랑 브랜드 인터내셔널(QSR)의 버거킹 중 오늘은 맥도날드에서 점심을 먹기로 결정한다. 무인 키오스크에서 크래프트 하인즈 케첩과 겨자, 그리고 감자튀김이 나오는 햄버거와 코카콜라를 주문했다. 결재는 당연히 마스터카드로. 점심식사 후 나른함과 피곤함이 몰려와 옆에 있는 던킨 브랜드 그룹(DNKN)의 던킨 도너츠로 가서 커피 한 잔을 더 마신다. 내일은 회사 동료와 함께 염 브랜즈(YUM)의 켄터키 치킨에서 점심을 먹기로 결정한다.

애플이 새로 출시한 아이폰 Xs MAX는 몇 달 후 버라이즌의 2년 약정이 끝나면 AT&T로 갈아탈 생각이다. 올해 AT&T가 타임워너를 인수하면서 내가 즐겨 보던 HBO의 콘텐트를 고객에게는 무료 제공한다고 하니 이번 기회에 옮길 생각이다.

퇴근 후에는 잠시 홈디포(HD)에 들러 고장 난 주방의 수도꼭지와 방문 손잡이를 구입해 금요일 퇴근 후에 고쳐야겠다.

임아름 씨 이야기

한편 남편이 떠나자, 아이를 근처 탁아소에 아이를 맡긴 다음 출근한 임아름 씨의 직업은 웹 디자이너. 맥북을 켜고 그래픽 작업을 하려고 어도비(ADBE)의 포토샵과 일러스트를 통해 회사 홈페이지에 들어간다. 개인적으로 사용하는 애플의 맥북으로 작업한 다음 아이클라우드에 결과물을 저장해두고, 아이패드와 아이폰으로 남은 작업을 마무리하고 검토한다.

오늘은 바빠서 점심은 도미노 피자(DPZ)의 피자를 주문하고 자판기에서 펩시(PEP)의 콜라를 뽑아 동료들과 사무실에서 일하면서 먹기로 한다.

퇴근 후 월마트(WMT)에서 가정생활에 필요한 각종 주방-위생-생활용품을 구입하고 비자카드로 결제한다. 자주 이용하는 사우스웨스트 항공의 마일리지가 적립되는 카드인데, 한 달 전 공항에서 신청해서 막 발급받았다. 헐레벌떡 퇴근하면서 아이의 기저귀를 깜박 잊었지만 약간 여분이 있으므로, 월마트가 인수한 jet.com 사이트에서 프록터 앤 갬블(PG)의 팸퍼스 기저귀를 주문한다.

이번 주말엔 지난번 다덴 레스토랑(DRI)에서 얻은 '무제한 파스타 시식권'을 이용해 우아하게 파스타를 즐길 거다. 돌아오는 길에 코스트코(COST)에 들러 피크닉에 필요한 용품 및 타이슨 푸드(TSN)의 스테이크용 고기와 다음 주에 필요한 음식과 각종 생필품을 구입해야지. 참, 이번 피크닉 장소는 리츠 회사 EPR 프로퍼티즈(EPR)가 관리하는 유원지.

다음 주 주말에는 아이를 잠시 친척집에게 맡겨두고 부동산 신탁회사 리얼티 인컴(O)이 소유한 건물에 입주한 AMC 엔터테인먼트(AMC)의 영화관에서 컴캐스트(CMCSA) 자회사 유니버설 픽처즈가 개봉한 〈맘마미아 2〉를 볼 계획도 세웠다.

물론 위의 상황은 미국에 거주하고 있는 맞벌이 부부의 삶을 재미있게 꾸며본 거다. 그저 일상생활을 하면서 쓰고 마시고 놀고 즐기고 별 생각 없이 사용하는 제품들을 나열했을 뿐인데, 이렇게도 투자 대상이 많지 않은가? 우리는 우리 삶에 너무 깊숙이 들어온 브랜드와 기업들을 의식적으로 인지하려는 노력이 필요하다.

그래서 전설의 투자자 피터 린치도 "주식을 사려면 마트로 가라!"고 했다. 실제로 그는 아내와 딸이 소비하는 화장품과 식품 관련 기업을 주의 깊게 공부하며 투자했고 큰 수익을 실현하기도 했다. 수많은 지표가 있겠지만 나와 가족이 지속적으로 쓸 수밖에 없는 브랜드 제품을 가진 기업의 주식을 모으는 것만으로도 생활비 충당과 은퇴자금 확보까지 할 수 있다. (그중에서 현재 배당을 잘 지급하고 있으며, 지속적으로 인상하고 있는 기업이라면 금상첨화!)

당신이 좋아하는 기업-브랜드가 있다면 해당 주식에 투자한 후 철저한 동업자 정신을 가져보자. 내가 그렇게 투자한 기업들의 뉴스를 잘 살피고 분기별로 실적 성장을 확인하며 애정을 갖는다면 분명 인플레이션을 능가하는 수익을 얻을 수 있다. 뿐만 아니라 자신의 생활에서 지출되는 금액을 배당금으로 충당하는 기쁨 또한 누릴 수 있다고 본다. 한 시라도 빨리 미국 배당주 투자를 통해 기업의 성장에 따른 시세차익과 나를 위한 은퇴자금을 창출하자는 것이 나의 제안이다.

배당재투자(복리효과)

"대부분의 투자자들은 가치를 기하급수적으로 성장시키는 복리의 놀라운 힘을 완전히 활용하지 못하고 있다."

한때 대통령 경제자문위원회 위원이었고 《시장 변화를 이기는 투자》를 저술한 버튼 맬킬(Burton G. Malkiel)의 말이다. 복리효과를 극대화시키는 배당재투자는 배당투자에서 빼놓을 수 없는 요소 중 하나다. 배당을 받고 그 배당으로 배당주를 재적립해나갈 경우 수익률은 복리로 늘어나고, 경제적 자유에 한 걸음 더 가까워진다.

배당 받는 주기가 짧을수록 복리효과는 더욱 커진다. 아래 표를 보자. 연 7% 배당을 주는 주식에 1,000만 원을 투자했다고 가정하자. 현금을 재투자하지 않는 경우와 연간/분기/월 단위로 재투자하는 경우를 비교했다.

원금 $10,000 투자 시 투자금의 성장(배당률 7%, 단위: $)

7%, 10,000달러	현금 재투자 없는 경우	재투자 (연간 배당)	재투자 (분기 배당)	재투자 (월 배당)
10년차	17,000	19,672	20,016	20,096
20년차	24,000	38,697	40,064	40,387
30년차	31,000	76,123	80,192	81,164

자료 : 인베스테인먼트, Dividendinvestor.com

현금을 재투자하지 않은 경우와 재투자한 경우의 수익률 차이는 극명하다. 30년차에는 원금이 두 배 이상 차이가 나게 된다. 아래 표에 있는 연간 배당금 역시 크게 차이를 보인다.

원금 $10,000 투자 시 매년 받게 될 배당금(배당률 7%, 단위: $)

7%, 10,000달러	현금 재투자 없는 경우	재투자 (연간 배당)	재투자 (분기 배당)	재투자 (월 배당)
10년차	1,190	1,287	1,342	1,354
20년차	1,680	2,532	2,685	2,722
30년차	2,170	4,980	5,376	5,471

자료 : 인베스테인먼트, Dividendinvestor.com

위 수치들은 배당금이 불변일 때를 가정한 것이다. 만약 배당금까지 매년 꾸준하게 늘어난다면 그 효과는 더욱 커진다. 아래 표는 10,000달러를 현재 시가배당률 3%인 배당주 투자했을 때 배당 상승률이 0%인 경우와 5%인 경우를 비교한 것이다. 배당상승률이 0%이고 현금 재투자를 하지 않은 경우 투자금은 19,000달러, 월 배당 재투자를 한 경우 투자금은 24,568달러로 월 배당 재투자가 29.3% 높다. 반면 연간 배당 상승률이 5%라고 가정한 경우 그 차이는 165.7%로 비교가 어려울 정도로 크게 차이가 난다.

원금 $10,000 투자 시 투자금의 성장(배당률 3%, 배당 상승률 0%, 단위: $)

배당 상승률 0%	현금 재투자 없는 경우	재투자 (연간 배당)	재투자 (분기 배당)	재투자 (월 배당)
10년차	13,000	13,439	13,483	13,493
20년차	16,000	18,061	18,180	18,207
30년차	19,000	24,272	24,513	24,568

자료 : 인베스테인먼트, Dividendinvestor.com

원금 $10,000 투자 시 투자금의 성장(배당률 3%, 배당 상승률 5%, 단위: $)

배당 상승률 5%	현금 재투자 없는 경우	재투자 (연간 배당)	재투자 (분기 배당)	재투자 (월 배당)
10년차	13,773	14,481	14,685	14,733
20년차	19,919	26,285	27,563	27,876
30년차	29,931	68,195	77,177	79,533

자료 : 인베스테인먼트, Dividendinvestor.com

원금 $10,000 투자 시 투자금의 변화(배당률 3%, 배당 상승률 5%, 단위: $)

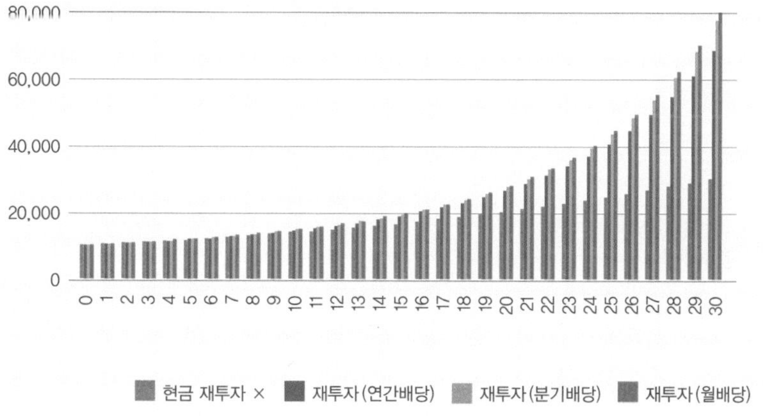

자료 : 인베스테인먼트, Dividendinvestor.com

차트로 보면 재투자하지 않은 경우와 재투자를 한 경우의 투자금은 10년차까지 거의 차이가 없다가 이후 본격적으로 차이를 보이기 시작한다. 물론 10-20-30년이라는 시간은 너무 긴 시간일 수 있다. 중간에 시련이 있을 수도 있다. 그러나 시간과 복리 효과, 전 세계를 상대로 살아남아온 미국 배당성장주에 대한 믿음이 함께 있다면 경제적 자유를 향한 여정을 계속해나갈 수 있을 것이다.

코카콜라(KO), 배당재투자를 한 경우와 하지 않은 경우의 평가 금액 차이

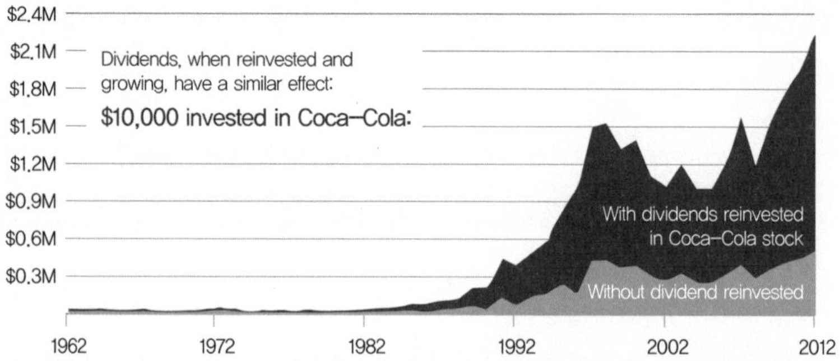

자료 : http://www.visualcapitalist.com

고수의 포트폴리오 3

베가스풍류객 (https://blog.naver.com/wkwn70)

현재 미국에 거주 중이며 2008년 서브프라임 금융 위기를 직접 겪은 후 미국 주식투자의 당위성을 깨닫고 2011년부터 미국 주식투자와 함께 인생의 2막 1장을 새로 시작했다.

'미국에서 주식투자 하기'(blog.naver.com/wkwn70) 블로그를 운영하고 있으며, 네이버 카페 '미국에서 주식투자 하기'(cafe.naver.com/usresidentstock)를 통해 미국과 한국에서 미국 주식에 관심이 있거나 투자 중인 개인 투자자들의 집단지성을 모으고 있다. 저서로는 2018년 출간된 《미국주식 S&P500 가이드북》(공저)이 있다.

Q 현재 포트폴리오 소개 및 성과는?

A 나는 2011년부터 미국 주식투자를 시작해 매달 적립식 투자를 주로 한다. 배당금을 받아 다른 곳에 투자하는 게 아니라 해당 종목을 지속해서 모으는 배당주 재투자를 반복적으로 하고 있다. 이를 바탕으로 은퇴까지 최대한 많은 주식을 확보한 후 20년 이상 모은 배당주로부터 배당금을 받아 생활할 수 있는 포트폴리오를 구성하고 있다.

배당 포트폴리오를 구성하며 가장 중요하게 생각하는 부분은 경제적 해자와 독점력으로 대표되는 종목, 다시 말해 내가 살아있는 동안 망하지 않을 주식을 중심으로 최대한 분산 투자하고, 이를 바탕으로 배당금을 꾸준히 재투자하는 것이다. 최소한 40년 동안 망하지 않을 주식을 선별하는 것이고 이후에 변화가 생긴다면 언제든지 포트폴리오는 교체는 가능하다. 위에서 열거한 10가지 배당주 이외 소액으로 다른 종목도 보유하고 있으며 집중투자보다는 최대한 종목을 분산해 리스크 관리에 중점을 두고 있다.

수익을 많이 내기 위한 공격적인 투자나 잦은 매매보다 최대한 잃지 않고 배당을 통해 꾸준히 주식 수를 늘리는 배당주 포트폴리오 구축이 핵심 키워드다. 전체 포트폴리오에서 배당주의 경우 개인 은퇴계좌(ROTH-IRA)를 통해 투자한다.

현재 보유하고 있는 배당주는 전체 포트폴리오의 1/3 정도다. 나머지 2/3는 현재 배당률이 적거나 배당이 없는 성장주와 경기민감주에 각각 1/3씩 투자했다. 배당재투자를 통해 주식 수가 상당히 늘어나고 있으며 운 좋게 2009년 3월 이후 시작된 미국의 강세장과 함께 시장 수익률을 상회하는 성과를 매년 내고 있다.

미국 주식시장에서 조정의 기회가 온다면 경기민감주와 성장주의 절반 정도는 매도해서 배당주를 크게 늘릴 생각이다. 배당을 꾸준히 지급하는 회사들은 한때 금융위기가 오더라도 배당은 계속해서 지급하리라 믿으며, 그 점은 역사에서 검증되었기 때문이다.

Q 장바구니 기업 핵심 키워드 한줄 소개

기업명(업종)	한 줄 소개
애머런 (AEE, 유틸리티)	미주리 중심으로 지역에 전력-가스를 공급함. 우수한 경영관리와 지속적인 배당금 인상과 주가 상승이 핵심.
EPR 프로퍼티즈 (EPR, 리츠)	다양한 포트폴리오의 리츠를 영위. 사립학교, 상업시설, 유원지 등 한 곳에 쏠린 리츠가 아닌 다양한 투자로 월 배당과 고배당이 매력적임.
포드 (F, 자동차)	미국에서 자영업자와 정부 기관의 관용차는 대부분은 포드의 F-150로, 한 마디로 미국의 상징. 2008년 금융위기 당시 구제금융 없이 견딘 유일한 자동차 업체. 고배당을 통한 배당 재투자로 주식수를 늘리기 유리한 기업.

기업명(업종)	한 줄 소개
누코 (NUE, 철강)	2008년 금융위기도 쉽게 견뎌낸 탁월한 철강 기업. 미국 업체들 중에서 전기로를 이용해 철강을 생산하는 대표적인 기업.
AT&T (T, 통신/미디어)	벨이 설립한 업력이 상당히 긴 미국 통신사들의 할아버지. 디렉티비 인수로 콘텐트 공룡으로서의 체질 개선과 고배당이 핵심 포인트.
PFFD (PFFD, ETF)	고배당 우선주만 모아놓은 알짜 월 배당 ETF. 다른 경쟁 ETF에 비해 저렴한 운영보수와 월 배당으로 배당재투자 효과를 극대화하는 것이 포인트.
웰스 파고 (WFC, 금융)	2008년 서브프라임 금융위기 이후 인수합병이 완료된 미국 4대 은행 중 하나. 은행업에서 독과점적 지위와 미국 자본주의의 바탕이 되는 기업.
보잉 (BA, 산업재)	에어버스와 함께 상업용 비행기 시장을 독과점하고 있음. 향후 중국 등 신흥국의 소득이 높아지면 해외여행과 물류 운송으로 상업용 비행기 수주가 폭발적으로 늘어날 것으로 예상.
퀄컴 (QCOM, IT)	무선통신용 칩 분야의 독점적 기업. 이후 5G 기술에서 특허와 기술력으로 시장지배력이 높은 소프트웨어 개발.
버라이즌 (VZ, 통신/미디어)	미국 4대 무선통신사업자 중 한 곳이며 이후 5G의 상용화와 콘텐트 소비가 늘어나면 혜택을 받을 기업.

Q 왜 미국 배당주식 투자를 시작하게 되었고, 계속하고 있는지?

A 아주 간단한 원리를 이해하고 시작하게 되었다. 수백 년간 미국 기업들은 끊임없이 성장하고 있으며, 역사 속에서 검증된 기업들의 배당주 재투자 성과를 보면 어떤 투자처보다 더 탁월한 성과를 냈음을 알 수 있다. 내가 은퇴한 후 필요한 지속적인 현금흐름을 창출하기 위해 시작했다.

배당을 지속해서 올려주고 꾸준히 지급한다는 것은 기업이 오래 이익을 내고 있다는 증거이며, 이는 속일 수 없는 것이다. 가장 효율적이고 탁월한 방법은 받은 배당금을 재투자해 막강한 복리효과를 노리는 것임을 미국 주식 역사에서 발견했다. 하루라도 일찍 시작하면 시작할수록 배당금 재투자의 복리효과는 상상을 초월하여 불어난다는 것을 알기 때문에 배당 재투자를 계속하고 있다.

Q 미국 배당투자에 주목해야 하는 이유와 장점은?

A 특별한 것은 없다고 생각한다. 역사적으로 수많은 투자자가 이미 시행착오와 성과를 이미 검증해주었으니까. 대박으로 가는 다른 지름길이나 왕도 따위 특별한 방법은 없다. 오로지 시간과 인내심을 가지고 지속해서 배당재투자를 하면 엄청난 성과를 얻을 수 있다는 게 이유다. 미국 주식시장은 다른 나라와 달리 주주자본주의가 먼저 발달하여 전문경영인 체제로 회사가 운영되어 오너 리스크가 적으며, 월 배당과 분기 배당이 정착되어 있어 배당재투자를 통해 복리 효과를 누리기 가장 좋은 환경이 바로 장점인 시장이다.

Q 포트폴리오 구성 기준, 논리, 철학이라 한다면?

A ⑴ 필자가 은퇴한 후에도 기업이 살아남을 수 있을 것. ⑵ 지속해서 기업 이익이 성장하면서 배당을 꾸준히 지급하는 회사. ⑶ 경제적 해자 垓子 가 있어 진입장벽이 높은 기업. ⑷ 적은 배당금이라도 꾸준히 배당을 인상하고 있는 기업. ⑸ 언제라도 내가 세운 기준에서 벗어나면, 예컨대 새로운 경쟁자가 출현하거나 독점적 지위를 잃거나 하면, 매도하고 눈여겨봐왔던 후보군에서 섹터의 비중을 고려해 종목 선정.

Q 가장 좋아하는 미국 배당주는?

A 특정 종목보다는 EPR 프로퍼티즈나 PFFD 같은 월 배당주라고 감히 말하고 싶다. 매월 부동산 임대업자처럼 월세를 받으며 배당재투자를 통해 조금씩 늘어나는 주식 수를 보면서 투자성과를 눈으로 확인하고 그걸 보유하는 당위성을 검증할 수 있기 때문이다. 만약 1년에 한 번만 배당을 받는다면 개인적으로

는 성과 확인에 걸리는 시간이 길어 투자를 지속하기 힘들 듯하다.

Q 배당투자 시 유의할 점은?

A 배당투자의 완성은 복리효과를 얻기 위해 견뎌낸 오랜 시간 인고의 산물이라는 것을 한시라도 잊지 말라는 것이다.

젊을 때는 공격적인 투자로 시드 머니를 마련하고 은퇴 시부터 배당주 투자를 고민하는 투자자들이 많은데, 하루라도 빨리 시작하면 할수록 유리한 것이 배당투자다. 당장 배당금은 초라하지만 이익-배당이 성장하고 있는 배당성장주, 그리고 현재 배당은 없지만 어느 정도 성장한 후 배당금을 지급할 수 있는 좋은 기업을 골라내는 것도 중요하다. 기회가 있을 때마다 싼 가격에 분할 매수해 내 투자의 삶과 평생 함께할 동업자 같은 종목, 그런 종목을 선택하는 안목을 기르는 것이 중요하다.

Q 향후 배당투자 목표 및 계획은?

A 내가 은퇴 후 받을 수 있는 소득은 국가가 월급에서 원천징수해 나중에 지급해줄 소셜 시큐리티 연금과 직장에서 날 위해 적립해주는 UNION(노동조합) 연금이다. 인플레이션을 감안하면 내가 필요한 금액의 70% 정도는 될 것이다. 은퇴는 적어도 15년 뒤로 생각하고 있다.

그래서 2가지 목표를 생각하고 있다. 첫째, 15년 뒤부터 체험할 30%의 부족분을 채우는 것. 둘째, 아이들이 다 커서 남들보다 먼저 경제적 자유를 누리고, 그들이 원하는 일을 하면서 여유롭게 살도록 만들어주는 것. 이 둘이 내 배당투자의 목표이자 계획이다.

대박을 노리는 투기보다는 주식투자에서 발생하는 배당금을 통해 은퇴 이후 지속적으로 경제적인 여유를 누리면서, 미국 주식과 배당투자의 방법이라든지 시행착오를 통해 알아낸 노하우를 많은 이들과 나누고 싶다. 그래서 이 책을 쓰고 있다.

Q 미국 배당투자를 처음 시작하는 독자를 위한 한마디

A 배당투자의 성과는 하루라도 일찍 시작할수록 독자들이 생각하는 이상으로 돌아올 수 있다. 물론 수십 년이라는 기나긴 여정이니까 지루한 싸움이 될 것이다. 그 기간 동안 금융위기와 같은 수많은 시련은 덤이다. 조급해하거나 각종 매체에서 발생시키는 소음과 심리에 휘둘리지 말고 인내심을 갖고 꾸준히 장기간 투자하는 것이 중요하다. 대박이 아니라 시간이 허락하는 복리효과를 믿으며 충분한 공부와 기업분석을 통해 미국 배당주 투자라는 기나긴 항해에서 승리할 수 있는 투자자가 되었으면 한다.

"Investing without research is like playing stud poker and never looking at the cards."

"공부를 하지 않고 투자하는 것은 포커를 하면서 카드도 안 쳐다보는 것과 다름없다."

피터 린치(Peter Lynch)

≪전설로 떠나는 월가의 영웅≫에서

"Risk comes from not knowing what you're doing."

"내가 지금 뭘 하고 있는지도 모르는 데서 위험이 생긴다."

워런 버핏(Warren Buffett)

LESSON 04

무엇을 보고
배당주를 고를 것인가?

배당주를 선정하는 주요지표는?

주요지표1 : 성장률(매출, 영업이익, 주당순이익, 배당)

배당주를 선정하는 데 있어서 가장 중요한 기준은 배당률이 아닌 성장성이 되어야 한다. 2018년 9월 20일 Dividend.com 스크리너 기준 시가배당률 10% 이상인 종목은 190개, 20% 이상인 종목은 11개다. 이 종목들을 매수해 그냥 안고가면 되는 것일까? 그렇지 않다. 배당률이 높다고 무조건 좋은 주식이라고 할 수는 없다.

배당을 지급하면 현금이 빠져나간 만큼 배당락이 발생하게 되고, 그 갭을 메울 수 있는 꾸준한 실적과 현금 창출 능력이 없는 기업이라면 배당락 후 주가를 회복하기 어렵다. 더군다나 한 번 배당금이 정해지면 줄이긴 어려운 특성상, 실적이 뒷받침되지 않으면 정해진 배당금을 맞추기 위해 미래를 위한 재투자를 줄이거나 돈을 빌어서 배당금을 지급해야 한다. 이럴 경우 회사의 현금 유동성이 나빠지고 이자 부담이 증가하게 되고 결국은 배당금을 줄일 수밖에 없다. 따라서 성장성은 안정적인 배당금을 지급하기 위한 필수 요건이다.

55년째 배당금을 늘려오고 있는 로우즈는 대표적인 배당성장주다. 우선 아래 차트를 보자.

로우즈 최근 10년 실적 동향

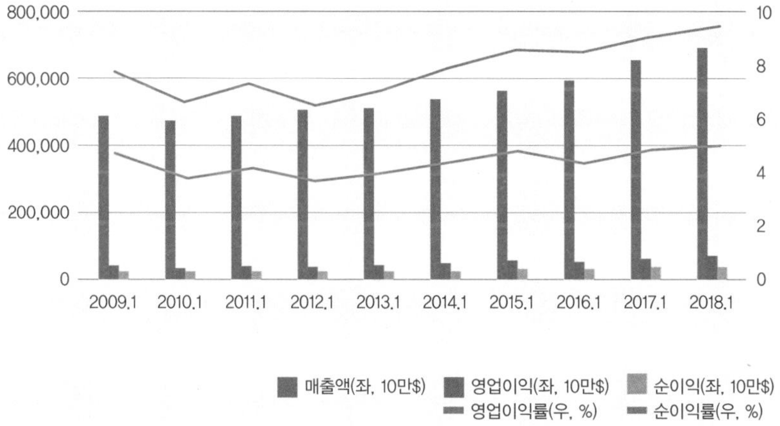

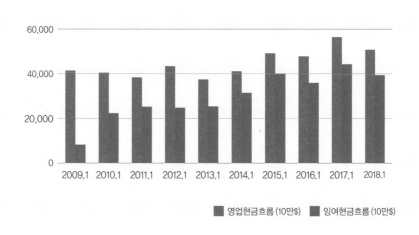

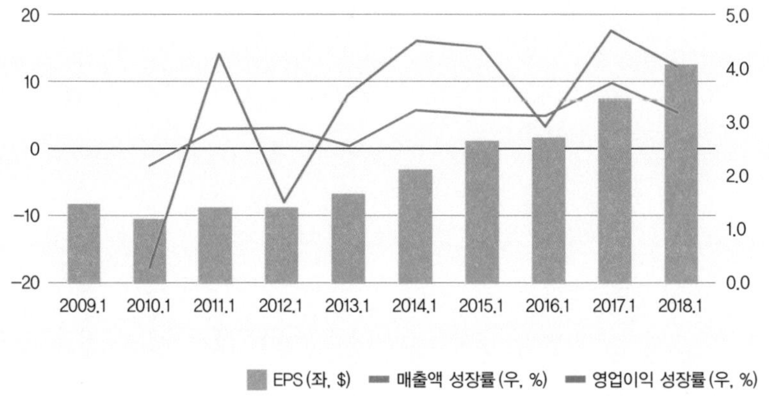

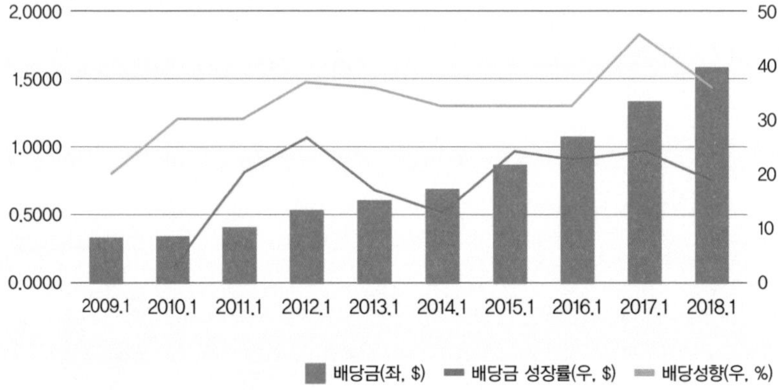

자료 : 인베스테인먼트, 로우즈 IR, Morningstar (GAAP 기준)

금융위기 직후인 2008년, 2009년에도 회사의 실적은 크게 꺾이지 않았다. 그리고 이후에도 매출, 영업이익, 순이익 모두 꾸준히 증가하고 있다. 주당순이익과 배당금 역시 계속해서 성장하고 있으며 순이익이 늘어난 덕분에 배당금 증가에도 불구하고 배당성향은 40%대를 유지하고 있다.

우리는 매출액 자체도 주목해야 하겠지만 성장률도 중요하게 봐야 한다. 때때로 부침이 있을 수 있지만 지속적으로 침체하는 모습은 곤란하다.

배당률만 보고 투자했다가 실패했던 제너럴 일렉트릭의 2014년 이후 전년 동기 대비(YoY) 분기별 성장률을 한번 보자.

제너럴 일렉트릭 매출, 영업이익, 순이익 성장률 (전년 동기 대비)

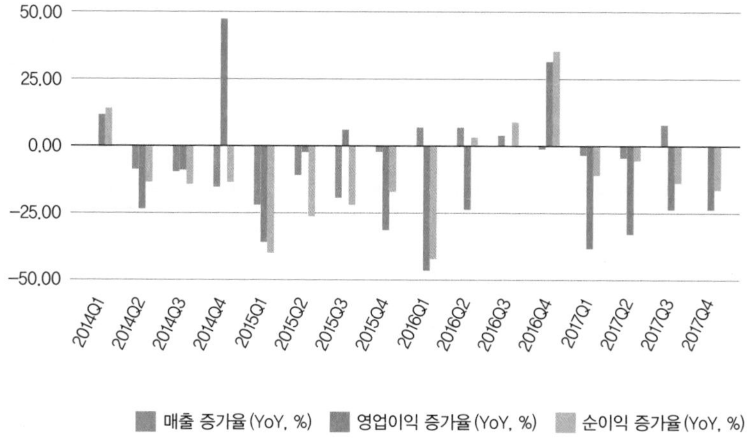

자료 : 인베스테인먼트, 제너럴 일렉트릭 IR (Non-GAAP 기준)

간간이 살아나는 모습을 보이지만 전반적으로는 실적이 감소한다. 배당금을 증액할 수 있는 확률은 낮다. 기존에 벌어뒀던 돈으로 이익보다 많은 금액을 한두 번 정도는 배당할 수 있다. 그러나 언제까지 계속하겠는가. 경우에 따라 은행에서 차입하여 배당금을 지급하는 경우도 있다. 하지만 차입금은 이사부담으로 되돌아온다.

배당이 증가하더라도 실적 성장이 그걸 뒷받침해줘야 한다. 물가상승, 즉 인플레이션을 이길 수 있는 방법이기 때문이다. 로우즈의 배당금은 2009년 0.34달러에서 2018년 1.58달러로 10년 만에 364.7% 증가했다. 연평균 상승률(CAGR)은 18.6%에 달한다. 코카콜라의 배당금은 1993년 0.17달러에서 2017년 1.48달러로 총 770.6%, 연평균 상승률 9.4%였다. 연봉을 매년 18.6%씩 올려주는 회사를 찾기는 쉽지 않을 터. 그러한 회사를 찾지 못한다면? 배당금을 그렇게 늘려주는 회사를 찾아 투자하면 된다.

주요지표 2 : 배당성향 + 시가배당률

또 하나의 중요한 지표는 배당성향(Payout Ratio)이다. 이는 지급된 배당금이 기업의 수익에서 어느 정도의 비중인지를 가리킨다.

배당성향 = **배당금**(Dividends) / **순이익**(Net Income) x 100
= **주당배당금**(DPS) / **주당순이익**(EPS) x 100

배당성향이 중요한 이유는 앞으로 배당이 잘 유지될 수 있는지를 가늠하는 기준이 되기 때문이다. 회사가 이번 분기 100만 원을 벌었는데 150만 원을 배당할 수는 없다. 한두 번 정도는 가능하겠지만 지속적으로 번 돈보다 많이 배당하기란 힘들다. 이를 판단하기 위한 첫 번째 기준은 '배당성향이 100%를 넘느냐'이다. 배당성향이 100%라는 것은 번 돈을 전부 배당한다는 뜻이다. 100%가 넘으면 번 돈보다 더 많은 돈을 배당한다는 의미이고, 100%보다 낮으면 어느 정도 돈을 남기고 배당한다는 뜻이다.

문제는 배당성향이 100% 이상을 계속해서 넘어가는 회사다. 이런 회사가 앞으로 계속 배당금을 지급하거나 늘릴 수 있을까? 사실상 불가능하다.

제너럴 일렉트릭 배당금 및 배당성향 (2009년 1분기 이후)

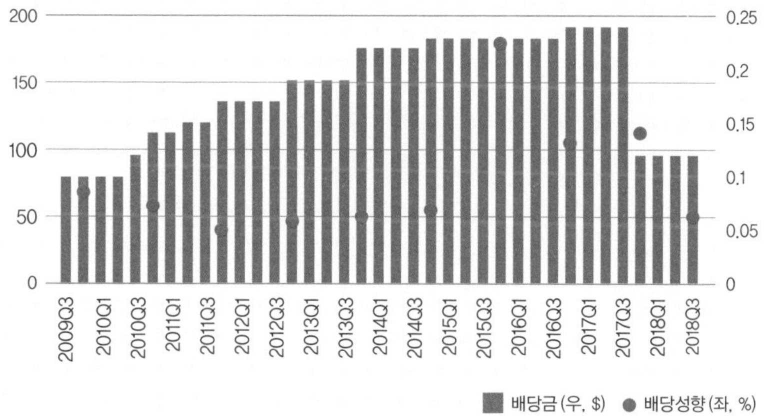

자료 : 인베스테인먼트, Dividend.com, 제너럴 일렉트릭 IR (GAAP 기준)

이 그래프는 제너럴 일렉트릭의 2009년 1분기 이후 배당금 내역과 배당성향이다. 2009~2014년 기간 중 50~70%대였던 배당성향은 순이익 감소와 함께 2015년 4분기에 180%대로 증가한다. 2016년과 2017년에 각각 105.8%, 111.6%를 유지하던 제너럴 일렉트릭은 2017년 10월 3분기 실적 발표를 하면서 배당금을 주당 0.24달러에서 0.12달러로 자그마치 절반이나 삭감한다. 주당 순이익은 시장 기대치 0.49달러보다 40.8%나 낮았고 전년 동기(0.32달러) 대비 9.4% 낮은 0.29달러였다. 주가는 22달러에서 이듬해 4월까지 13달러로 하락했다. 그리고 마침내 2018년 10월 배당금은 주당 0.01달러까지 떨어졌으며 주가는 2018년 11월 16일 기준 8.02달러까지 하락했다.

그렇다면 적정한 배당성향은 어느 정도일까? 해외 유명 배당 블로거나 《배당투자, 확실한 수익을 보장하는 BSD 공식》(찰스 칸슨)에서는 약 60%를 기준으로 삼는다. 《절대로! 배당은 거짓말하지 않는다》(켈리 라이트)에서는 50%를 기준으로, 업종에 따라 75% 정도까지를 고려하고 있다. 이를 정리하면 60%를 기준선으로 하되, 아래 표를 참고하여 업종별 평균을 고려하는 것이 좋다.

업종별 평균 배당성향

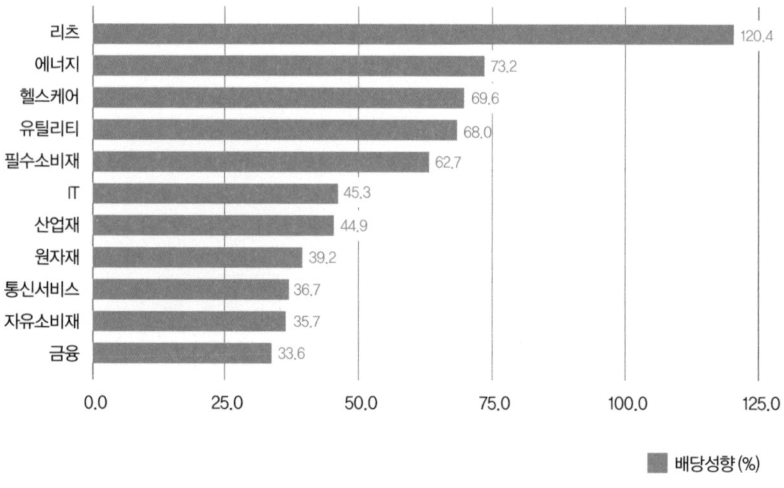

자료 : 인베스테인먼트, Bloomberg

다시 한 번 강조하지만 미국에도 고배당을 주면서 제 살을 갉아먹거나 역성장이 되어 배당 컷을 하기 전 일시적으로 수치로만 고배당주인 것처럼 화장하고 있는 주식이 적지 않다. 따라서 배당주 투자에서 현재 시가배당률만을 지표로 삼는 우를 범하지 말아야 할 것이다.

TIP 리츠(REITs) 업체의 배당성향 : 조정운영자금(AFFO)

위의 표를 보자. 리츠 업종의 평균 배당성향은 100%를 넘는다. 그렇다면 리츠 업종은 배당투자에서 아예 제외해야 할까? 그렇지 않다. 리츠는 일반 기준으로 판단하면 안 된다.

리츠는 감가상각비가 크게 발생하는 업종인데다, 법적으로 수익의 90% 이상을 주주에게 배당금으로 지급해야 한다. 따라서 감가상각, 일시적으로 발생한 부동산 매각 수익/손실 등을 반영하고 배당금 재원을 계산해야 한다. 여기서 활용되는 개념이 조정운영자금(Adjusted Funds From Operations, AFFO)으로, 배당 능력과 현재 가치 산정에 보다 정확한 기준을 제공한다. 이 개념은 1991년 부동산 투자신탁협회(NAREIT)에서 채택되고 2003년 증권거래위원회(SEC)에서 공식 인정되었다.

FFO = 순이익+감가상각비+무형자산 상각비-자산 매각으로 인한 자본 손익

(net income+amortization+depreciation-capital gains from property sales)

AFFO = FFO+임대료 인상분-자본지출-일상적인 유지 보수 금액

(FFO+rent increases-capital expenditures-routine maintenance amounts)

통상의 순이익에 더해지는 값은 감가상각비, 무형자산 상각비, 임대료 인상분이며, 빠지는 값은 자산 매각으로 인한 자본 손익, 자본지출, 일상적인 유지 보수 금액 항목이다.

예를 들어 한 리츠가 1분기 동안 300만 달러의 순이익을 올렸다. 보유하고 있던 부동산을 매각해 100만 달러를 벌었고, 다른 부동산에서는 50만 달러 손실을 냈다. 또한 감가상각비가 70만 달러 발생했고, 임대료 20만 달러, 자본지출 3만 달러, 부동산 수선에 필요한 유지비는 2만 달러 발생했다. 이 경우 FFO와 AFFO를 계산하면 다음과 같다.

FFO = \$3,000,000 + \$700,000 - (\$1,000,000 - \$500,000)
= \$3,200,000

AFFO = FFO+\$200,000 - \$30,000 - \$20,000 = \$3,350,000

물론 실제로 이걸 일일이 계산할 필요는 없다. 각 부동산신탁회사는 매분기 실적보고서에 이를 명시하고 있다. 리얼티 인컴 재무제표의 손익계산서 항목을 보자.

CONSOLIDATED STATEMENTS OF INCOME (dollars in thousands, except per share amounts) (unaudited)	Three Months Ended 6/30/18	Three Months Ended 6/30/17	Six Months Ended 6/30/18	Six Months Ended 6/30/17
Funds from operations available to common stockholders (FFO)	$ 226, 082	$ 203, 272	$ 450,964	$ 390,483
Adjusted funds from operations available to common stockholders (AFFO)	$ 226, 988	$ 208, 388	$ 451,549	$ 409,723
Per share information for common stockholders: Net income, basic and diluted	$ 0.34	$ 0.30	$ 0.63	$ 0.57
FFO:				
Basic	$ 0.79	$ 0.75	$ 1.59	$ 1.46
Diluted	$ 0.79	$ 0.75	$ 1.58	$ 1.46
AFFO, basic and diluted	$ 0.80	$ 0.76	$ 1.59	$ 1.53
Cash dividends paid per common share	$ 0.659	$ 0.633	$ 1.309	$ 1.257

자료 : 인베스테인먼트, 리얼티 인컴 IR

Per share information 항목의 'Net income, basic and diluted'는 주당순수익(EPS)을 의미하며 하단 'AFFO, basic and diluted'가 위에서 말한 AFFO를 뜻한다.

EPS와 AFFO 기준으로 본 리얼티 인컴의 주당수익과 배당성향

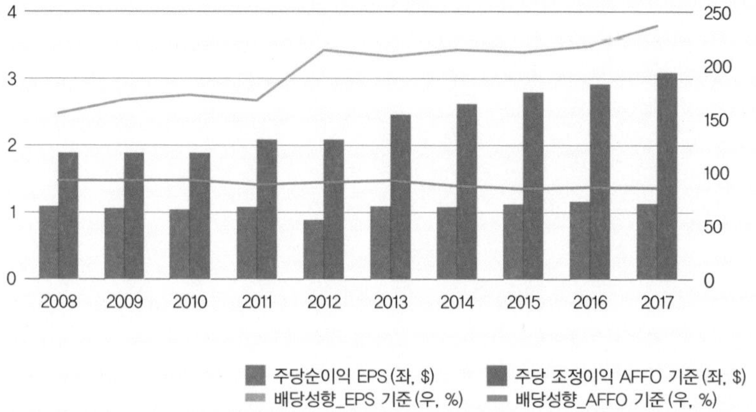

회차	2008	2009	2010	2011	2012	2013	2014	2015	2016	2017
주당순이익($)	1.06	1.03	1.01	1.05	0.86	1.06	1.04	1.09	1.13	1.10
배당성향(%)	156.6	167.0	171.3	166.7	211.6	206.6	211.5	210.1	215.0	231.8
주당 조정이익 AFFO 기준($)	1.83	1.86	1.86	2.01	2.06	2.41	2.57	2.74	2.88	3.06
배당성향(%)	90.7	92.5	93.0	87.1	88.3	90.9	85.6	83.6	84.4	83.3

자료 : 인베스테인먼트, 리얼티 인컴 IR, Dividend.com

EPS 기준 배당성향은 156.6~231.8%으로 100%를 훨씬 초과한다. 그러나 AFFO 기준으로 보면 80~90%선에서 움직이고 있다. 헷갈린다면 이것만 기억하자. "리츠는 EPS 기준이 아닌 AFFO 기준 주당 조정이익으로 배당성향을 판단하자."

미국에 등록된 리츠에서 지급한 배당금

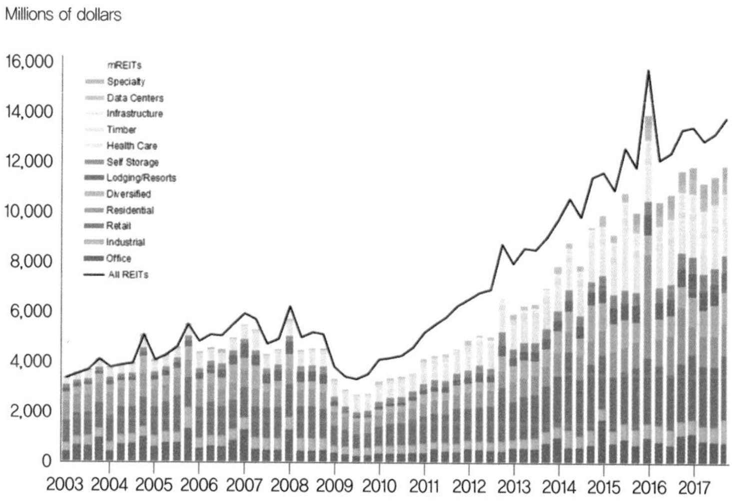

자료 : 인베스테인먼트, Nareit, S&P Global Market Intelligence, Nareit T-Tracker(R)

미국에 등록된 리츠에서 지급한 분기별 배당금 추이다. 2017년 4분기 이들 업체는 140억 달러, 원화로 15조 원가량을 지급했다. 리츠 산업은 미국 내에서 3조 달러(약 3,300조 원)에 이르는 51만 개가량의 부동산을 소유하고 있는 거대 산업이다. 이처럼 든든히고 꾸준히 배당금을 늘리고 있는 섹터를 놓치기는 너무나도 아깝지 않을까?

주요지표 3 : 이익과 배당이력(12년)

배당이력은 중요하다. 물론 과거에 배당을 잘 지급했다고 해서 미래에도 같은 배당을 꾸준히 지급한다는 보장은 없다. 그러나 여전히 배당이력이 중요한 이유는 주주를 대하는 경영진의 철학과 위기 대응 능력을 엿볼 수 있기 때문이다. 또한 꾸준히 배당을 해온 이력의 회사라면, 앞으로도 계속 배당을 지급하리라는 기대는 무리가 아닐 것이다.

《절대로! 배당은 거짓말하지 않는다》에서는 이익과 배당이 늘어나는 블루칩의 선정에 '배당은 12년 동안 5배 증가', '이익은 12년 동안 7차례 개선' 같은 식으로 12년의 기간을 기준으로 삼고 있다. 왜냐하면 보통 경기 사이클이 평균 4년쯤 지속되기 때문이다. '회복-호황-후퇴-침체'의 사이클을 3번 경험하는 동안에도 계속 성장해온 기업이라면, 그 경쟁력과 체력이 검증된 것으로 판단해도 좋을 것이다.

1980년 이후 미국 PMI(ISM 제조업 구매관리자지수)를 보면 4~5년 주

미국 제조업 구매관리자지수(PMI) 1980년 1월~2018년 9월

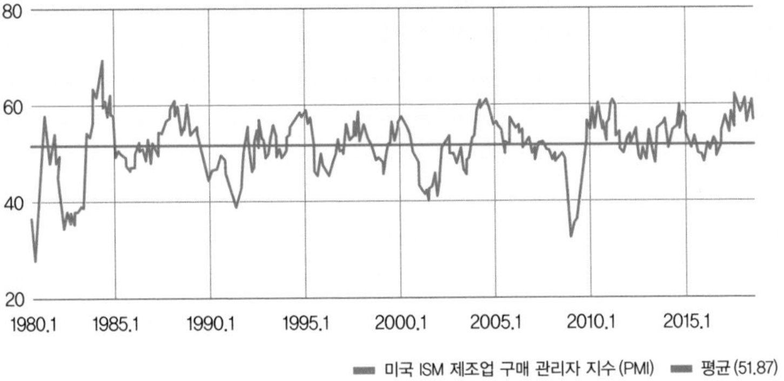

자료 : 인베스테인먼트, Institute for Supply Management

기로 상승과 하락을 반복한다. 장기적으로 우상향하지만 그 사이 작은 파도들이 끊임없이 존재한다. 이 파도를 이겨내고 줄곧 이익과 배당이 우상향하는 기업이라면, 그만큼 크고 튼튼한 배라고 판단해도 괜찮지 않을까?

고배당의 함정을 피하는 방법

앞서 배당성장주 투자의 제1원칙은 배당률이 아닌 성장성임을 강조한 바 있다. 배당금을 지속적으로 지급하고 늘리기 위해서는 매출과 수익성이 담보되어야 하기 때문이다. 그럼에도 처음 배당투자를 시작하는 투자자들이 흔히 저지르는 실수 중 하나가 배당률을 보고 종목을 선택하는 것이다. 그러나 배당률만을 기준으로 종목을 선택할 경우 무리해서 배당을 지급하고 있는 회사를 선택할 가능성이 높아진다.

흔히 이러한 주식을 '출혈주'라고 부른다. 피를 철철 흘려가며 배당을 지급하는 회사라는 의미다. 대표적인 출혈주로는 앞서 배당투자 실패 사례로 소개했던 제너럴 일렉트릭 외에도 JC 페니(JCP), 반즈 앤 노블(BKS) 등이 꼽힌다.

2008년 이후 JC 페니 주가 및 실적 추이

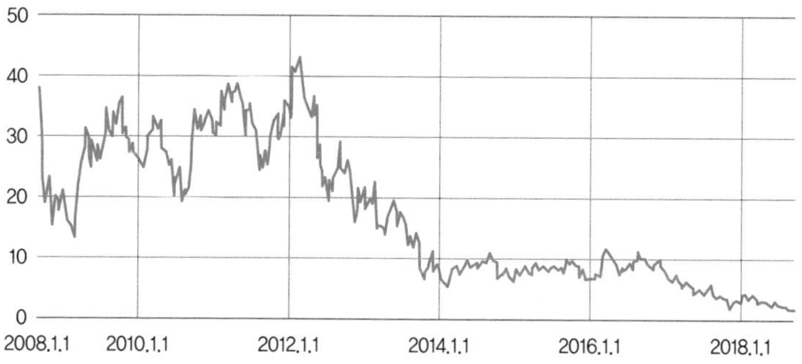

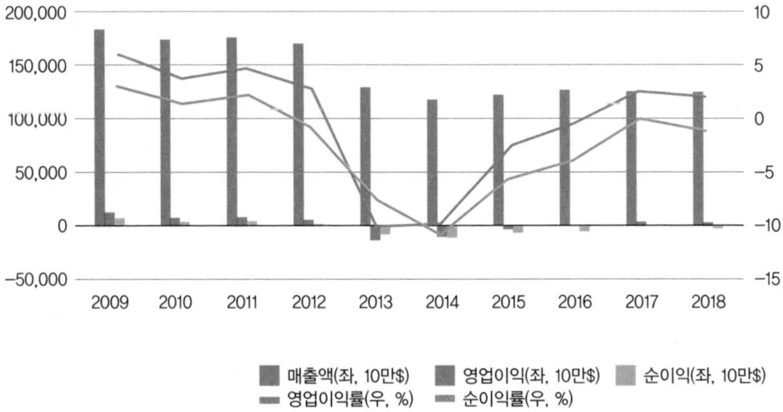
200,000
150,000
100,000
50,000
0
-50,000
10
5
0
-5
-10
-15
2009
2010
2011
2012
2013
2014
2015
2016
2017
2018
매출액(좌, 10만$)
영업이익(좌, 10만$)
순이익(좌, 10만$)
영업이익률(우, %)
순이익률(우, %)

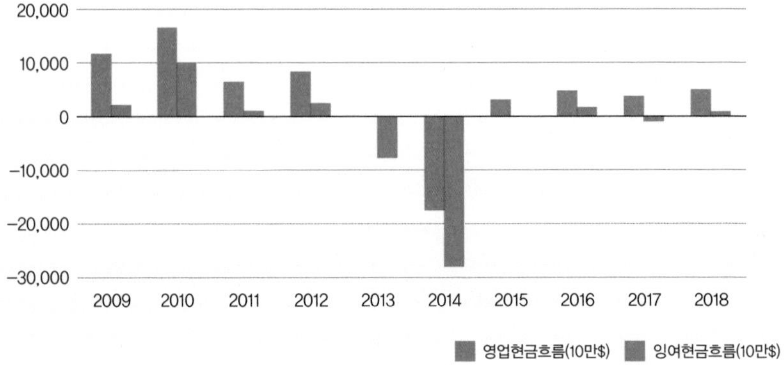
20,000
10,000
0
-10,000
-20,000
-30,000
2009
2010
2011
2012
2013
2014
2015
2016
2017
2018
영업현금흐름(10만$)
잉여현금흐름(10만$)

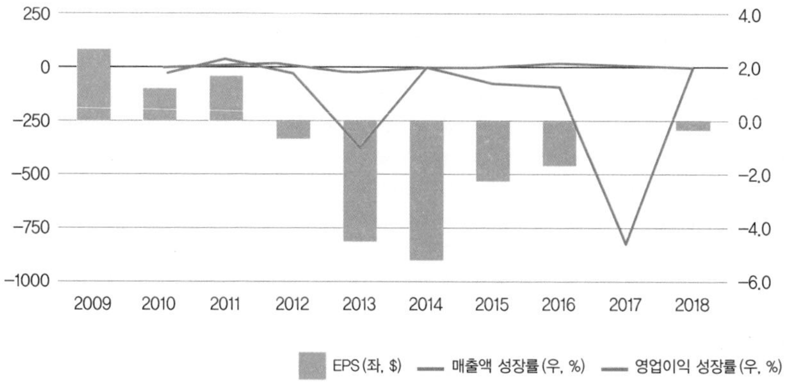

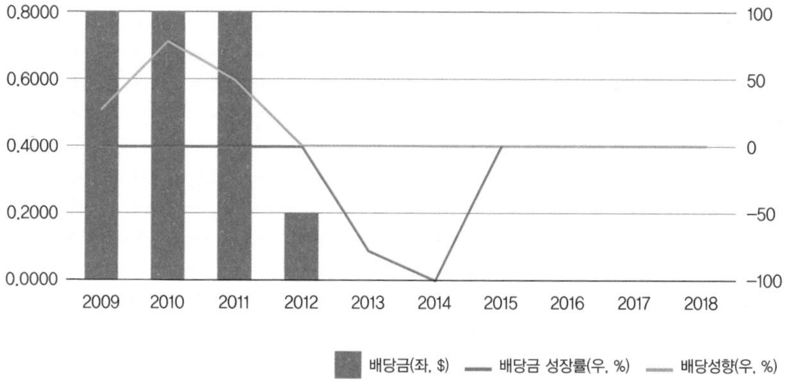

자료 : 인베스테인먼트, JC 페니 IR, Morningstar (GAAP 기준)

JC 페니의 사례는 드라마틱하다. 2011년 가장 먼저 신호를 보인 것은 잉여현금흐름이었다. 잉여현금흐름은 전년대비 90.45% 감소한 뒤 회복하지 못한다. 이후 JC 페니는 2012년 1분기 이후 2분기부터 배당을 없애겠다고 발표한다. 2012년까지 버티는 것 같아 보이던 실적은 이듬해부터 크게 감소하더니 영업이익률-순이익률이 하락하면서 EPS까지 적자로 돌아서고 마침내 주가도 급락하는 모습을 보인다.

반즈 앤 노블 2008년 이후 주가 및 실적 추이

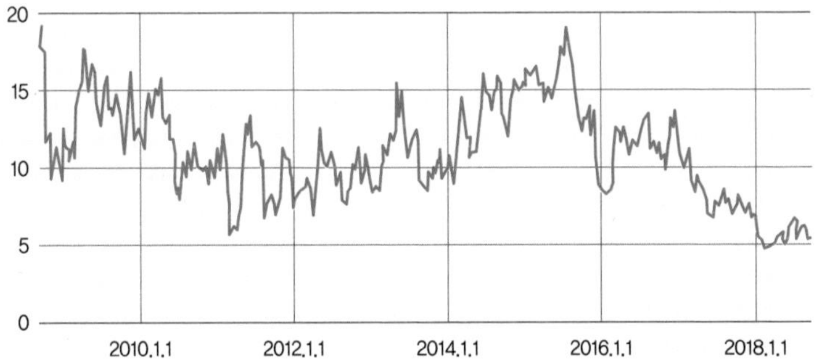

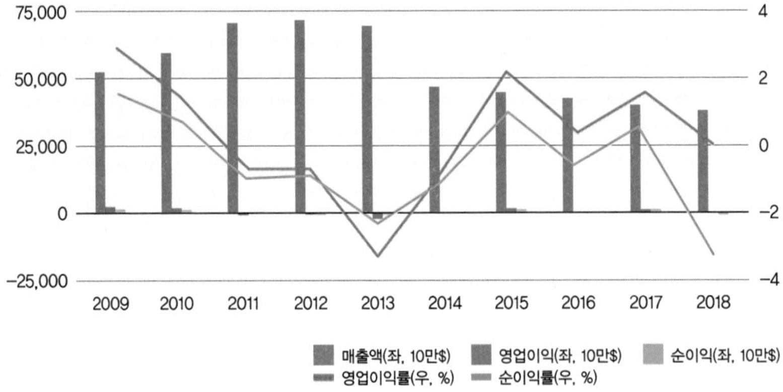

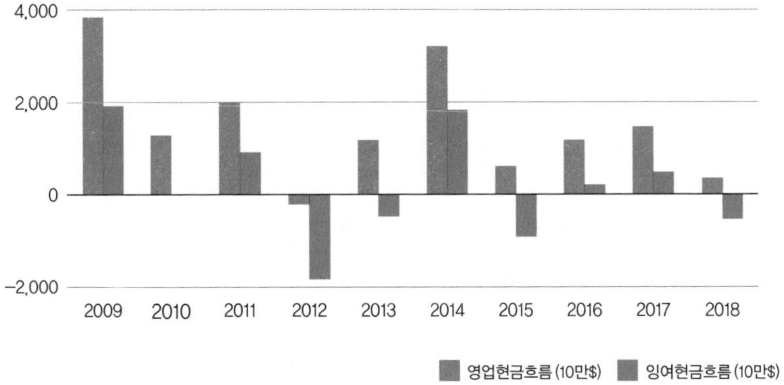
4,000
2,000
0
-2,000
2009 2010 2011 2012 2013 2014 2015 2016 2017 2018
영업현금흐름 (10만$)
잉여현금흐름 (10만$)

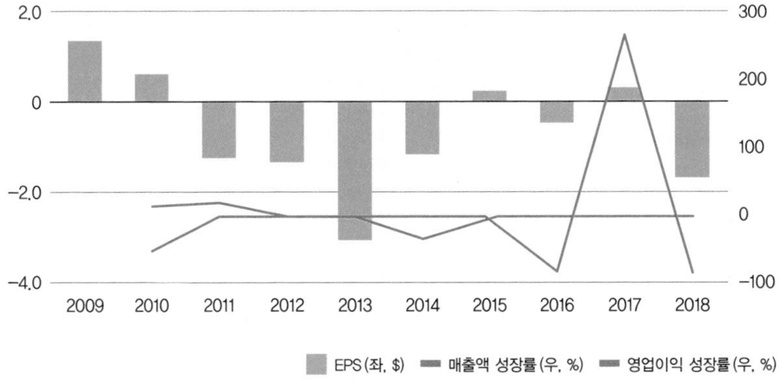
2.0
0
-2.0
-4.0
300
200
100
0
-100
2009 2010 2011 2012 2013 2014 2015 2016 2017 2018
EPS (좌, $)
매출액 성장률 (우, %)
영업이익 성장률 (우, %)

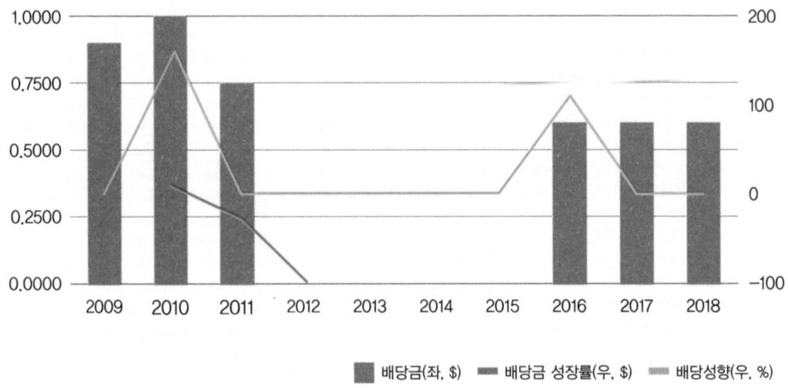

자료 : 인베스테인먼트, 반즈 앤 노블 IR, Morningstar (GAAP 기준)

반즈 앤 노블 사례도 유사하다. 2011년 배당 삭감에 이은 EPS 적자전환, 2012년 배당 철폐. 근근이 버티던 주가는 2015년 이후 급락한다. 2016년 이후 배당금을 다시 지급하기는 했지만 EPS 적자나 잉여현금흐름의 수준을 고려할 때 이 배당이 유지되기는 어려워 보인다. 참고로 2018년 9월 22일 현재 반즈 앤 노블의 시가배당률은 10.58%, 배당성향은 117.6%이다.

출혈주를 피하는 방법은 간단하다. 다음 내용들만 기억하자.

첫째, 배당주를 고르는 첫 기준은 배당률이 아닌 성장성의 유지이다. 기준은 12년으로 판단하자.

둘째, 매출액, 영업이익, 순이익, EPS, 현금흐름, 배당금은 항상 주목하자. 이들 중 하나라도 꺾이는 모습이 보이면 주의해야 한다.

셋째, 배당성향이 80%를 넘어가는 종목은 주의하자. 단 리츠는 AFFO 를 기준으로 판단!

또 하나의 지표, 주식분할의 마법

'성장'과 관련해 눈여겨 볼 또 하나의 지표가 있다. 바로 주식분할(Split)이다. 주식분할의 원리는 아래와 같다.

기존: **$100짜리 주식 1주**(잔고: $100)
분할 후: **$50짜리 주식 2주**(잔고: $100)

주당 100달러이던 주식 가격을 50달러로 낮추면서 주식 수는 두 배가 된다. 잔고에는 변화가 없다. 이쯤 되면 여러분들은 궁금증을 가질지 모르겠다. 어쨌거나 잔고가 그대로인데 무슨 의미가 있는 것일까? 그리고 성장과는 어떤 관계가 있는 것인가?

이는 대체로 주식분할이 기업 성장에 따른 주가 상승의 결과물이기 때문이라는 것이다. 물론 모든 주식이 그런 것은 아니며, 한국의 삼성전자나 NAVER는 오히려 상반된 흐름을 보이기도 했지만. 아무튼 일시적으로 주가가 오르는 테마성 주식을 제외하고, 주가가 꾸준히 상승한다는 것은 기업의 실적이 증가할 때만 가능하다. 주가가 비싸지면 유동성을 늘리기 위해 주식분할을 하게 된다. 보다 많은 사람들이 소액으로 편리하게 매매할 수 있도록 만들어주는 것이다.

그러다보니 주식분할을 하는 기업들의 차트를 보면 실적이 꾸준하게 우상향하는 모습을 보이며 배당금도 늘어나는 경향이 있다. 통계적으로 주식분할을 시행한 주식은 3년 동안 33.20%가 상승하였고, 이는 S&P500 평균 수익률과 비교했을 때 10%p 높은 수준이다.

주식 분할 기업과 S&P500의 평균 수익률 (3년)

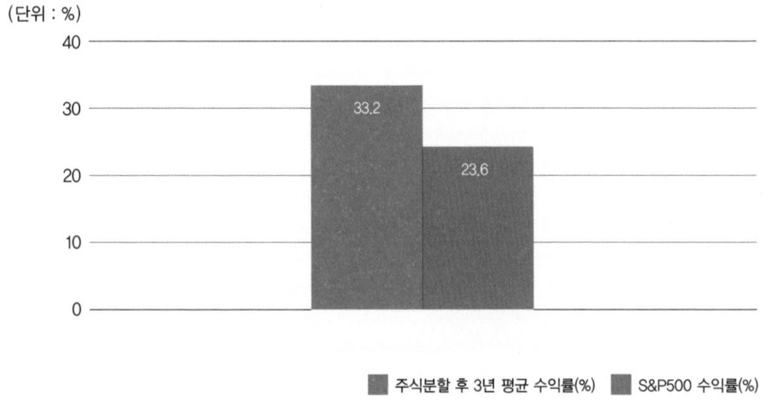

자료 : 인베스테인먼트, S&P Capital IQ

스타벅스나 코카콜라는 주식분할의 대표적인 사례다. 1992년 스타벅스 주식 100주를 가지고 있었다면 7차례의 주식분할을 거쳐 총 주식 수는 6,400주로 늘어나 있을 것이다. 코카콜라는 1919년 이후 11번의 주식분할을 거쳤으며, 100주의 주식이 지금은 921,600주로 늘어나 있다. 아래 차트에서 2 for 1은 1주를 2주로 나누었다는 뜻이다.

코카콜라 주식분할의 역사와 주식 수 증가

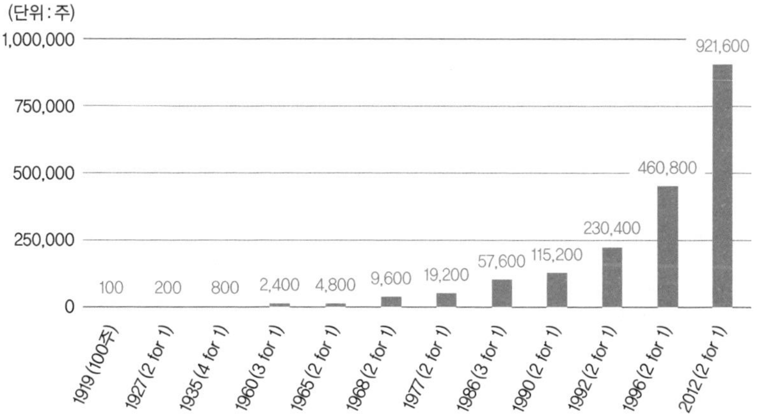

자료 : 인베스테인먼트, 코카콜라 IR

물론 주식분할은 기업 성장을 예고하는 신호는 아니다. 그러나 기업이 성장을 해오고 있다는 하나의 결과이자 상징으로, 과거 주식분할을 꾸준하게 해왔거나 현 시점에서 주식분할을 하는 기업들을 잘 살피면 투자에 많은 도움이 될 수 있을 것이다. 반면 주식병합(Reverse Split)은 주가가 지나치게 하락하여 상장요건을 유지하기 위해 하는 것이니 주의하도록 하자.

책 마지막 부분의 '배당 투자에 도움을 줄 사이트'에도 소개될 '스톡 스플릿 히스토리 닷컴'에서는 기업들의 과거 주식분할 내역과 일정 등이 나와 있으니 참고하면 된다.

스톡 스플릿 히스토리 닷컴(https://www.stocksplithistory.com)

고수의 포트폴리오 4

수미숨 (http://sumisum.com)

저자 소수몽키와 같은 올해 서른 살의 직장인. 2015년 초 입사한 4년 차 직장인으로 주식 투자는 15년 7월부터 국내 시장에서 처음 시작했다. 이듬해인 2016년 7월, MTS에서 그저 재미삼아 해외주식을 매수해보았고, 그때부터 본격적인 미국 주식 투자의 매력에 빠져 현재 투자 자금의 60% 이상을 미국에 투자 중이다.

Q 현재 포트폴리오 및 성과는?

A 지금의 포트폴리오는 성장과 배당을 6:4 정도로 유지하고 있다. 미국 투자 초기엔 배당 위주로 접근했지만, 미국 시장을 어느 정도 이해하고 투자 원칙이 생겨나가면서 최근 이익이 발생한 배당주를 일부 팔고 성장주 위주로 포트폴리오를 '리밸런싱' 했다. 꾸준히 수익이 발생하고 있지만 크게 연연하지 않고 좀 더 견고하고 안정적인 포트폴리오를 구축하려고 계속 공부 중이다. 현재 15%의 연평균 수익률을 목표로 하고 있으며 미국 시장의 호조 덕분에 매년 그 이상의 수익을 기록하고 있다.

Q 장바구니 기업 핵심 키워드 한줄 소개

기업명(업종)	한 줄 소개
맥쿼리 인프라 (MIC, 서비스)	미국 주요 인프라 시설 임대 통한 배당 지속성 확보, 8%가 넘는 고배당, 6년 연속 배당 성장.
AT&T (T, 통신/미디어)	시가총액 기준 미국 1위 통신사, 5%~6% 수준의 고배당, 33년 연속 배당 성장.
라스베이거스 샌즈 (LVS, 서비스)	미국, 중국, 유럽 등 카지노/리조트 보유 수익으로 4% 이상의 배당 지급. 주주친화 기업.
L Brands (LB, 서비스)	미국 1위 속옷 브랜드 '빅토리아 시크릿' 보유, 7% 넘는 고배당, 바디용품 및 생활용품 보유.
리얼티 인컴 (O, 리츠)	미국 전역의 자산으로부터 꾸준한 임대수익, 22년 연속 배당 성장. 매월 배당 지급하는 리츠 대표 기업.

Q 왜 미국 배당주식 투자를 시작하게 되었고, 계속하고 있는지?

A 한국 주식시장의 규모가 세계에서 차지하는 비중이 아주 미미하다는 걸 알았다. 좀 더 넓은 시장에서 세계 최고의 기업들을 1주씩이라도 사보고 싶었다. 언어와 정보 측면의 장벽은 있었지만, 세계 최고 역량의 우수한 인재들이 경영하는 회사들을 내가 딱히 신경 쓰거나 걱정하지 않아도 된다는 믿음이 있었다. 그 생각은 아직도 유효하며, 아마 남은 인생을 미국 주식 투자와 함께하지 않을까 생각한다.

Q 미국 배당투자에 주목해야 하는 이유와 장점은?

A 빠른 지급 결정과 매 분기 혹은 매월이라는 지급 주기가 핵심인 것 같다. 국내 주식의 경우엔 대부분 1년에 한 번 배당하고, 그나마 12월 말까지 보유한 주주들에게 4월이나 돼서야 지급한다. 1년에 한 번 배당을 지급하다보니 경영 성과에 따라 배당 원칙이 변경되어 말도 안 되는 배당 컷이 발생할 수 있다.

반면 미국은 꾸준한 배당의 히스토리가 있기에, 경영자가 바뀌더라도 배당 정책은 쉽게 건드릴 수가 없다. 매년 배당금을 증가시키는 이력이 그들에게 또 다른 자부심이자 튼튼하고 건실한 기업의 표상으로 여겨진다. 이런 미국 기업들의 성향은 국내 기업들과는 큰 차이라고 생각한다.

Q 포트폴리오 구성 기준, 논리, 철학: 배당주 투자에서 가장 중요한 요소?

A 얼마나 긴 기간 동안 배당을 올려가며 지급해왔느냐(Growth Dividend)를 가장 중요하게 본다. 내가 기업의 경영자라면 내가 경영하고 있는 기업이 연속 배당 성장해온 누적 햇수를 상당히 자랑스럽게 여길 것 같다. 그만큼 탄탄한 회사라는 걸 나타내기 때문이다. 그렇기에 이사회는 이 배당 성장 기록이 깨지는 걸 용납하지 않을 것이고, 그 긴 역사에서 수많은 위기를 잘 넘겨왔다는 증거이기에 향후 발생할 위험에서도 그동안의 정책을 잘 고수할 것이라 여긴다.

Q 가장 좋아하는 미국 배당주는?

A 리얼티 인컴을 위시하여 리츠 주를 좋아한다. 주식투자도 좋지만, 부동산에도 관심이 많다. 내가 좋아하는 그 둘이 합쳐진 게 리츠 아닌가? 이 종목들이 가지고 있는 자산과 건물 모양, 위치 등등을 보고 매 분기 혹은 매월 꾸준히 배당을 받으며 공실률이나 새로운 임대차 계약 등 회사의 경영 성과를 지켜보는 재미가 있다.

Q 배당투자 시 유의해야 할 점은?

A 맹목적 배당의 매력에 빠져 몇몇 배당 종목에 '몰빵'하는 것. 철저히 분산투

자를 지향하는 나의 투자 철학으로 보면, 꾸준히 배당을 증대시켜서 지급했다는 이유만으로 특정 종목에 전체 자산의 대부분을 투자하는 건 무척 위험한 행위라 생각한다. 미래를 예측할 수 없고 어떤 상황이 전개될지 모르기에 배당투자 역시 적절히 분산해야 하며 성장주도 함께 섞어줘야 배당주 투자에서 나타날 수 있는 지루함을 어느 정도 해결해줘 장기 투자하는 체력을 기를 수 있다고 생각한다.

Q 향후 배당투자 목표 및 계획은?

A 성장과 배당을 5:5～6:4 비중으로 계속 유지할 생각이다. 분산하여 여러 종목을 포트폴리오에 담아뒀으니까, 꾸준히 수령하는 배당금과 근로소득 일부를 내 포트폴리오의 종목들의 비중을 늘리는 데 사용할 계획이다.

배당주는 포트폴리오의 베이스이자 안정적인 수비수 역할을 하고, 성장주는 전체 포트폴리오의 성적을 한 단계 올려줄 수 있는 공격수 같은 역할을 한다고 생각한다.

복리효과를 최대로 누리기 위해 포트폴리오를 '입금은 있되 출금은 없는' 폐쇄형으로 운영할 예정이며, 수익률보다는 이 포트폴리오 규모를 키워나가는 재미로 장기간 투자할 계획이다.

Q 미국 배당투자를 처음 시작하는 독자를 위한 한마디

A 몇 년 안에 미국주식 투자로 큰돈을 벌겠다는 생각보단 살아가며 함께 즐길 수 있는 평생교육 과정이라 생각하면 좋겠다. 미국 주식은 국내 주식들처럼 종목 하나하나를 깊게 공부하기보단 큰 그림을 보는 매크로적인 투자가 더 중요

하다고 생각한다.

글로벌 경기 흐름이나 사이클 등이 중요하고 환율 역시 중요한 투자지표라 여겨진다. 정보와 언어, 시차라는 단점 아닌 단점이 있기에 철저히 분산투자를 통해 위험을 분산시켜야 한다. 분할 투자로 포트폴리오를 구축하고 나의 투자 성향을 파악하는 데 꽤 긴 시간을 소비해야 할 것이다.

내 투자 성향에 맞는 배당주 – 성장주가 포트폴리오에서 차지하는 비중을 파악하고 그 비중에 맞춰 적절한 종목들을 편입해야 한다. 편입한 종목들을 앞서 언급했듯 꾸준히 지켜보다 주가가 하락할 때마다 추가 매입함으로써 비중을 늘리되 평균 매입단가는 낮추는 방식이 안정적이다.

조급해하거나 시간에 쫓기는 투자보다는 느긋하게 배당을 받으며 위기가 오더라도 가장 빠르게 회복할 수 있고 가장 안전한 자산은 바로 달러라는 점을 잊지 말자.

"If you're prepared to invest in a company,
then you ought to be able to explain why
in simple language that a fifth grader could understand,
and quickly enough so the fifth grader won't get bored."

"기업에 투자할 준비가 되어 있다면,
5학년생이 이해할 수 있는 간단한 언어로,
그리고 그 5학년이 지루해하지 않을 정도로 빠르게
그 이유를 설명할 수 있어야 한다."

피터 린치(Peter Lynch)

LESSON 05

쉽지만 강력한 배당성장주 고르기

지금 그 배당, 검증된 것인가?

내가 배당주 투자에서 철칙으로 삼는 것이 하나 있다. 바로 '배당 삭감' 여부다. 단 한 번이라도 배당금을 줄였던 이력이 있다면, 앞으로도 다시 그럴 확률이 있다고 판단하는 것이다. 실제로 현재 S&P500지수에 속한 기업 중 2008년부터 2010년 사이 배당 규모를 깎았거나 아예 지급하지 않은 적이 있는 기업은 141개에 달한다.

우리가 배당투자를 하는 가장 큰 이유는 '안정적인 현금흐름'을 만드는 것이다. 어떤 이유에서든 배당금을 줄이게 된다면 계획된 현금흐름에 치명적인 영향을 미칠 수 있기 때문에 주의할 필요가 있다.

미국의 많은 우량 기업들은 배당지급일을 매 분기 1일, 5일, 13일 등으로 고정해놓고 그것을 꾸준히 지킨다. 배당은 보너스나 선심성 이벤트가 아니라 회사 주인인 주주들에게 당연히 지급해야 할 약속된 수익 배분이기 때문이다.

프록터 앤 갬블의 2015년 이후 배당락일, 배당 지급일

배당금	배당락일	배당 지급일
$0.7172	2018-07-19	2018-08-15
$0.7172	2018-04-19	2018-05-15
$0.6896	2018-01-18	2018-02-15
$0.6896	2017-10-19	2017-11-15
$0.6896	2017-07-19	2017-08-15
$0.6896	2017-04-19	2017-05-15
$0.6695	2017-01-18	2017-02-15
$0.6695	2016-10-19	2016-11-15
$0.6695	2016-07-20	2016-08-15
$0.6695	2016-04-14	2016-05-16
$0.6629	2016-01-20	2016-02-16
$0.6629	2015-10-21	2015-11-16
$0.6629	2015-07-22	2015-08-14
$0.6629	2015-04-23	2015-05-15
$0.6436	2015-01-21	2015-02-17

자료 : 인베스테인먼트, 프록터 앤 갬블 IR, Dividend.com

위 표처럼 주주들에게 현금흐름을 계획할 수 있게끔 배당 지급일까지 최대한 고정하는 기업이야말로 진정으로 주주친화 기업이다. 말로만 주주친화를 외치는 기업이 아닌, 배당금 지급이라는 '행동'으로 직접 그리고 꾸준히 증명해온 기업에 투자하라. 그것이 우리의 소중한 자금을 지킬 수 있는 가장 좋은 방법이다.

디비던드 닷컴(Dividend.com)에 접속하여 배당 지급의 날짜까지 고정된 상태인지를 보는 것이 내가 기업의 주주친화 정도를 판단하는 노하우 중 하나다. 여러분들도 투자하고자 하는 기업이 배당을 꾸준히 지급할 뿐

아니라 날짜까지 지키려고 노력했는지 기록을 살펴보기 바란다. 그 노력이 결코 가볍지 않은 것이기에 조금 더 신뢰할 수 있는 중요한 지표가 된다.

반복하거니와 진정한 배당투자의 매력은 위기에서도 내게 꾸준한 현금 흐름을 만들어 준다는 것이다. 그래서 나는 과거에 한 번이라도 배당금을 삭감한 기업은 포트폴리오에서 과감히 배제시키는 원칙을 지키고 있다. 미래는 예측하기는 힘들다. 그러므로 내가 확률을 높일 수 있는 방법은 과거의 성적표를 참고하는 것이다.

많은 배당투자자들이 간과하는 것이 바로 이 부분이다. 현재 시가배당률만을 지표 삼아 투자한다는 것은 그 기업이 영원히 그 배당금을 지급할 것으로 믿는 것과 다름없다. 하지만 외부의 어려움에도 불구하고 그런 배당금을 계속 지급한다는 보장은 그 어디에도 없다.

배당투자자의 포트폴리오 예

기업명	업종	배당률(%)	배당성장	배당지급 역사	비중(%)
A	석유화학	4	3년	8년	20
B	반도체	3.50	-	3년	20
C	자동차	4.50	2년	3년	20
D	금융	6	-	5년	20
E	철강	6.50	-	6년	20

포트폴리오 배당률 4.5%, 인베스테인먼트

위와 같이 구성된 배당주 포트폴리오를 가정해보자. 언뜻 고배당 기업들로 구성돼 안정적으로 보이지만 금융위기 때 배당을 제대로 지급했느냐에 대한 증거가 부족하다. 심지어 A기업은 8년 동안 배당을 지급해왔지만 배당성장은 3년에 불과하므로 그 전에는 배당을 삭감했거나 늘리지 못했다는 해석이 가능하다. 또한 5개 기업 모두 경기에 민감한 업종이라 불황과 호황에 따른 현금흐름이 일정하지 않을 확률이 높다.

그럼 앞으로 언제일지는 모르지만 위기가 닥쳤을 때 배당투자자는 계획된 현금을 확보할 수 있을까? 아무도 모른다. 그러나 단순히 고배당이라는 이유로 검증되지 않은 대상에 소중한 자본을 넣어두고, 앞으로도 위와 같은 고배당을 지급할 거라 막연히 기대하는 것은 아주 위험한 결과를 초래할 수 있다.

만약 이 포트폴리오로부터 받는 배당금이 생활비로 쓰여야 한다면? 다양한 이유로 반드시 확보되어야 하는 자금이라면? 위기에 주가 하락과 상관없이 현금흐름을 확보해주지 못한다면 진정한 배당투자라 보기 어렵다. 최악의 경우 위 포트폴리오는 또 다른 위기가 닥쳤을 때 전부 다 배당금을 받지 못하는 상황이 올 수도 있다. 그렇다면 지금의 4% 이상 고배당이 무슨 의미가 있겠는가.

JP모건 체이스의 배당금 추이

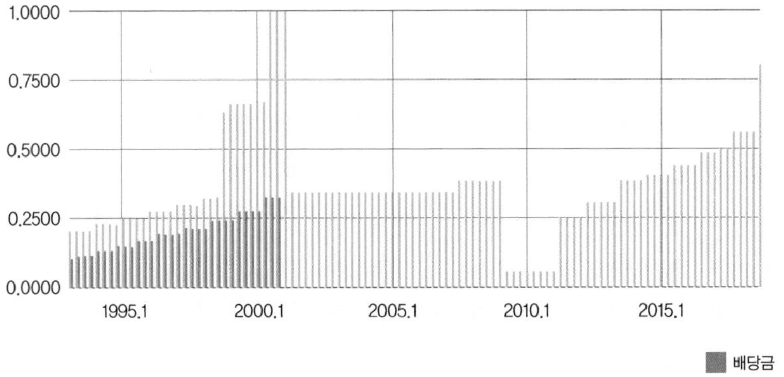

자료 : 인베스테인먼트, Dividend.com

미국의 1등 상업은행이며 시가총액 3,800억 달러의 초우량기업인 JP모건 체이스 역시 2008년 금융위기의 피해를 벗어나지는 못했다(물론 금융위기의 장본인이기도 했지만). 처음 미국 배당투자를 한다면, 아무리 초우량 기업이라도 배당을 줄였던 기업은 제외하기를 권한다. 지금 배당률이 3~4%인 고배당 기업이라도 예상치 못한 어떤 외부의 이슈로 인해 배당금을 삭감할지 모르니 말이다.

우리가 역사를 공부하며 미래를 그리듯, 기업의 배당금 지급 역사를 보며 미래를 그려보는 것이 좋다. 리스크 발생의 확률을 최소화시키는 것이 잃지 않는 투자의 첫걸음이다. 그러니까, 2008년 금융위기 전후로 배당을 줄이지 않은 기업은 앞으로도 배당 삭감을 하지 않을 확률이 높지 않을까?

그렇다면 우리는 어디에 투자해야 할까? 답은 앞서 말했듯 배당을 삭감하지 않은 기업들이다. 미국에는 이미 우리와 같은 염려와 고민을 한 투자자들이 많았고, 그래서 그에 대한 대응 또한 놀라울 정도로 해온 상태다. 무려 50년이 넘도록 배당을 단 한 번도 삭감하지 않고 늘려온 기업이 25개나 되며, 이들을 '배당킹'이라 칭한다.

배당을 50년 이상 늘린 '배당킹' 25선

순서	기업명	요약	티커	업종	배당률(%)	배당증가 기간(년)
1	American States Water Company	전력발전	AWR	유틸리티	1.80	63
2	Dover Corporation	기계장비	DOV	산업재	1.90	62
3	Northwest Natural Gas Company	천연가스	NWN	유틸리티	3.20	62
4	Parker-Hannifin Corporation	컨트롤장비	PH	산업재	1.30	61
5	Genuine Parts Company	차량부품	GPC	서비스	2.80	61
6	The Procter & Gamble Company	생활용품	PG	소비재	3.00	61
7	Emerson Electric Co.	기계장비	EMR	산업재	2.80	60
8	3M Company	복합	MMM	산업재	2.00	59
9	Cincinnati Financial Corporation	보험	CINF	금융	2.70	57
10	Vectren Corporation	에너지	VVC	유틸리티	2.80	57
11	Colgate-Palmolive Company	생활용품	CL	소비재	2.10	55
12	The Coca-Cola Company	음식료	KO	소비재	3.20	55
13	Johnson & Johnson	제약	JNJ	헬스케어	2.40	54
14	Lancaster Colony Corporation	식재료	LANC	소비재	1.90	54
15	Lowe's Companies, Inc.	건자재	LOW	서비스	1.80	54
16	Nordson Corporation	코팅장비	NDSN	산업재	0.80	54
17	Hormel Foods Corporation	음식료	HRL	소비재	2.00	51
18	Tootsie Roll Industries	음식료	TR	소비재	2.10	51
19	California Water Service Group	전력발전	CWT	유틸리티	1.00	50
20	SJW Group	전력발전	SJW	유틸리티	1.60	50
21	Federal Realty Investment Trust	부동산	FRT	리츠	1.40	50
22	Stanley Black & Decker	기계장비	SWK	산업재	3.00	50
23	Target Corporation	유통	TGT	경기소비재	2.99	50
24	ABM Industries Incorporated	서비스	ABM	산업재	2.19	50
25	Stepan Company	화학제품	SCL	원자재	1.19	50

자료 : 인베스테인먼트, Suredividend.com (2018. 11. 5 기준)

어디에 투자할까 : 대상을 고르는 가장 쉽고 강력한 방법

나는 미국 배당투자를 할 때 50년 이상 배당을 해온 배당킹 25개부터 공부해나갔다. 10년이면 강산이 변한다고들 한다. 사실 약 10년 주기로 놀라울 정도로 큰 위기가 오기도 했다. 그런데 그 긴 사이클을 5번이나 겪으면서도 배당을 줄이기는커녕 계속 늘렸다는 것 자체가 다른 모든 지표보다 강력한 신호 아닐까! 그렇게 배당을 지속 늘려온 기업들부터 공부하며 투자대상을 확대해나갔다.

배당증가 기업군 용어/칭호 (2018. 9. 14 기준)

1. 배당킹(Dividend King) :
   50년 이상 배당 증가, 지급해온 기업(약 26개)
2. 배당귀족(Dividend Aristocrats) :
   25년 이상 증가, 지급해온 기업 (약 53개)
3. 배당챔피언/어취버(Dividend Champions/Achievers) :
   10년 이상 증가, 지급해온 기업(약 275개)
4. 배당블루칩(Dividend Bluechips) :
   5년 이상 증가, 지급해온 기업(약 518개)

위 리스트에서 볼 수 있듯, 미국은 배당지급의 역사가 길기 때문에 이런 '칭호' 혹은 '지표'를 만들어 관리하고, 심지어 위 기업들에만 투자하는 상품이 별도로 있을 정도로 배당투자가 활성화되어 있다. 실제로 배당을 꾸준히 늘려온 기업들은 위기 시에도 주가 하락이 낮았고, 회복성도 빨랐으며 심지어 시장지수 대비 수익률도 높은 경향이 있다.

S&P500 배당귀족 지수 및 S&P500 지수 성과 (1998. 8. 30.=100)

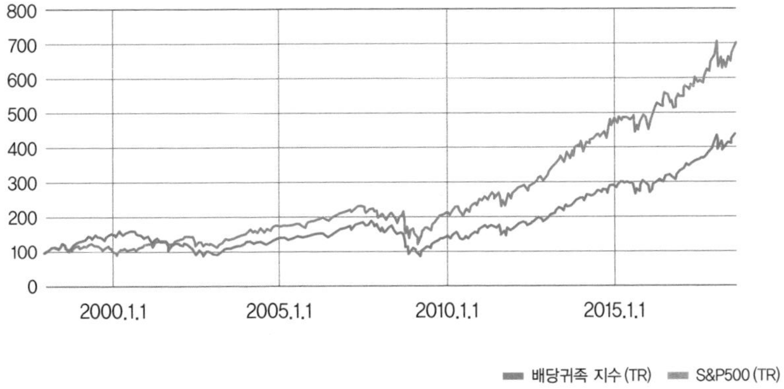

	배당귀족 지수 (TR)	S&P500 (TR)	차이 (%P)
최근 1개월 수익률 (%)	2.7	3.7	-1.04
최근 3개월 수익률 (%)	6.3	7	-0.75
연초 이후 수익률 (%)	5.3	9.9	-4.59
1년 수익률 (%)	18.2	20.3	-2.17
3년 수익률 (%)	48.6	55.2	-6.62
5년 수익률 (%)	89.8	97	-7.14
10년 수익률 (%)	246.9	180.4	66.52
20년 수익률(%)	581.1	312.7	268.36

자료 : 인베스테인먼트, State Street Global Advisors (SDPR)

글로벌 경제지 〈포춘〉에 따르면, 상위 20개 기업 중 10년 뒤에도 순위를 유지하고 있는 것은 단 50%뿐이었으며, 기업의 평균수명은 15년 정도로 점차 짧아져온 것으로 나타났다.

S&P500 기업의 평균수명
(Each data point represents a rolling 7-year average of average lifespan)

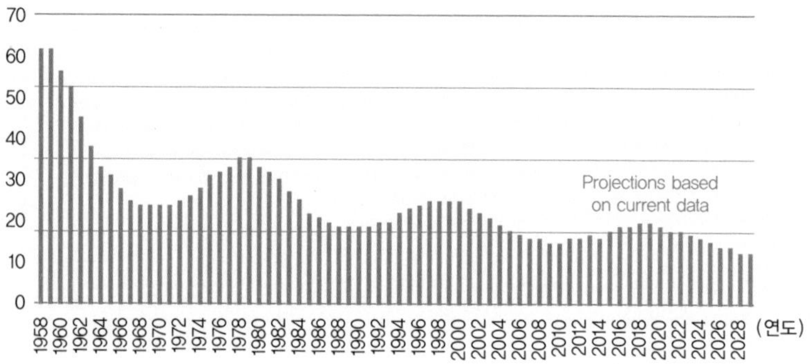

자료 : CBINSIGHTS

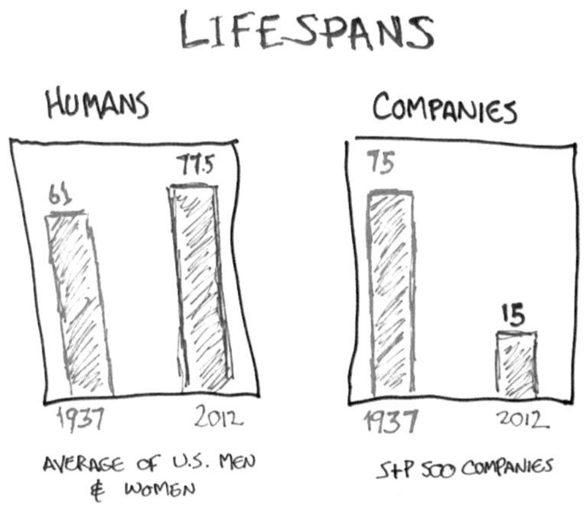

자료 : Value Creator

이처럼 한 기업이 태어났다가 사라지는 데 걸리는 기간이 평균 15년이고 이마저도 점점 짧아지고 있는 시대인데, 배당금을 50년, 25년 이상 증가시켜온 기업에 의문을 갖는 자체가 어쩌면 시간 낭비일지도 모른다. 미국 최대 주식거래소 중 하나인 나스닥(NASDAQ)에만 약 3,900여개의 기업이 상장되어 있다. 이 많은 기업을 무슨 수로 모두 살펴보겠는가? 기업을 공부할 시간은 한정되어 있으니, 보다 효율적인 방법으로 투자대상을 골라내야 한다.

그러므로 가장 강력한 지표 중 하나인 배당 지불 역사가 검증된 '배당킹'부터 우선 대상으로 선정하고 그 범위를 확대해나가는 것이 검증된 기업을 효율적으로 발굴해내는 최적의 방법이라 말하고 싶다.

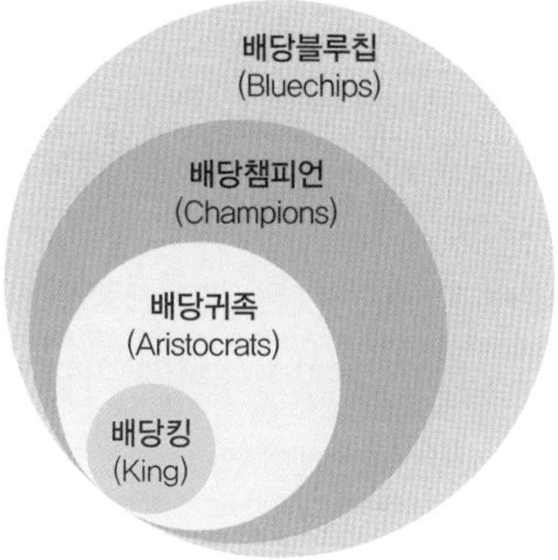

자료 : 인베스테인먼트

우선 배당킹 기업들의 공식 홈페이지에 들어가 보면 그 기업의 분기 실적보고서, 연간 보고서(IR 자료) 등이 잘 정리되어 올라와 있다. 내 투자성향에 맞지 않고 홈페이지 및 보고서를 봐도 명확히 이해되지 않는 업종이거나 미래가 불투명하다고 여겨진다면 과감히 투자대상에서 배제하면 된다.

리얼티 인컴 홈페이지 첫 화면, 홈페이시에 답이 있다.

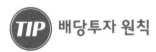

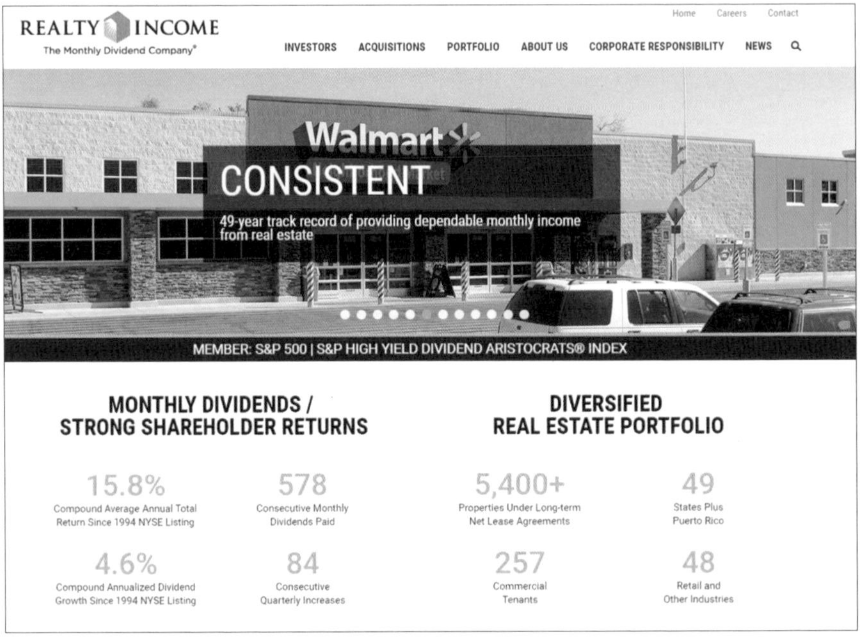

나도 25개 배당킹 중에서 프록터 앤 갬블, 코카콜라, 존슨 앤 존슨 등, 비교적 이해하기 쉬운 생활용품/필수소비재 기업부터 공부해나갔다. 이해가 어렵거나 남에게 설명할 수 없다면 과감히 제외시켰다. 그리고 다음 단계인 배당귀족 약 53개를 공부해나갔다.

TIP 배당투자 원칙

첫째, 아무리 좋아보여도 배당을 삭감한 적이 있는 기업은 되도록 배제시킨다.

둘째, 이러한 고민을 모두 덜어주는 방법이 배당킹~배당블루칩 전략이다. 충분히 검증된 기업들로 이루어져있으며 이를 추종하는 ETF까지 나와 있을 정도다.

셋째, 50년 연속 늘린 배당킹 25개부터 차례대로 대상을 확대하며 검증하는 것이 좋다.

배당킹 → 배당귀족 → 배당챔피언 → 배당블루칩 순

배당투자가 따분하다는 생각은 편견, 흥미진진한 '배당킹~배당블루칩' 전략

흔히들 배당투자라고 하면 따분하고 지루한 투자를 떠올리기 쉽다. '고배당' 기업이라는 개념 자체가 성장을 위한 공격적 재투자보다는 성숙기에 접어들어 안정적 현금흐름을 만들어내는 상태일 확률이 높기 때문이다. 그러나 이 장에서 말하고 있는 배당킹~배당블루칩 전략을 활용하면 그런 우려가 사라진다. 단순히 배당률이 높다고 투자하는 것이 아니라, 오직 '배당성장 기간'에만 초점을 맞추기 때문이다. 애플은 배당성장을 지속한 지 올해로 5년이 되어 블루칩지수에 포함되었다.

스타벅스는 2011년부터 배당 지급을 시작하여 올해로 7년 연속 배당을 성장시켰다. 3년만 더 증가시키면, 배당성취자(Dividend Achiever) 지수에 포함될 것이다. 이들이 심심하고 지루한 기업들인가? 그렇다면 엔비디아는 어떤가? 자율주행 시대 그래픽카드 제조를 선도하는 엔비디아 역시 올해로 5년째 배당을 늘려왔다. 이제 좀 더 설득이 되는가? 배당킹 지수를 구성하는 25개 기업의 업종과 규모(시가총액)를 보면 이 구성이 매우 훌륭하다는 것을 알 수 있다.

배당킹 기업의 업종별 구성

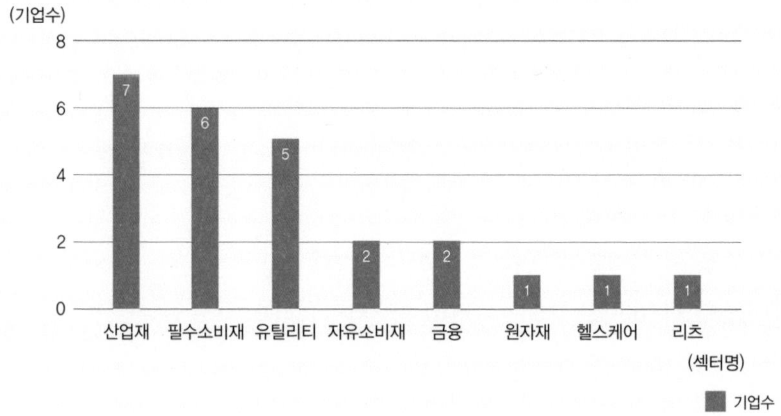

자료 : 인베스테인먼트, Suredividend.com

배당킹 기업의 시가총액별 구성

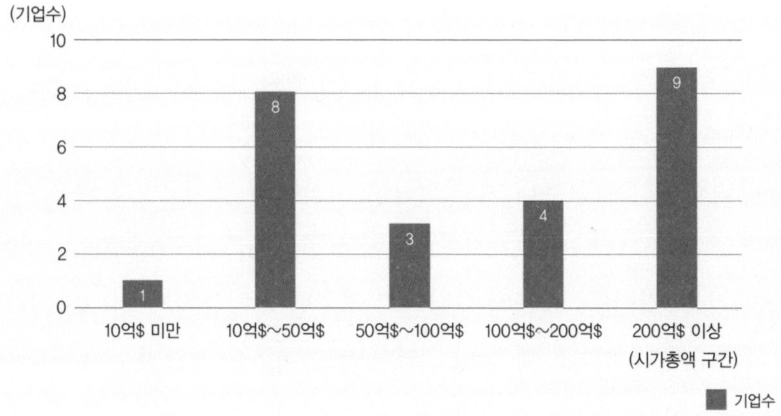

자료 : 인베스테인먼트, Suredividend.com

"배당투자 대상은 업종의 쏠림현상이 심하지 않나요?" 배당투자를 하며 가장 많이 받는 질문 중 하나다. 가령 배당투자의 대명사인 코카콜라, 펩시, 프록터 앤 갬블, 필립 모리스 인터내셔널 등이 모두 필수소비재 업종에 속하기 때문이다. 나 역시 그 현상을 겪었기에 쉬운 해결책으로 '배당킹~배당블루칩' 전략을 제시하는 것이다.

앞서 언급했듯이, 배당킹~배당블루칩 지수에 포함된 기업들은 오직 배당금 지급기간에만 관심을 두므로 특정 업종으로의 쏠림이 일어나지 않는다. 배당킹 25개 기업(3개는 OTC 마켓으로, 국내에서 매수하기 불편하여 제외)의 업종 분산 현황을 보여주는 위 차트를 봐도 명백하다. 11개 업종 중 8개에 고루 분산되어 있으며, 상대적으로 업황의 부침이 큰 경기민감, 원자재, 산업재 등의 업종도 적지 않은 비중을 차지하고 있다.

* OTC 마켓(Over-The-Counter Market)
거래소에 상장되지 않은 비상장주식의 매매거래를 위해 만들어진 장외시장

다시 말해, 배당투자 대상이 필수소비재처럼 지루한 업종에만 속해 있다는 것은 사실이 아니며 단순히 모아가는 것 외에 경기의 흐름을 활용한 매매 또한 충분히 가능하다는 점을 강조하고 싶다. 경기흐름에 따라 위 배당킹~배당블루칩 기업의 비중을 적극적으로 조절하여 초과수익률을 기대해볼 수도 있다.

그뿐인가, 그저 대형 우량주로만 구성된 것이 아니라 소형-중형의 우량주까지 고루 분포되어 있다는 점도 확인할 수 있다. 즉 대형주가 주도하거나 중소형주가 이끄는 장세의 유행에서 소외되지 않는 훌륭한 구성이라는 것이다. 아쉽게도 아직까지 상기 배당킹 기업들을 한 번에 매수할 수 있는 상품(ETF 등)은 없으나 배당귀족을 추종하는 ETF로는 NOBL이 있으며 나중에 ETF를 소개하는 챕터에서 다루고자 한다.

고수의 포트폴리오 5

소수몽키 (http://www.sosumonkey.com/)

서른 살 직장인으로 입사 시점인 2015년부터 미국 배당주 투자의 매력에 빠져 매달 나오는 배당금을 블로그에 기록하고 있다. 현재 매달 약 300달러의 배당금을 수령하고 있으며 가까운 시일 내에 월급에 달하는 배당금을 받는 것을 목표로 즐겁게 배당투자 중이다.

Q 현재 포트폴리오 및 성과는?

A 나는 2018년 9월 현재 월 300달러 수준의 배당금을 받는 포트폴리오를 구성해놓았다. 포트폴리오를 짜며 가장 중요하게 생각하는 것은 특정 업종이나 기업에 지나치게 쏠림을 방지한다는 점이다. 어떤 기업이나 업종이 아무리 좋아 보여도 전체 투자금의 15% 수준을 넘지 않도록 한다. 판단은 언제나 틀릴 수 있으니까. 그래서 상기 포트폴리오에서 볼 수 있듯 IT, 필수소비재, 통신 등의 업종으로 고루 분산하려고 노력한다.

Q 장바구니 기업 핵심 키워드 한줄 소개

기업명(업종)	한 줄 소개
애플 (AAPL, IT/필수소비재)	'주식회사 미국'(높은 충성도, 필수소비재로의 전환), 배당 5년 폭발적 성장 중.
시스코 (CSCO, IT)	통신장비와 보안 관련 기술적 해자를 가지고 있는 기업. 5G시대에도 핵심 역할.
펩시 (PEP, 필수소비재)	탄산뿐만 아니라 막강한 인수합병을 통해 성장한 거대 종합 식품회사.

기업명(업종)	한 줄 소개
프록터 앤드 갬블 (PG, 필수소비재)	그야말로 '필수'소비재를 파는 생활용품 기업. 물가상승 이상으로 가격을 올리는 영원히 살아남을 기업.
AT&T (T, 통신/미디어)	미국의 대표 통신기업, 6%가 넘는 고배당, 콘텐트 공룡 타임워너를 인수, 턴어라운드 기대.
비자 (V, 금융/결제)	물가가 오르면 비자의 매출도 증가. 인플레이션의 가장 좋은 헷지 수단.
제이피모건 체이스 (JPM, 금융)	미국의 1등 상업은행, 금리인상기/경제 호황기 수혜를 받는 기업.
보잉 (BA, 산업재)	전 세계 여객항공기의 50% 정도를 전담하여 제조. 이머징/아프리카 소득증가에 따른 여행수요 지속 성장 예상.
리얼티 인컴 (O, 리츠)	미국 전역의 건물에서 받는 임대료, 건물주가 되는 가장 효율적인 방법.
웰타워 (WELL, 리츠)	65세 인구가 30%를 넘게 되는 미국 전역에 요양원/ 병원시설을 보유-임대하여 꾸준한 배당 지급 가능.

Q 왜 미국 배당주식 투자를 시작하게 되었고, 계속하고 있는지?

A 급한 성격이 한몫했다. 한국주식을 하며 1년에 한 번 받는 배당금을 기다릴 인내력이 부족했던 거다. 그렇게 회의감을 느끼다가 미국은 대부분의 기업이 3개월마다 배당금을 꼬박꼬박 지급한다는 사실을 알게 되자마자 바로 투자를 시작하게 되었다. 매달 배당금을 늘려가는 재미는 이루 말할 수가 없으며 돈 쓰는 재미와는 비교할 수 없는 즐거움을 준다. 앞으로도 계속 배당투자를 해나갈 예정이다.

Q 미국 배당투자에 주목해야 하는 이유와 장점은?

A 무엇보다 잦은 배당금 지급이 핵심이다. 똑같은 4%의 배당률을 가진 기업이라도, 1년에 한 번 받는 것보다 3개월마다 나눠 받는 것은 시계열이 길어지며 수익률이 높아지는 점, 너무나 명확하다. 여기에 재투자까지 더해지면 차이는

더 벌어질 터. 뿐만 아니라 투자자의 마음가짐, 소위 '멘털 관리'라 불리는 것에도 도움 된다. 주식을 팔까 하다가도 배당금이 워낙 자주 들어오니 자연스럽게 장기투자에 재미가 붙고 의욕이 생기기 때문이다. 자주 안 팔게 되니 결국 수익률은 높아지고 배당금은 덤으로 들어온다. 배당투자를 하기에 너무나 좋은 환경을 가진 곳이 바로 미국 주식시장이다.

Q 포트폴리오 구성 기준, 논리, 철학: 배당투자에서 가장 중요시하는 것은?

A '배당지속 가능성'과 '배당성장'이다. 미국 배당투자 대상을 선정하는 기준 1순위도 2순위도 '배당지속성'이다. 위기에 현금흐름을 만들어주지 못하는 기업은 배당주로서의 기능을 제대로 못한다는 것이 내 생각이다. 적어도 최근의 위기였던 2008년 금융위기 전후로 배당을 삭감하지 않았는지부터 살펴본 후 장바구니에 담는다.

당장의 시가배당률에 연연하지 않고 배당지속성과 배당성장률을 판단한다. 예를 들면 비자의 시가배당률은 1%를 넘었던 적이 없다. 그러나 이건 착시다. 배당을 9년 연속 늘렸음에도 주가 상승분이 워낙 커 배당률이 낮아 보이는 것이다. 당장의 배당률이 낮더라도 그 기업이 배당을 늘려왔고 늘릴 수 있다면 과감히 장바구니에 담는다.

Q 가장 좋아하는 미국 배당주는?

A 정말 하나만 뽑자면 역시 프록터 앤 갬블이다. 미국 시장도 약 10년 주기로 시가총액 1위가 뒤바뀐다. 영원한 1등은 없으니까 섣부른 예측은 의미가 없다고 생각한다. 또 다른 애플, 또 다른 아마존이 지금의 왕좌를 차지할 것이니까. 그

렇기에 100년 뒤에 눈을 떠도 살아 남아있을 기업은 결국 우리가 매일 쓸 수밖에 없는 생활용품을 파는 소비재 기업이 아닐까? 잃지 않는 투자가 최우선이다.

Q 배당투자 시 유의해야 할 점은?

A 나를 비롯한 대부분의 배당투자자가 처음 저지르는 큰 실수가 '고배당률'에 집착하는 것이다. 미국 주식시장에는 (파생상품일 확률이 높긴 하지만) 8~10% 수준의 배당금을 지급하는 기업이 많다. 배당률이 높다는 것에 현혹돼 그 기업 또는 상품이 어떻게 배당을 지급하는지도 파악하지 않은 채 '묻지 마 투자'를 하는 것은 아주 위험하다. 아무리 배당투자라 할지라도 그 기업에 대한 충분한 이해와 공부가 뒷받침되지 않으면 조그만 하락에도 결코 버틸 수 없다.

Q 향후 배당투자 목표 및 계획은?

A 평균 배당률에 연연하지는 않지만, 가능한 분기 배당금이 지속 우상향할 수 있도록 관리할 계획이다. 10만 달러 기준 포트폴리오 배당률이 4%라면 월 배당금은 300달러(한화 33만 원) 정도다. 계속 재투자하여 단기로는 약 500달러(한화 약 56만 원)를 받아 월세를 받는 느낌을 누리고 싶고, 중장기로는 월급에 준하는 금액을 받아 진정한 경제적 자유에 다가서고 싶다.

Q 미국 배당투자를 처음 시작하는 독자를 위한 한마디

A 미국 배당투자를 시작하고 처음 받은 배당금이 정확히 0.17달러였다. 숫자로 찍힌 그 금액이 아직도 뇌리에 생생하다. 누가 봐도 너무나 작고 미미한 숫자였지만, '할 수 있구나!'라는 희망이 보였다. '아, 이렇게 투자금을 불려나가면 머

지않아 월세처럼 배당금을 받을 날이 오겠구나.' 나는 바로 컴퓨터를 켜고 내 목표와 계획을 엑셀에 그려놓았다. 그 순간부터 10년간의 투자금과 예상 배당금 같은 계획을 모두 적어 놓았고 지금도 매달 현황을 체크하고 있다.

그려놓은 그 길을 지금도 꾸준히 걸어가고 있고 그 길 끝에는 반드시 달콤한 보상이 기다리고 있다고 확신한다. 당장 금액이 대수롭지 않다고, 배당금이 적다고, 실망하지 말고 첫걸음부터 내디뎌 꾸준히 지속하시기 바란다. 생각보다 눈덩이는 빨리 커진다. 나 또한 세워 놓은 목표를 생각보다 빠르게 갱신하고 있음에 너무나 행복하다.

"We simply attempt to be fearful when others are greedy and to be greedy only when others are fearful."

"내 주식 매입 법칙은 간단하다.
다른 사람들이 욕심을 부릴 때 겁을 내고,
다른 사람들이 겁을 낼 때 욕심을 부리는 것이다."

워런 버핏

LESSON 06

최고의 매매 타이밍 잡기

좋은 주식, 언제 사야 '더' 좋을까?

> *내가 배당투자를 적극 추천하는 이유 중 하나는 '아주 간단하지만 강력한 하나의 전략'으로 매매가 가능하기 때문이다. 이 전략은 배당지급의 역사가 상대적으로 짧은 한국의 투자자들에게는 아주 생소할 수 있지만, 미국에서는 배당투자의 정석으로 불릴 만큼 이미 오랜 기간에 걸쳐 검증된 전략이다.*
>
> *만약 당신이 주식투자를 위해 읽어야 할 책을 추천해달라고 부탁한다면, 나는 우선 ≪절대로! 배당은 거짓말하지 않는다≫를 추천할 것이다. 이미 5년 전에 번역서로 나와 있는 켈리 라이트(Kelley Wright)의 이 책은 그러나 국내 투자자들에게 크게 어필했던 것 같지는 않다. 그럴 법도 하다. 이 책에 나와 있는 사례들을 적용할 수 있는 대상이 한국 시장에는 거의 전무하기 때문이다. 그 이유를 하나하나씩 살펴보자.*

배당, 그 무엇보다 정직한 지표

내 블로그에 미국주식을 시작하고 싶다고 밝힌 분들이 가장 많이 들었던 이유 중 하나가 바로 '한국주식에 대한 불신'이다. 주식회사의 주인은 주주가 아니라 재벌 오너라고 생각하는 환경, 경영 승계를 위해 물불 안 가리고 기업 이익과 가치를 훼손하는 행위 등이 투자자들로 하여금 한국주식에 대한 불신을 갖게 만들었다.

나 또한 같은 이유로 미국주식 투자를 시작했으며, 그중에서도 배당투자에 관심을 쏟은 결정적 이유가 바로 배당이 지니는 강력한 '진실성' 때문이었다. 주식회사는 돈을 벌면 크게 둘 중 하나를 선택해야 한다. 회사의 발전-혁신-경쟁을 위해 번 돈을 재투자할 것인가, 아니면 기업의 과실을 '배당금' 형태로 주주들과 나눌 것인가? 따라서 주주들은 배당금액을 토대로 회사의 이익을 역으로 가늠할 수 있으며, 배당금 증액은 회사의 재무가 건전하다는 그 무엇보다 강력한 신호가 된다.

배당금은 '회사 밖으로 빠져나오는 돈'이라는 점에서 다른 모든 지표와 뚜렷이 구분된다. 그렇기 때문에 다른 어떤 지표가 인위적으로 '회사의 재무가 건전함'을 가리키고 있어도 회사 밖으로 빠져나오는 돈인 배당금보다 확실하기는 어렵다는 것이다. 회사의 이익이 줄고 있는데 배당금을 늘릴 수 있겠는가? 현금흐름이 나빠졌는데도 예전처럼 배당을 줄 수 있겠는가? 이미 회사 밖으로 빠져 나간 배당을 나중에 다시 돌려달라고 할 수도 없는 노릇이므로, 배당금의 지급-증액-감소야말로 모두 강력한 시그널이 된다는 것이 나의 주장이다. 배당금은 정말로 거짓말하기 힘들다는 얘기다.

배당주 매매전략을 위한 대상 고르기

앞서 언급했듯이, 배당은 다른 모든 지표보다 정직하므로 다른 모든 요소들은 소음으로 간주하고 오직 배당과 관련된 지표만 보자는 것이 내 전략이다. 그 대상을 고르기 위해 아래와 같은 기준을 먼저 세웠다.

1. 배당을 10년 이상 늘린 기업

적어도 2008년 금융위기에 배당을 삭감하지 않은 기업

2. 배당성향이 20~60%로 건전한 기업

배당성향이 20% 미만이라면 주주친화적이지 않을 확률이 높고, 60%를 넘으면 성장성이 떨어지는 회사라고도 볼 수 있다. 심지어 100%가 넘어가는 기업들은 빚을 내거나 자산을 팔아 배당을 주고 있다는 의미이므로 무조건 제외해야 한다.

3. 배당증가

나는 10년이라는 상징적 숫자보다 2008년 금융위기 전후에도 배당금을 삭감하지 않은 기업을 매매 대상에 넣으라고 권한다. 언제 다시 찾아올지 모르는 위기에 또 다시 배당을 삭감하지 않으리란 보장은 없기 때문이다. 배당을 줄여버린다면, 내가 소개하려는 전략뿐 아니라 어떤 전략도 소용이 없다.

배당투자의 가장 큰 매력 중 하나가 위기에도 흔들림 없는 배당금 지급이다. 공교롭게도 그런 큰 하락기가 약 10년의 주기로 찾아왔고 Lesson 5에서 언급한 배당킹, 배당귀족, 배당성취자 등 그 어려운 시기에도 흔들리지 않고 배당을 꾸준히 지급한 기업들이 많다. 어떤 위기가 찾아와도 내게 배당금을 지급해줄 기업을 고르는 것이야말로 다른 어떤 전략보다 중요한 기준이다.

배당성향(Payout Ratio)

"삼성전자, 외국인 요구에 배당성향 증가", "현대차그룹 배당성향 30% 수준으로 유지" 등의 기사들을 본 적이 있을 것이다. 배당성향이란 말 그대로 번 돈에서 얼마나 배당을 하는지를 보여주는 지표다. 가령 배당성향이 100%라면, 기업이 벌어들인 돈(당기순이익) 전부를 배당금으로 지급했다는 뜻이다. 반대로 배당성향이 0%라면, 배당금을 아예 지급하지 않았다는 의미다.

배당성향별 해석

배당성향	0	0 이상~100 미만	100 이상
해석	당기순이익에서 배당금을 일절 지급하지 않음	당기순이익의 일부를 배당금으로 지급	당기순이익 전부, 혹은 그 이상을 배당금으로 지급

자료 : 인베스테인먼트

그러므로 번 돈의 적정한 수준을 배당으로 꾸준히 지급해온 기업이 앞으로도 그럴 가능성이 높다고 판단할 수 있다. 따라서 배당성향은 20~60% 수준이 적정하다(당신의 투자성향에 따라 이 범위는 얼마든지 조정해도 무방하다).

※ 부동산 임대료를 배당금으로 지급하는 것을 목적으로 설립된 리츠 기업들은 배당성향이 대부분 90을 넘을 수밖에 없다. 법적으로 수익의 90% 이상을 배당금으로 지급하도록 되어 있기 때문이다. 그러므로 리츠업종은 위 기준의 예외로 간주해도 좋다고 판단된다.

투자 대상의 고유한 역사적 배당률 범위 살피기

S&P500 기업에 대해 위 기준을 적용하면 그 가운데 86개 기업이 '10년 이상 배당 증가, 배당성향 20~60%'라는 조건을 충족한다.

흔히 '고배당주, 배당투자'라고 하면 한국의 많은 투자자들은 '고배당'에만 집착한다. 2018년 9월 현재 한국의 기준금리는 1.5%이고, 대부분의 투자자들은 최소 3~3.5% 이상의 배당수익률을 기대하는 식이다. 그러나 이렇게 현재의 '고'배당률에만 집착하다보면 수많은 좋은 기업들을 놓치는 우를 범하게 된다는 것이 나의 주장이다. 앞서 말했듯이 미국 배당주는 분기에 한 번씩 배당금을 증액할 정도로 빠른 속도로 배당증가가 이루어지기 때문에, 현재의 낮은 배당률 때문에 위의 두 가지 까다로운 조건을 모두 통과한 기업을 매수할 기회를 놓쳐선 안 된다.

한국의 평범한 투자자와 미국 배당성장 투자자 비교

	한국의 평범한 투자자	미국 배당성장 투자자(이 책의 독자)
배당률	최소 4% 이상	무관
고려 대상	대부분 담배, 통신, 필수소비재 기업	배당이 빠르게 성장하는 기업

자료 : 인베스테인먼트

위 표를 보자. 예-적금보다 높은 이자를 확보하기 위해 배당률을 4% 이상으로 고정하면 투자대상의 쏠림이 생길 수밖에 없다. 국내에서는 SK텔레콤, KT&G 같은 대상군 혹은 우선주로 한정될 확률이 매우 높다. 이는 배당성장의 경험이 거의 없었기 때문이라고 봐도 무방하다. 반면 미국 배당투자자들은 현재의 시가배당률에 크게 개의치 않는다. 배당금이 이익을 따라 급속도로 성장하기 때문이다. 한국과는 달리 배당성장의 역사를 몸으로 직접 경험했기 때문에 현재 배당률에 큰 관심이 없는 것. 지금 2%의 시가배당률을 기록하고 있다 하더라도 빠르면 1년, 늦어도 3년 내에 배당률이 3~4%까지도 올라갈 수 있기 때문이다. 아래 몇 가지 사례를 통해 살펴보자.

1. 배당성장주의 표본 – 보잉(Boeing)

보잉의 연간 배당금 및 배당금 증가율

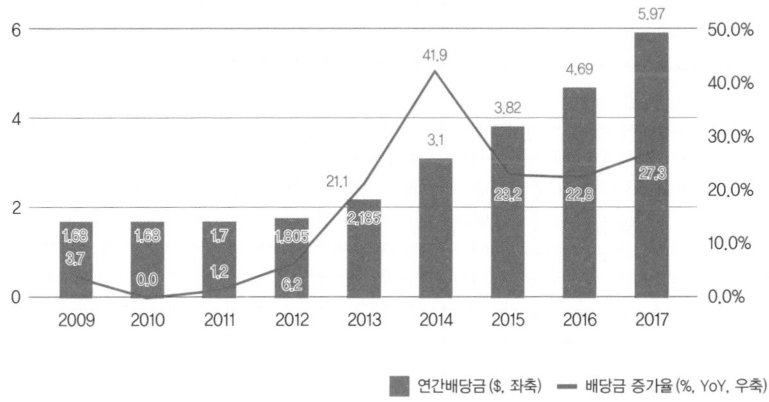

자료 : 인베스테인먼트, 보잉 IR, Dividend.com

이 그래프는 세계 최대 항공기 제조업체 보잉의 배당금 증가율을 보여준다. 2013년 보잉의 주식을 샀다면, 불과 3년 만에 배당금이 2배 이상으로 커지는 경험을 하게 된다. 설사 주가가 제자리라고 하더라도 3년에 배당금이 두 배라면 연평균 배당금은 약 26%의 속도로 늘어난 셈이다. 우리의 연봉이 매년 26% 이상 늘어날까? 정말 쉽지 않은 얘기다. 그리고 주당 배당금이 2달러인 상황에서 보잉의 주가가 100달러였다면 시가배당률은

2%가 된다. 그러나 불과 3년 만에 배당률은 4%를 넘어가게 된다. 나 역시 보잉을 매수한 시점엔 배당률이 2%를 밑돌았으나 현재는 주가 대비 배당률이 4%를 넘어섰다. 묻고 싶다, 당신이라면 이처럼 황금알을 낳는 거위를 쉽게 팔 수 있겠냐고.

2016년과 2018년의 주가 및 주당 배당금, 시가배당률 비교

	2016년	2018년
주가	$100	$200
주당 배당금	$2	$4
시가배당률	2%	2%
	*2018년에도 시가배당률은 여전히 2%지만, 2016년에 매수한 투자자는 배당률이 4%에 달한다.	

자료 : 인베스테인먼트

그뿐만 아니라 이처럼 빠른 배당성장은 높은 배당률을 원하는 투자자들의 수요로 인해 하방경직성(밑은 닫히고 위는 열린 구조)을 확보하게 된다. 주가가 일정 수준 이하로 떨어지기는 상당히 힘들다는 얘기다. 다시 한 번 강조하지만, 현재 시가배당률보다는 향후 이 기업의 배당성장 가능성을 보는 것이 미래를 내다보는 현명한 투자다. "미래의 고배당주를 선점하자!" 이것이 나의 전략이다.

2. 꿈틀대는 배당성장주 – 스타벅스(Starbucks)

스타벅스에 대해서는 나보다 훤히 꿰뚫고 있는 독자가 많을 터. 그것이 당연할 정도로 우리에게 친숙한 기업이다. 스타벅스 역시 무서운 속도로 배당을 늘리고 있는 '꿈틀대는' 배당성장주다. 2013년 0.35달러에 불과했던 배당금이 2017년 0.85달러로 4년 만에 2.4배 증가했다. 이는 연평균 25%의 속도로 배당금이 늘어났음을 뜻한다. 다시 한 번 묻거니와 평범한

스타벅스의 연간 배당금 및 배당금 증가율

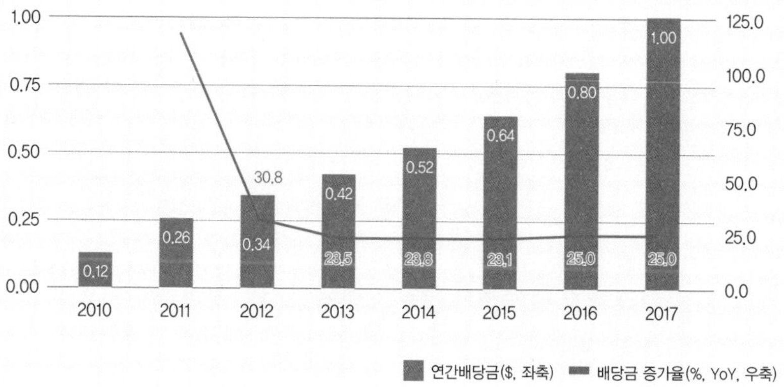

자료 : 인베스테인먼트, 스타벅스 IR, Dividend.com

직장인, 월급쟁이, 근로자의 연봉이 연평균 25%로 4년 이상 늘어날 수 있을까? 천만에. 그렇다면 우리의 자본을 어디다 맡기는 것이 현명한 선택일까? 이에 대한 내 대답은 나의 투자다. 나는 이런 배당성장주에 아낌없이 소중한 자본을 투하하고 있다.

3. 배당블루칩, 미래의 고배당주 – 애플(Apple)

애플이 배당주라고? 의아해하는 독자들도 많을 것이다. 그러나 애플은 2012년부터 배당금을 지급하기 시작한 이후 5년이 넘도록 매년 배당금을 늘려왔고, 덕분에 배당블루칩 리스트에도 포함되었다. 배당금은 2013년 주당 0.375달러에서 2018년 0.73달러로 약 2배 늘었으며, 이는 연평균 배당성장 약 14%의 속도를 의미한다. 2018년은 애플에게도 특별한 의미를 가지는 해다. 애플의 혁신의 표본인 '아이폰'이 출시된 지 딱 10년이 되기 때문이다(그래서 아이폰 10주년을 상징하는 플래그십 모델 아이폰X이

애플의 분기 배당금 및 배당금 증가율

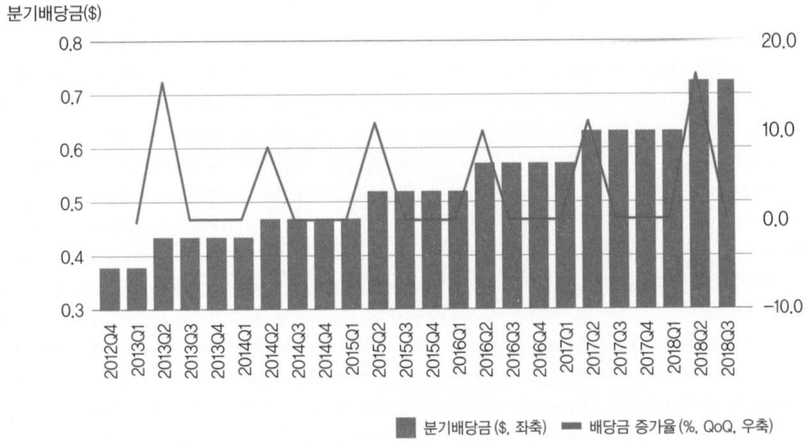

자료 : 인베스테인먼트, 애플 IR, Dividend.com

출시되기도 했다).

이미 10년 전인 2008년에도 애플은 어마어마한 현금 창출 능력을 보였다. 그 힘을 바탕으로 10년째 전 세계 시가총액 1등의 왕좌를 차지하고 있을 정도니 말이다. 그래서 당시 주주들은 배당금을 주지 않아도 불만을 갖지 않았다. 기업의 미래 성장을 위해 재투자 하는 것이 배당보다 회사의 이익, 곧 주주의 이익에 도움이 될 거라 판단했기 때문이다.

그리고 스티브 잡스가 타계한 후 혁신의 속도가 늦춰지며 자연스럽게 배당을 지급하기 시작했고, 안정적인 현금 창출 능력을 바탕으로 위의 그래프처럼 빠른 속도로 배당을 증가시키고 있다. 이 글을 쓰는 시점에 애플의 시가배당률은 1.32%에 불과하다. 여전히 낮아 보이는가? 당장 배당률이 낮다고 해서 이 보석 같은 기업을 놓치는 우를 범하지 말기 바란다.

미래의 고배당주를 선점하자

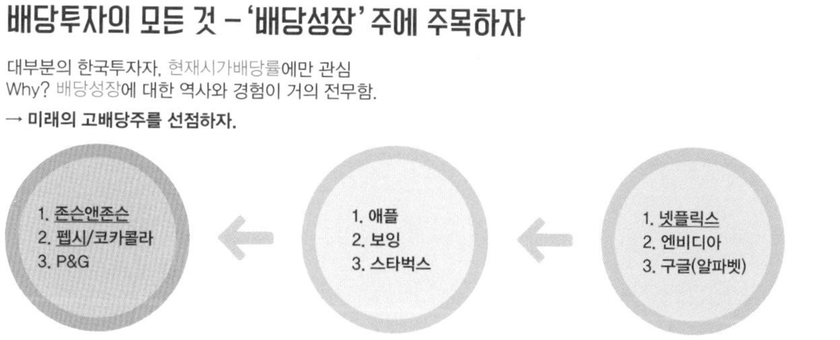
배당투자의 모든 것 – '배당성장' 주에 주목하자
대부분의 한국투자자, 현재시가배당률에만 관심
Why? 배당성장에 대한 역사와 경험이 거의 전무함.
→ 미래의 고배당주를 선점하자.
1. 존슨앤존슨
2. 펩시/코카콜라
3. P&G
1. 애플
2. 보잉
3. 스타벅스
1. 넷플릭스
2. 엔비디아
3. 구글(알파벳)

자료 : 인베스테인먼트

한국 배당투자에 익숙한 투자자들에게 아무 설명 없이 미국 배당투자를 권하면, 대다수는 맨 왼쪽 원에 있는 기업들을 고를 확률이 매우 높다. '현재 시가배당률'이 상대적으로 높기 때문이다. 그러나 나는 두 번째 있는 원의 기업에 주목하라고 말하고 싶다. 조금 더 욕심을 내거나 장기적 시야를 보유한 투자자라면 세 번째 원에 있는 기업군도 훌륭하다. 이 원의 흐름에 미국 기업의 흥망성쇠가 담겨 있기 때문이다.

미국의 혁신기업은 꿈을 먹고 자라며 투자자들로부터 확보한 자금을 또다시 성장의 에너지원으로 투입하기에 배당을 지급할 여력이 없다. 그 대신 이 시기 미국을 포함한 전 세계인들의 마음속에 혁신이라는 불꽃을 일깨워준 기업으로 자리 잡는다. 현재의 테슬라, 넷플릭스, 아마존, 알파벳과 같은 기업을 그 예로 들 수 있다. 그리고 자연스럽게 기업 규모가 커지며 성장이 둔화된다. 그러면 안정적 현금흐름을 기반으로 배당금을 주기 시작하는데, 지금의 애플, 보잉, 스타벅스 등이 그런 시기에 와 있다고 할 수 있다.

그리고 정말 사는 데 없어서는 안 될 필수소비재 기업으로 자리 잡게 된다면, 성장에 투입할 자금이 크지 않으므로 배당 여력이 커지고 곧 고배당 기업으로 성숙해간다. 이 순서를 이해한다면 현재의 고배당률에 집착하지 않으면서 시가배당률이 낮은 보석을 놓치지 않는 눈을 갖게 될 것이다. 미국인(전 세계)의 삶과 함께 혁신과 성장을 이루고 늙어가는 기업에 대한 충성도가 높을 수밖에 없는 이유다. 게다가 너무나 자연스럽게 배당금 지급을 통해 연금처럼 투자자와 함께 늙어가고, 노후를 책임져주는 기업으로 자리매김하기 때문이다.

그러나 여러분들은 지금부터 내가 소개할 전략을 몸에 익혀 실전 배당투자에 적용해보기 바란다. 감히 이 이상의 방법은 없다고 단언할 수 있다.

2017년 말 기준, 전 세계의 억만장자는 약 6,900명으로 추산된다. 이들이 모두 같은 방법으로 부자가 된 것은 아니듯, 주식투자에도 수십 수백 가지 다양한 방법이 있을 것이다. 그러다보니 많은 투자자들은 혼란을 느낀다. 수백 개의 보조지표와 기준들이 모두 제각기 다르며, 전문가 혹은 부자들이 각자 자기의 기준이 옳다고 주장하니 말이다. 그러나 한 가지 분명한 사실은 꾸준히 늘어나는 배당은 곧 기업의 성장을 보여준다는 점이다.

어디서부터 시작해야할지 모르겠다면 우선 배당을 50년 이상 늘려온 배당킹 25종목이 어떻게 성장해왔는지를 살펴보자. 그리고 20년 이상 배당을 증액해온 종목들, 10년 이상 늘려온 종목들, 5년 이상 늘려온 종목들로 점차 범위를 넓혀가자. 이 기업은 어떻게 돈을 버는가? 이 기업은 다른 기업에 비해 어떤 강점을 가지고 있는가? 그리고 기업의 성장주기 가운데 어느 정도 단계에 와있는가? 등의 질문에 대해 답을 찾다보면 자연스럽게 유망 배당성장주를 찾아낼 수 있을 것이다.

배당성장+역사적 시가배당률

투자대상 선발 기준인 10년 연속 배당 증가(지속가능성)와 20~80%의 배당성향(건전성)을 확보한 86개의 기업을 언제 사고, 언제 팔아야 할까? 이에 대한 명확한 대답을 구해보자. 장기투자는 누구나 할 수 있는 조언이다. 투자란 평생 하는 것이라고들 하지만, 살다보면 언제 어떻게 목돈이 필요하거나 급전이 필요할지 모른다. 그리고 더 좋은 투자처가 나타날 수도 있다. 이럴 때 보유주식을 매도하여 현금을 확보하기 위한 기준이 반드시 필요하다는 것이 내 생각이다.

아무리 좋은 배당주라도 타이밍이 좋지 않다면 나 홀로 손실을 입게 된다. 아무리 훌륭한 배당주라도 투자자에게 최악의 주식이 될 수도 있다는 얘기다.

한 가지 핵심만 인지하면 된다. "기업마다 고유한 배당률 범위가 있다."

AT&T(T)의 5년 주가 및 시가배당률 (2014. 1. 1 ~ 2018. 9. 28)

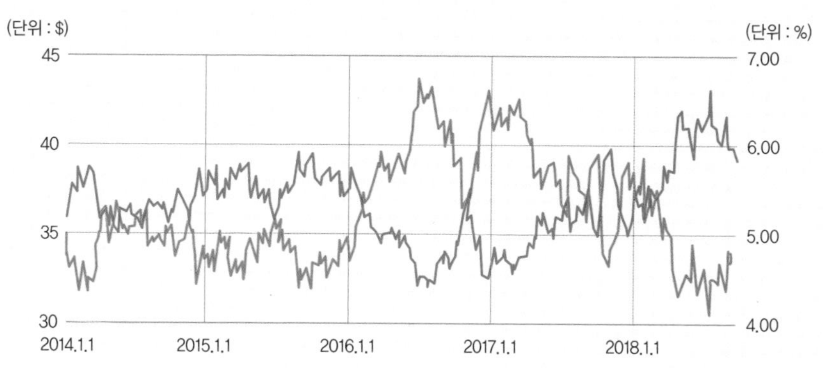

자료 : 인베스테인먼트, Dividend.com, Google Finance

역사적 평균도 중요하지만, 실전에서 보통 5년이면 충분히 중기 이상의 데이터를 보유하고 있다고 판단되므로 해당 기간을 기준으로 삼았다(개인의 성향에 따라 기간은 얼마든지 늘리거나 줄일 수 있다). 위 차트를 보자. 미국 대표 통신사 AT&T의 배당률이 6%를 넘긴 것은 지난 5년 중 최근 2~3개월뿐이다. 5년에 한 번 올까 말까한 역사적 고배당의 시기를 지금 우리는 마주하고 있는 것이다.

배당률이 높다는 것은 주가가 일정 수준 이하로 하락했음을 의미하는 것이며, 여기서 우리는 높은 배당률이라는 안전마진이 주가 하방성을 견고히 해준다고 판단할 수 있다. 역사적 배당률을 보는 이유가 바로 여기에 있다. 기업은 고유의 배당률 범위 안에서 움직이는데, 그것은 배당률이 어느 정도 고점에 이르면 투자자들이 귀신같이 낚아채 그 기업의 지분을 확보한다는 말과 통한다. 배당의 관점에서 어떤 투자자가 봐도 5년 내 역사적 고배당률 상단에 위치한 기업은 매력적일 수밖에 없기 때문이다.

평균 월세수익률이 5% 수준인 동네가 있다고 가정하자. 월세가 40만 원으로 확정된 오피스텔 가격이 1억 원이면, 기타 비용을 고려하지 않고 세전 기대수익률이 약 4.8%다. 투자자 입장에서는 약간 망설여지며 썩 매력적이지는 않은 가격대다. 그런데 오피스텔 가격이 8,000만 원으로 떨어져 기대수익률이 약 6%로 올라 평균 수익률보다 높아진다면, 동일 조건일 때 그 오피스텔을 사지 않을 이유가 없게 된다. 아마도 그 매물은 금방 누군가에 의해 사라지고 말 것이다.

배당주 투자도 위의 사례와 똑같다. 결국 '왜 배당투자를 하는가'라는 질문으로 돌아간다. 그 답은 예-적금보다 높은 이익률과 지속가능성일 것이다. 지속가능성 여부는 이미 앞서 말한 배당 삭감 여부에서 필터링 되었으므로 남는 것은 '배당률'이 된다. 그렇기에 역사적으로 높은 배당률에 위치한 기업은 수많은 배당투자자들이 노리는 먹잇감이 될 확률이 매우 높다고 본다. 실제로 많은 배당주의 배당률 차트를 보면 놀랍게도 역사적 고점에서는 주가가 더 빠지지 않고 다시 상승하는 모습을 보이는 것을 발견할 수 있다.

리얼티 인컴의 5년 주가 및 시가배당률 (2014. 1. 1 ~ 2018. 9. 28)

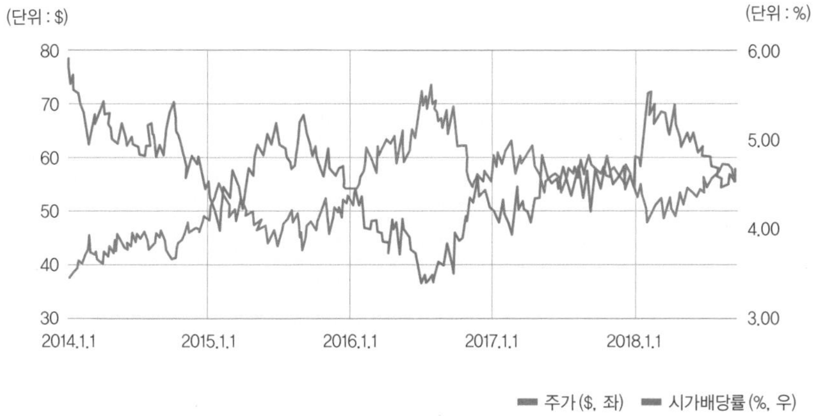

자료 : 인베스테인먼트, Dividend.com, Google Finance

또 다른 우량 배당기업인 리얼티 인컴의 5년간 배당률 차트를 보자. 배당률은 5년 동안 최저 3.5%, 최고 6% 사이에서 움직였으며 평균은 약 4.5% 정도였다. 그렇다면 지금은 매수 타이밍인가 매도 타이밍인가? 평균 수준에 위치해 있으므로 매수와 매도를 섣불리 판단하기 어려운 중립에 있다고 판단할 수 있다. 위 차트를 기준으로 5% 이상의 배당률을 기록한 구간에서 사들이고 4% 밑으로 떨어지는 시점에 매도해나가는 것이 가장 좋다고 해석할 수 있다.

위처럼 배당투자는 오직 '배당'이라는 지표만 보자는 것이 나의 간단하지만 아주 강력한 전략이다. 다시 말하거니와, 배당 이외의 모든 지표는 다 소음(노이즈)이라고 판단해버리는 것이다. 많은 지표를 볼수록 오히려 판단에 혼란을 주는 경우가 많기 때문이다. 강력한 도구일수록 심플한 법이다.

배당락일을 활용한 매매 전략

'배당'은 그 자체로 매매를 하는 데 아주 유용한 기준이 된다. 예컨대, 많은 검토 끝에 A라는 기업과 B라는 기업을 선정해놓고 매수를 고민한다고 치자. 두 기업 모두 훌륭한 비즈니스 모델(정성적 분석)을 가지고 있고, 재무제표(정량적 분석)도 훌륭하며 마침 저평가라는 생각마저 든다. 물론 가장 손쉬운 해결책은 두 기업 모두 매수하는 것이다. 그러나 하나의 기업만 선택해야 하는 상황이거나 혹은 비중을 조절해야 한다면, 나는 '배당'을 기준으로 삼는다. 배당금을 지급하기까지 얼마 남지 않은, 즉 배당락일(ex-dividend date)이 가까운 기업을 매수 우선순위로 삼는다. 이유는 단 하나다. '내 판단이 틀릴 수 있기 때문'이다.

아무리 정량-정성 분석을 마쳤다 하더라도 내 판단이 항상 옳을 수는 없다. 그렇기에 어떤 경우에도 '배당금'은 확보할 수 있는 전략을 사용하는 것이다. 내 판단이 틀려 주가가 떨어지더라도 배당금은 반드시 지급되어 내 계좌에 들어온다. 나는 이를 '배당락일 전략'이라 부르는데, 어차피 살 거라면 조금이라도 더 빨리 배당금을 받아 그것을 재투자하는 데 보태 쓰자는 것이다. 다른 모든 기준보다 명확하고 손쉬우며 실패가 없는 전략이다.

실제로 예를 들어 설명해보자. 최종적으로 A, B 두 기업 매수 타이밍을 고민하고 있는 중이라면,

첫째, dividend.com에 들어가서 매수를 희망하는 기업의 티커를 입력하자. 각 기업의 배당락일이 나온다.

둘째, 두 기업 중 배당락일이 가까운 기업부터 매수한다.

Date has passed　Next-Ex-Dividend Date　Next Pay Date

Amount	Declare Date	Ex-Dividend Date ▲	Record Date	Pay Date	Payout Type
$1.1600	2018-09-20	2018-11-30	2018-12-03	2018-12-17	Regular

자료 : 인베스테인먼트, Dividend.com

셋째, 주가 상승-하락 여부와 관계없이 배당금을 확보한다.

만약 당신이 한국주식 투자에 익숙하다면 아마도 이런 의문을 가질 것이다. "어차피 배당락일에 배당금을 지급한 만큼 주가가 떨어질 텐데 무슨 소용이지?" 그러나 미국 주식은 배당락일에도 주가가 상승하는 경우가 적지 않으며, 배당락일 이후에도 주가 회복이 빠른 경우가 많다. 배당금 지

확률	주가 흐름	배당금 지급 여부	비고
50%	주가 상승	배당금 수령	주가 상승, 배당금은 덤
50%	주가 하락	배당금 수령	주가가 하락해도 배당금은 확보. 더 값싸진 주식을 배당금으로 재투자 가능.
결론	주가가 상승하든 하락하든 좋은 필승 전략. 시세차익보다는 배당을 한 번이라도 더, 조금이라도 더 빨리 받고 싶은 투자자에게 좋은 전략.		

급은 이미 계획된 것이며, 1년에 한 번이 아닌 분기마다 지급하는 것이기 때문에 하락폭은 더더욱 미미하다. 외부적으로 우호적인 이슈나, 기업 실적 상승 전망 등이 더해져 주가가 금방 회복하는 경우가 많기 때문에 배당락일 주가 하락에 대한 두려움 때문에 배당금을 받을 수 있는 기회를 놓치지 않기 바란다. 불확실한 시세차익과 확실한 배당금(현금) 확보, 어느 쪽을 택할 것인가는 당신의 몫이다.

"The good thing about the dividend-paying stocks is,
first of all you have stocks, which are real assets
if we have some inflation.
I think we're going to have 2%, 3% maybe 4%.
That's a sweet spot for stocks. Corporations do well with that.
It gives them pricing power. Their assets move up with prices.
I'm not fearful of that inflation."

"배당주의 좋은 점은 무엇보다
인플레이션 때 실물자산이 되는 주식을 갖고 있다는 것이다.
물가는 매년 2~3% 어쩌면 4% 오를 것이다.
그런 상승은 배당주에게 딱 좋다.
물가상승이 가격결정력을 주기 때문에 기업들은 잘해나간다.
그들의 자산은 가격과 함께 올라간다.
나는 그런 인플레이션이 두렵지 않다."

제러미 시겔(Jeremy Siegel)

≪주식에 장기투자하라(Stocks for the Long Run)≫ 저자

LESSON 07

테마별
배당투자 이야기

유대인이 주인이거나 유대자본이 투자된 종목

이번 Lesson에서는 일반적인 배당성장 외에 다양한 투자 방법을 다룰 것이다. 절대적으로 적은 인구 비중에도 불구하고 전 세계의 부를 좌지우지하고 있는 유대인이 오너이거나 주요 주주인 종목에 투자하는 방법이 있고, 개별 종목을 관리하기가 부담스러운 독자를 위한 ETF를 통한 배당투자 방법도 있다. 또한 배당성장주 포착을 위해 5G, 빅 데이터의 수혜를 받는 유틸리티, 헬스케어처럼 향후 장기 성장이 전망되는 트렌드들도 살펴본다.

현재 트럼프 미국 대통령은 오바마 대통령 시절 이란과 맺었던 핵 협정을 파기하고 다시 경제적인 압박을 가하고 있는데, 말이야 바른 말이지, 중동지역에서 가장 많은 핵무기를 보유하고 있는 나라가 이스라엘이니까 웃지 못 할 아이러니다. 어쩌면 미국이 이스라엘을 보호하기 위해 이란의 핵무장을 막고 있다고 봐야 할 것이다. 이스라엘(유대인)과 관련된 미국의 외교-안보 정책만 잘 파악해도 복잡한 국제정세가 쉽게 파악되고 미국 배당주 투자를 위한 아주 좋은 팁과 인사이트를 얻을 수 있다.

현재 유대인은 70억이 넘는 전 세계 인구 중 0.2%에 불과하다. 그럼에도 1901년 이후 200명이 넘는 노벨상 수상자를 배출했으며, 1913년 이래로 15명의 연방준비제도(FED) 의장 가운데 11명이 유대인이었을 정도로 전 세계에 막강한 영향력을 미치고 있다. 소수민족이지만 막대한 부를 가지고 있는 그들이 어떤 민족이며, 이들이 미국에 정착한 과정과 어떻게 미국에서 정치-경제적으로 영향력을 미치게 되었는지 알아보자. 또 거기서 미국 배당주 투자의 아이디어를 얻어보도록 하자.

Q 우리가 알고 있는 유대인, 정확하게 어떤 민족인가?

A 유대인은 고대 이스라엘 민족에서 기원한 민족적, 종교적, 문화적 집단이다. 유대교를 전통 신앙으로 삼아 그 율법에 따라 가족들을 구성하고, 전통을 지키며, 민족성을 지키는 사람들을 의미한다. 그렇게 때문에 유대교로 개종한 사람까지도 유대인 사이에서 태어난 유대인과 동등한 지위를 누리는 특성이 있다. 이 같은 유대교 개종은 비유대인과 유대인이 결혼하면서 이루어지는 경우가 가장 많다고 한다. 이스라엘이라는 국가 자체가 유대법을 기본적으로 요구하고 있기 때문에 이스라엘에 거주하는 시민권자들도 유대인에 포함된다.

Q 유대인은 어떻게 미국에 들어왔고, 부와 권력을 차지하게 되었나?

A 1654년 23명의 유대인들이 최초로 미국 땅을 밟았다. 1654년 스페인과 포르투갈에서 추방돼 브라질을 통해 들어온 사람들이었다. 이후 1820~1870년 사이 주로 독일을 중심으로 30만 명가량의 이민이 본격 유입되기 시작하는데, 이들은 뉴욕의 금융가인 월스트리트를 장악하기 시작한다.

가톨릭 교리가 우세했던 유럽에서 배타시하던 '금융', 즉 고리대금업을 미국에서는 주변의 눈치를 보지 않고 마음껏 할 수 있었기 때문이었다. 19세기 말에서 20세기 초에 미국으로 이주한 약 250만 명의 동유럽계 유대인들이 현재 미국 유대인의 중심을 이루고 있는 것으로 파악되고 있다.

유대인들은 막강한 자금력을 바탕 삼아 금융업을 토대로 미국 월가를 중심으로 성장하기 시작한다. 세계 최대 규모의 자산운용사인 골드만삭스의 창업자는 독일계 유대인인 마커스 골드만(Marcus Goldman). 그는 기업어음 거래를 중심으로 급속도로 성장해 오늘날의 글로벌 자산운용사로 성장했다.

지금은 아마존과 전자상거래 업체들의 출현으로 주가가 바닥을 헤매고 있지만 한때 전성기를 구가했던 메이시즈, 블루밍데일즈, 니먼 마커스 등 유명 백화점들도 이때부터 뉴욕에 자리를 잡기 시작했으며, 1993년 코스트코와 합병한 대형 할인매장 브랜드인 프라이스클럽(Priceclub), 건자재 판매점 홈디포(The Home Depot)도 이 당시 소매상점으로 시작해서 커지게 된다.

bloomingdale's

유대인들은 대부분 다른 나라에서 종교적인 박해나 인종차별을 받아 이주해 온 경우인데, 그들만의 독특한 교육과 종교를 통해 철저히 유대 관습을 이어오며 끈질긴 생명력을 유지하고 있다.

Q 미국에서 유대인이 창업자이거나 오너인 기업은?

A 2018년 기준으로 세계 100대 기업 중 40%는 유대인 오너다. 아래 표를 보자. 글로벌 기업들을 만들어내고 이끄는 유대인 파워를 쉽게 알 수 있다.

유대인이 창업자인 글로벌 미국 기업

이름	사진	기업명/설립	기업 로고	현 기업가치 (단위: 10억$)
마크 저커버그 (Mark Zuckerberg)		페이스북 (Facebook, Inc.) 2004	facebook	468.6
래리 엘리슨 (Larry Ellison)		오라클 (Oracle Corporation) 1977	ORACLE	196.0
마이클 델 (Michael Dell)		델 테크놀로지즈 (Dell Technologies, Inc.) 1984	DELL Technologies	19.7
앤디 그로브 (Andy Grove)		인텔 (Intel Corporation) 1968	intel	209.9
빌 게이츠 (Bill Gates)		마이크로소프트 (Microsoft Corporation) 1975	Microsoft	869.3
어윈 제이컵스 (Irwin M. Jacobs)		퀄컴 (QUALCOMM, Inc.) 1985	QUALCOMM	110.3

이름	사진	기업명/설립	기업 로고	현 기업가치 (단위: 10억$)
하워드 슐츠 (Howard Schultz)		스타벅스 (Starbucks Corporation) 1971		73.8
래리 페이지 (Larry Page)		구글 (Alphabet Inc) 1998	Google	817.1

자료 : 인베스테인먼트, 각사 IR (2018. 9. 20. 기준)

Q 위에서 열거한 기업들 외에도 미국에서 유대인들의 영향력이 과연 있을까?

A 당연히 있다. 현재 미국의 언론-방송-영화 분야에서도 많은 유대인들이 영향력을 미치고 있다. 주요 영화-방송 제작사 및 배급사를 소유하고 있는 것도 유대인이다. 미국의 6대 메이저 영화사 창업자들은 미국에 이주해 차별받던 유대인 1~2세대였다. 이들은 19세기 신흥산업으로 부상한 영화산업에 뛰어들었지만 토머스 에디슨이 영화특허회사(Motion Picture Patents Company)를 만들어 특허를 독점하려고 하자 서부로 대거 이동했다. 이것이 할리우드가 탄생하게 된 비화다.

이들이 만들어내는 영화를 생각해보자. 한 시대를 풍미했던 〈007〉, 〈람보〉 시리즈나 〈블랙호크 다운〉, 〈진주만〉, 〈300〉 등에서 동양인을 비롯한 유색 인종은 철저하게 낙후되고 야만적인 것으로 묘사된다. 또한 〈인디펜던스데이〉나 각종 재난 영화에서는 오로지 미국만이 전 세계를 구하는 주인공으로 묘사된다. 화려한 액션과 박진감 넘치는 전투 장면들로 포장된 이들 할리우드 영화들은 무조건 이슬람은 악의 축이고, 동양인들은 미개하고 열등하며, 미국만이 지구의 구원자라는 인식을 은연중에 심어준다.

무시하지 못할 영향이다.

유대인들이 만들어낸 할리우드 영화에서 선보인 신기술들은 이미 상용화됐거나 개발단계인 것들이 무수히 많다. 조지 루카스의 〈스타워즈〉 시리즈에는 현재 마이크로소프트가 개발 중인 홀로그램을 통한 교신 장면이 등장한다. SF코믹 영화 〈백 투 더 퓨처 2〉에서 선보인 비행자동차, 3D 입체영화, 무인 키오스크 등 많은 기술이 상용화되고 있는 것도 재미있는 사실이다. 2054년을 배경으로 하여 아이폰이 나오기 5년 전에 제작된 〈마이너리티 리포트〉에서는 이미 가상화면 속 아이콘을 터치해서 홀로그램 아이콘을 조작하는 장면이 나왔다. 여러분들도 기억할 것이다. 또 2014년의 〈인터스텔라〉는 유대인인 아인슈타인의 상대성이론을 바탕으로 만들어진 영화였다.

그뿐인가, 현재 세계 4대 통신사인 AP, AFP, UPI, 로이터 역시 유대인들이 소유한 언론사다. 또한 미국의 주류 언론사인 뉴욕 타임스, 워싱턴 포스트, 월스트리트 저널, 뉴스위크도 유대인들이 다수의 지분을 보유하고 있어, 유대인들에게 유리한 방송을 제작하는 데 일조를 하고 있다. 이들을 통해 지구촌 뉴스들이 한국에도 보도되는 만큼, 알게 모르게 유대인들의 입장을 대변하는 우호적인 뉴스가 전달되고 왜곡되는 경우도 생길 수 있다. 2016년 대선 결과가 트럼프와 힐러리의 여론조사와는 사뭇 달랐다는 것만 보더라도 상당히 신빙성이 있는 관측이다. 지금 트럼프 대통령이 미국 메이저 언론들을 가짜뉴스라고 공격하는 모습을 보더라도 어느 정도 증명이 된다고 본다.

Q 또 다른 유대인 중에서 특별히 미국에서 알려진 유명한 사람들은?

A 연방준비제도이사회(FED; Federal Reserve System)의 연방공개시

장위원회(FOMC; Federal Open Market Committee)는 전 세계의 이목이 집중되는 기구다. 이들이 결정하는 금리와 시장 전망에 따라 전 세계 금융시장 전체가 출렁이기 때문이다. 이처럼 절대적인 영향력을 갖고 있는 FED의 초대 의장 찰스 햄린(Charles Sumner Hamlin)과 역대 의장들의 절반가량이 유대인이었다. 금융위기 당시 의장인 벤 버냉키(Ben Bernanke)와 버냉키 이전 18년간 의장을 맡았던 앨런 그린스펀(Alan Greenspan)도 유대인이었으며, 트럼프에 의해 단임으로 끝난 재닛 옐런(Janet Yellen)도 유대인이었다.

2010년 기준 180억 달러 가량의 재산을 가진 것으로 알려진 마이클 블룸버그(Michael R. Bloomberg) 전 뉴욕시장도 유대인 출신이며, 기업사냥꾼 행동주의자 칼 아이칸(Carl Icahn) 역시 유대인으로서 2006년 한국의 KT&G 지분 6.59%를 스틸 파트너즈(Steel Partners)와 함께 매입해 경영권 간섭을 시도하기도 했다. 헤지펀드의 제왕 조지 소로스(George Soros)는 헝가리 출신 유대인으로 한국이 1998년 IMF 구제금융을 받던 시기에 상당한 영향력을 행사하면서 당시 서울증권(현 유진투자증권)을 매수해 엄청난 수익을 올린 바 있다.

미국, 마카오, 싱가포르 등에서 복합리조트 사업을 펼치는 라스베이거스 샌즈(Sands) 그룹을 이끄는 셸던 아델슨(Sheldon G. Adelson) 회장도 우크라이나계 유대인 이민자의 아들이었는데, 라스베이거스에서 컴퓨터 전시회 컨벤션을 유치하며 호텔사업에 뛰어들었다. 이후 리조트사업으로 막대한 부를 쌓게 된 그는 2016년 대선에서 도널드 트럼프에게 거액의 선거자금을 후원했고 당선 후에도 500만 달러에 달하는 정치자금을 기부해 트럼프가 가장 좋아하는 인물로 알려져 있다.

Q 유대인들이 미국 정치권에 영향력을 발휘한 사례를 들면?

A 미국 내 유대인은 미국 인구의 2%인 650만 명 정도에 불과하지만, 이들의 영향력은 상상을 초월한다. 미국-이스라엘 공공문제위원회(The American Israel Public Affairs Committee)는 유대인 로비 단체로서 1947년 설립된 이래 유대인의 단결을 통해 미국의 친 이스라엘 정책 유지와 확대를 목표로 한다. 주로 미국의 국제 관계와 관련된 정책 제언 및 미국의 정책에 이스라엘의 국익을 관철시키는 역할을 하고 있다.

이들의 힘은 막강한 자금과 거미줄처럼 연결되어 있는 인맥이다. 부를 일군 유대인들과 기업가들이 내는 기부금을 토대로 미국 상-하원 의원들에게 막대한 정치자금을 수혈하고 있으며, 이를 받은 의원들은 이스라엘과 관련된 정책에 가장 선봉에서 활동하는 친위대 역할을 하고 있다.

올해 3월에 있었던 AIPAC 연례회의에는 마이크 펜스(Michael Pence) 부통령과 니키 헤일리(Nikki Haley) 유엔주재 미국대사가 참여했다. 이 자리에서 펜스는 트럼프 대통령이 작년 12월에 예루살렘을 이스라엘 수도로 인정했다는 점을 언급하며, 트럼프 대통령이 역사상 가장 친이스라엘 성향의 대통령이라고 강조했다. 이스라엘의 국제법 위반 문제를 다루기 위해 소집된 유엔 안전보장이사회에서 미국은 1972~2006년 사이에 42번이나 거부권을 행사했다. 이 또한 하나의 의미 있는 사례라 할 수 있다.

Q 2008년 금융위기 당시 유대인 기업들에게 미국 정부가 특혜를 주었는지?

A 2008년 서브프라임 금융위기 당시 AIG, 메릴 린치, 베어 스턴즈 등은 유대인 소유였다. 위기가 확산되면서 은행들이 자금난에 빠지자, 미국 정부가 나서 대마불사라는 말을 실감케 하는 엄청난 공적자금 수혈을 거친

후 나른 대형은행에 합병시켰다. 국책 모기지 업체인 패니 메이(Fannie Mae)와 프레디 맥(Freddie Mac)에 최대 2,000억 달러의 공적자금을 투입했고 미국 최대 보험사인 AIG를 정부자금 850억 달러로 살려놓는다.

그리고 서브프라임 모기지 사태로 부실화된 은행들 중 워싱턴 뮤추얼과 베어 스턴즈는 제이피 모건 체이스와 합병하고, 와초비아(Wachovia)는 웰스 파고로, 메릴 린치와 컨츄리와이드 파이낸셜(Countrywide Financial)은 뱅크 오브 아메리카와 합병해 정상화시킨다. 또한 450억 달러의 공적자금을 투입해 시티그룹을 살려낸다.

미국 주요 은행들의 합병 과정은 아래 그림을 통해 확인할 수 있다.

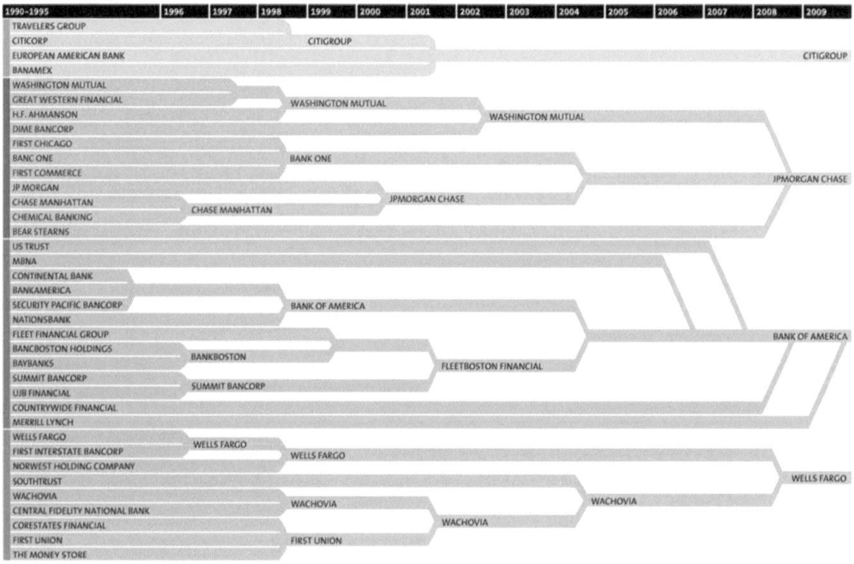

자료 : Federal Reserve

Q 유대인들은 어떤 식으로 창업을 하고 네트워크를 형성하는가?

A 현재 아이비리그 재학생과 교수진들 중 20%는 유대인으로 추정된다. 그들이 졸업 후 정치, 금융, 법조계, 학계, 언론 등 미국 사회에서 이미 거

미줄 같은 인맥 네트워크를 형성한다. 1901년부터 2014년까지 역대 노벨상 수상자 중 유대인의 수는 195명이나 된다. 또한 전 세계 300대 슈퍼리치 중 35명이 유대인으로, 이들이 보유한 자산은 660조 원이나 된다. 유대인들은 역사적으로 자신들끼리의 인맥과 유대 관계 형성을 중요시하며, 구성원이 어려움에 처하거나 금전적으로 어려우면 주변 유대인들과 힘을 모아 도와주는 관습이 지금까지 이어져오고 있다. 이것이 미국 내에서 창업이라는 형식으로 발현되고 있다.

유대인 전문가로 ≪유대인 경제사≫를 펴낸 세종대 홍익희 교수는 '유대인 창업 마피아'를 이야기한다. 아래의 그림처럼 그 창업 마피아는 그물망처럼 촘촘히 엮여 있다.

유대인 창업 마피아 계보

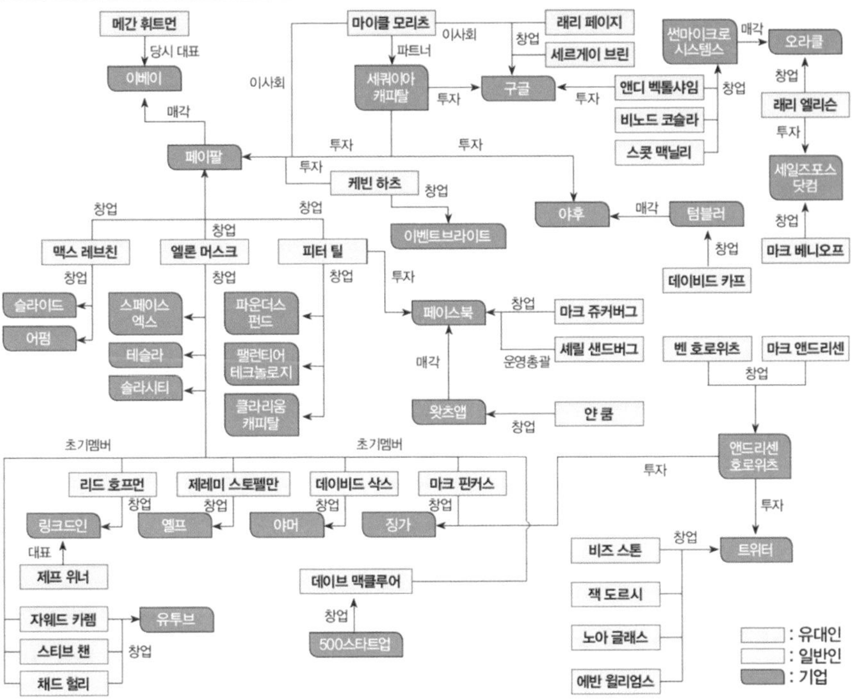

자료 : 중앙일보, 홍익희 교수의 '유대 창업마피아─무섭도록 치밀한 그들만의 단결력'

유대인들끼리 서로 끌어주고 밀어주며 도와주는 창업 네트워크 덕분에 그들의 창업은 여타 민족에 비해 시작 지점부터 다르다. 창업에 실패하더라도 3번까지는 도와주는 유대인 네트워크의 백그라운드 정책 덕분에, 맘 놓고 실험정신을 뿜어낼 수 있는 여건이 조성되어 있으며, 세계를 대표하는 거대기업으로 성장할 수 있는 토대와 자양분을 갖게 된다.

앞으로 적어도 수십 년 이어져야 할 우리의 투자가 안전하고 유리하려면, 세계 금융을 좌지우지하는 유대인들의 밥상에 숟가락을 얹어보는 게 어떨까? 미국 주식 중 유대 자본이 투입되어 있거나 유대인이 오너인 기업 중, 지금까지도 꾸준히 배당을 지급해왔던 기업들을 살펴보자.

인텔 (INTEL CORP)

섹터	IT	세부 섹터	종합 반도체
시가총액	209.4 (10억$)	평균 거래량	245.1 (3개월, 10만 주)
시가배당률(%)	2.58	배당성향(%)	41.96

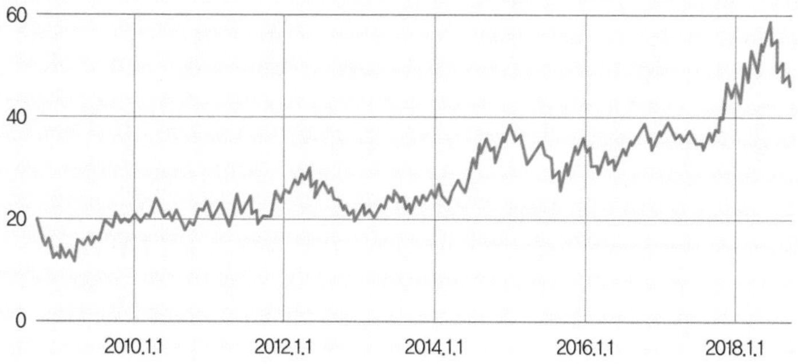

캘리포니아 샌터클라라에 본사를 둔 인텔은 컴퓨터, 네트워킹, 통신 플랫폼뿐만 아니라 클라우드 제품과 기술을 설계-제조-판매하는 업체다. 1968년 설립. 106,000명의 직원이 있다. 인텔의 사업 부문은 고객 컴퓨팅 부문, 데이터센터 부문, 사물인터넷 부문, 비휘발성 메모리 솔루션 부문으로 나눠진다.

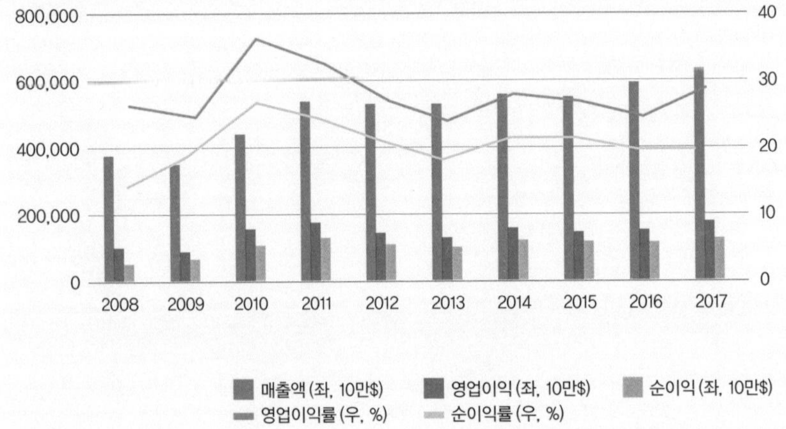
800,000
600,000
400,000
200,000
0
40
30
20
10
0
2008 2009 2010 2011 2012 2013 2014 2015 2016 2017
매출액 (좌, 10만$)
영업이익 (좌, 10만$)
순이익 (좌, 10만$)
영업이익률 (우, %)
순이익률 (우, %)

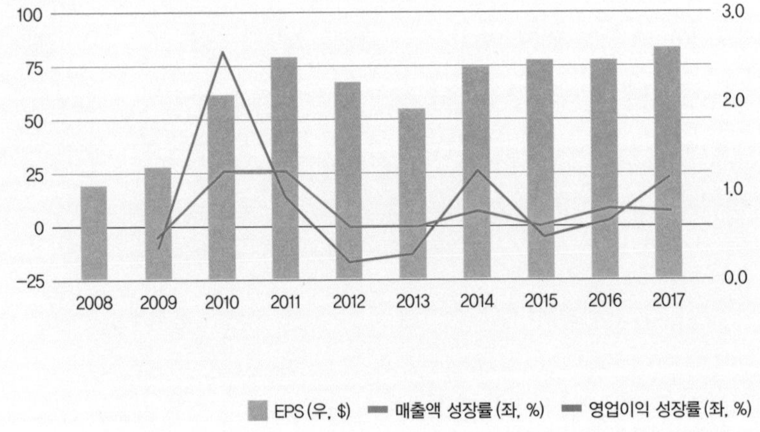
100
75
50
25
0
-25
3.0
2.0
1.0
0.0
2008 2009 2010 2011 2012 2013 2014 2015 2016 2017
EPS (우, $)
매출액 성장률 (좌, %)
영업이익 성장률 (좌, %)

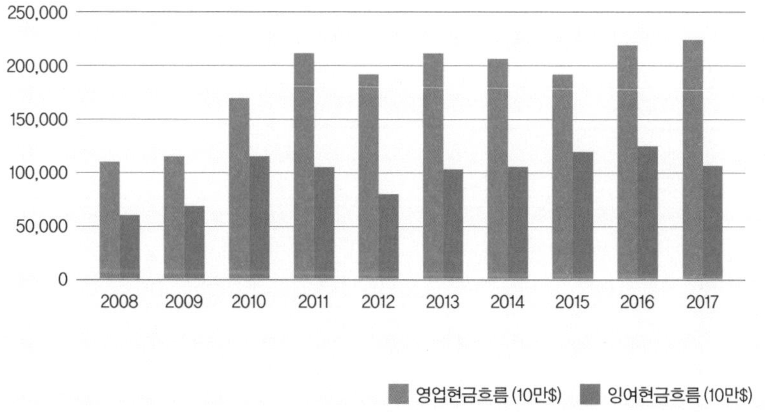

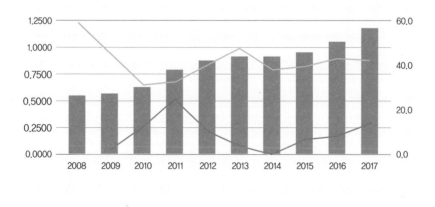

자료 : 인베스테인먼트, 인텔 IR, Google finance (Non-GAAP, 2018. 9. 17 기준)

마이크로소프트 (MICROSOFT CORP.)

섹터	IT	세부 섹터	SW/서비스
시가총액	859.9 (10억$)	평균 거래량	241.6 (3개월, 10만 주)
시가배당률(%)	1.50	배당성향(%)	45.27

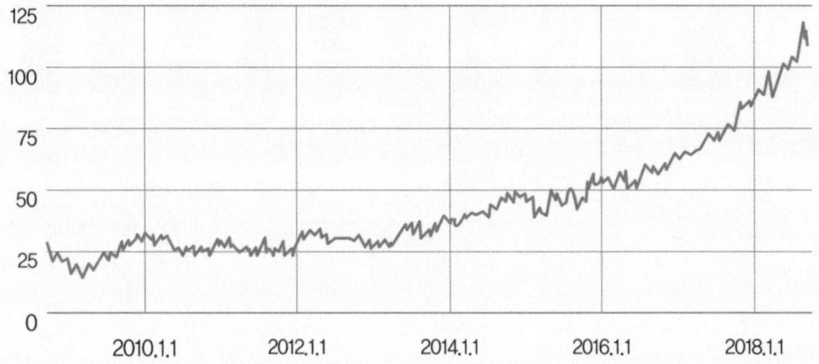

1975년 설립된 마이크로소프트는 소프트웨어와 하드웨어 서비스의 개발 및 마케팅을 제공하는 업체. 본사는 워싱턴주 레드먼드이며 직원은 약 114,000명이다. 사업 부문은 생산성 및 비즈니스 프로세스, 인텔리전트 클라우드, 모어 퍼스널 컴퓨팅 등으로 나눠진다. 제품군에는 운영체제, 교차 장치 생산성 응용프로그램, 서버 응용프로그램, 비즈니스 솔루션 응용프로그램, 데스크톱 및 서버 관리 도구, 소프트웨어 개발 도구, 비디오 게임, 컴퓨터 시스템 통합자와 개발자의 교육 및 인증 등이 있다.

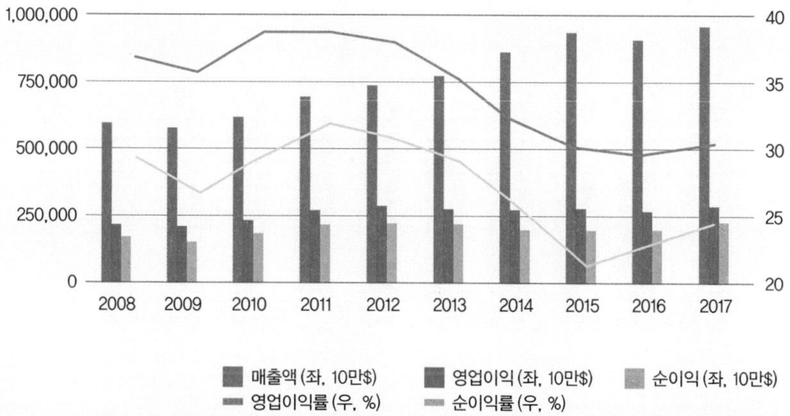

1,000,000
750,000
500,000
250,000
0
40
35
30
25
20
2008 2009 2010 2011 2012 2013 2014 2015 2016 2017
매출액 (좌, 10만$)
영업이익 (좌, 10만$)
순이익 (좌, 10만$)
영업이익률 (우, %)
순이익률 (우, %)

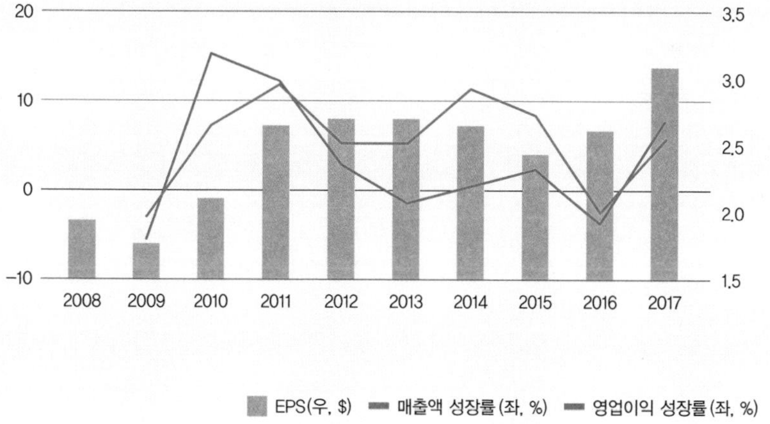

20
10
0
−10
3.5
3.0
2.5
2.0
1.5
2008 2009 2010 2011 2012 2013 2014 2015 2016 2017
EPS(우, $)
매출액 성장률 (좌, %)
영업이익 성장률 (좌, %)

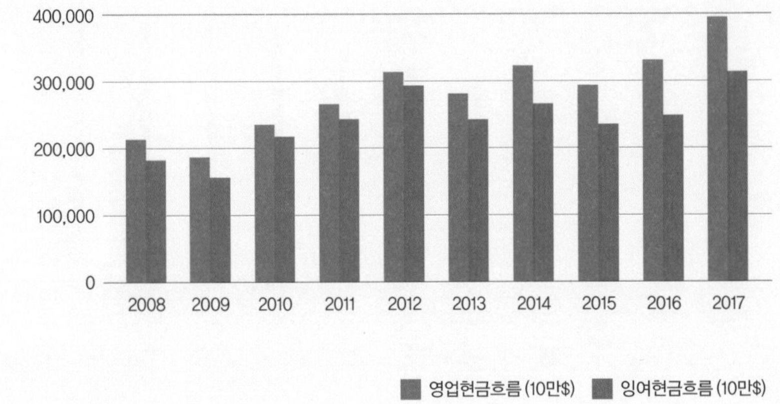

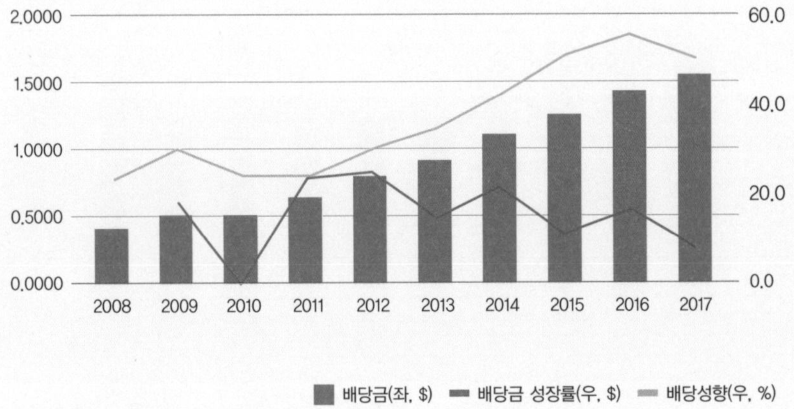

자료 : 인베스테인먼트, 마이크로소프트 IR, Google Finance (Non-GAAP, 2018. 9. 17 기준)

스타벅스 (STARBUCKS CORP.)

섹터	서비스	세부 섹터	전문 식음료
시가총액	73.6 (10억$)	평균 거래량	118.2 (3개월, 10만 주)
시가배당률(%)	2.31	배당성향(%)	49.60

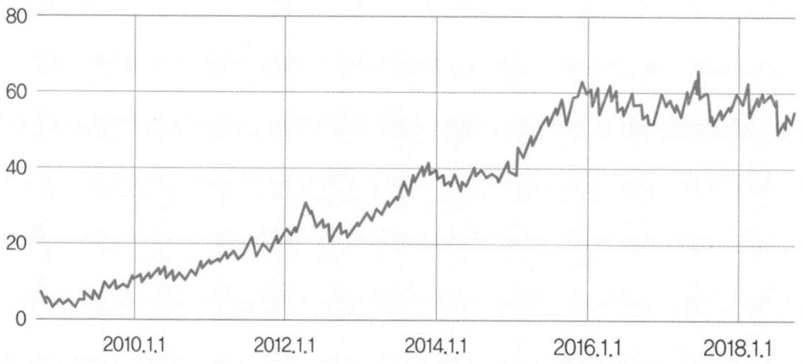

스타벅스는 1985년에 설립되어 커피 로스팅, 마케팅, 소매를 영위하는 업체. 본사는 워싱턴주 시애틀이고 직원은 약 254,000명. 75개국에서 사업을 운영 중이며, 미주, 중국/아시아 태평양, 유럽, 중동 및 아프리카, 채널 개발 등으로 나눠진다. 미주, 중국/아시아 태평양, 유럽, 중동, 아프리카에는 직영 및 라이선스 매장이 포함되어 있으며, 유통업체와 판매망을 통해 전 세계에서 판매되고 있다.

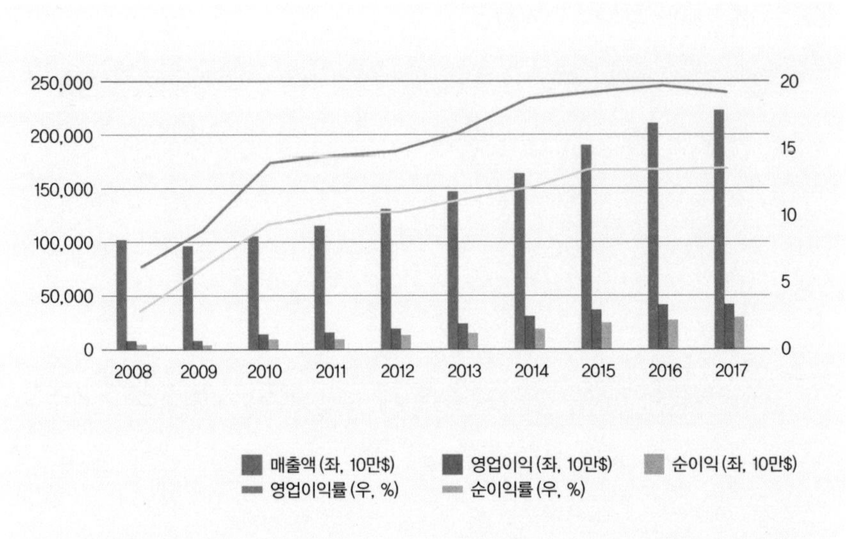
250,000
200,000
150,000
100,000
50,000
0
20
15
10
5
0
2008 2009 2010 2011 2012 2013 2014 2015 2016 2017
매출액 (좌, 10만$)
영업이익 (좌, 10만$)
순이익 (좌, 10만$)
영업이익률 (우, %)
순이익률 (우, %)

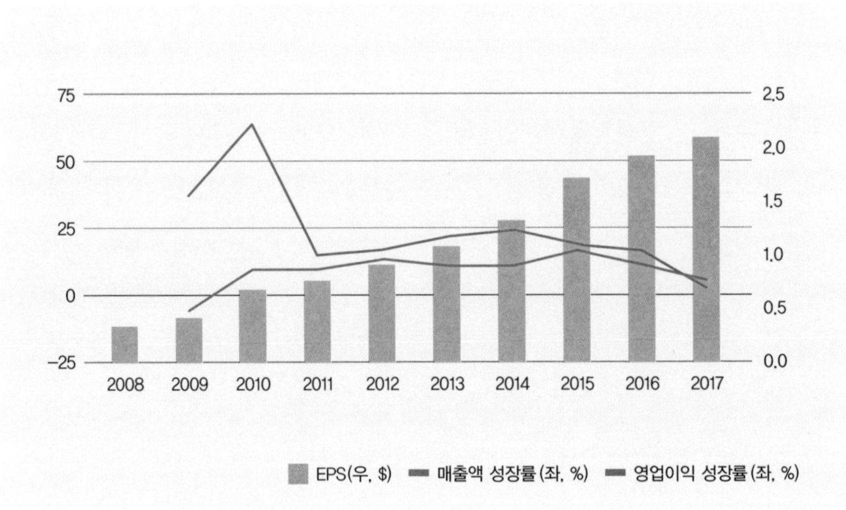
75
50
25
0
-25
2.5
2.0
1.5
1.0
0.5
0.0
2008 2009 2010 2011 2012 2013 2014 2015 2016 2017
EPS(우, $)
매출액 성장률 (좌, %)
영업이익 성장률 (좌, %)

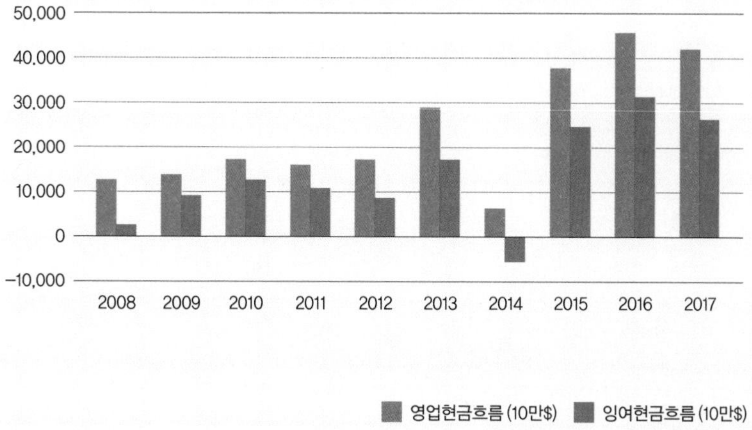

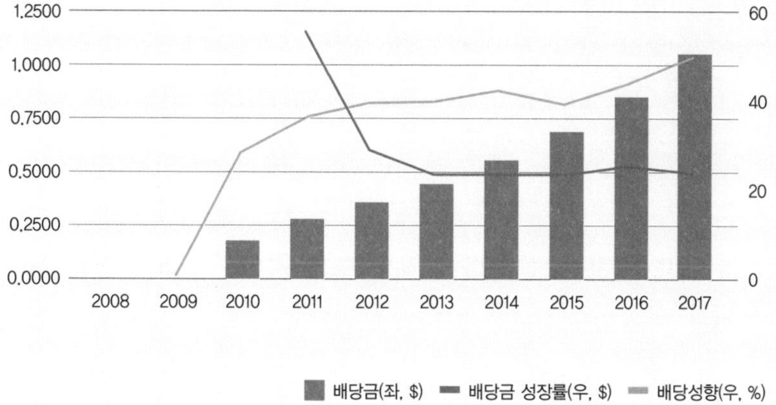

자료 : 인베스테인먼트, 스타벅스 IR, Google Finance (Non-GAAP, 2018. 9. 17 기준)

오라클 (ORACLE CORP.)

섹터	IT	세부 섹터	응용 S/W
시가총액	195.8 (10억$)	평균 거래량	189.5 (3개월, 10만 주)
시가배당률(%)	1.55	배당성향(%)	27.92

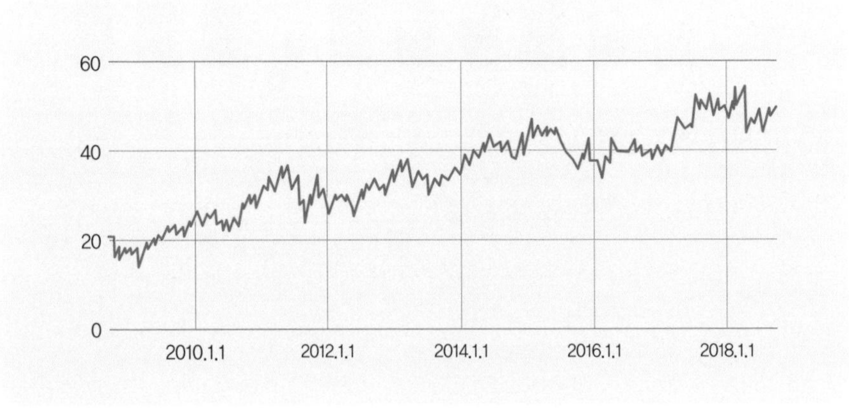

오라클은 기업 소프트웨어, 컴퓨터 하드웨어, 클라우드 서비스를 제공한다. 1977년에 설립, 본사는 캘리포니아주 레드우드쇼이며 직원은 7,100명 정도. 오라클의 사업부문은 소프트웨어 및 클라우드, 하드웨어 시스템, 서비스 부문으로 나눠진다. 데이터베이스 소프트웨어 및 기술, 클라우드 엔지니어링 시스템 및 엔터프라이즈 소프트웨어 제품 개발 및 마케팅을 전문적으로 영위한다. 마이크로소프트에 이어 둘째로 큰 소프트웨어 개발업체이며 미들-티어 소프트웨어, 전사적 자원관리, 고객관계 관리, 공급체인 관리 등을 위한 소프트웨어를 개발-판매한다.

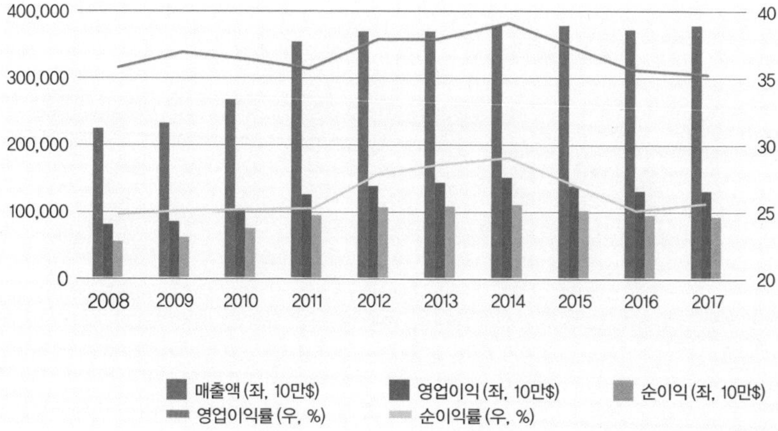
400,000
300,000
200,000
100,000
0
40
35
30
25
20
2008
2009
2010
2011
2012
2013
2014
2015
2016
2017
매출액(좌, 10만$)
영업이익(좌, 10만$)
순이익(좌, 10만$)
영업이익률(우, %)
순이익률(우, %)

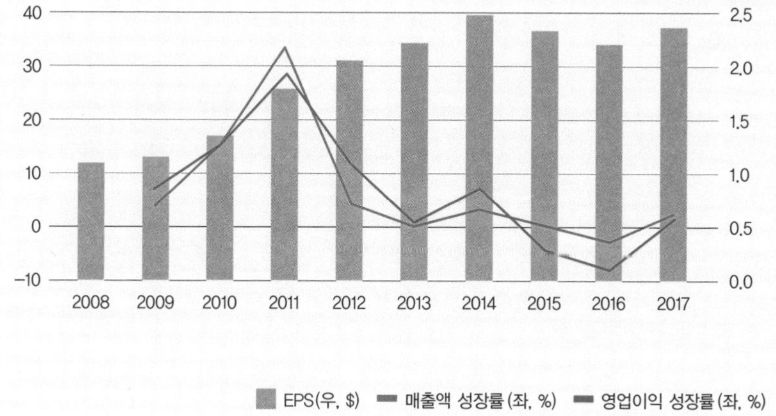
40
30
20
10
0
-10
2.5
2.0
1.5
1.0
0.5
0.0
2008
2009
2010
2011
2012
2013
2014
2015
2016
2017
EPS(우, $)
매출액 성장률(좌, %)
영업이익 성장률(좌, %)

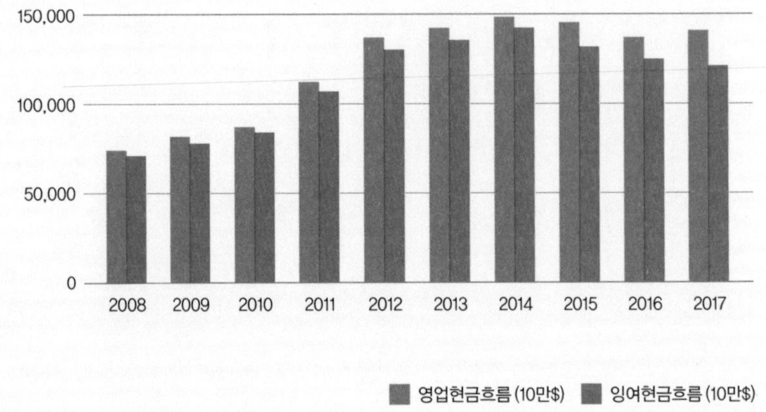

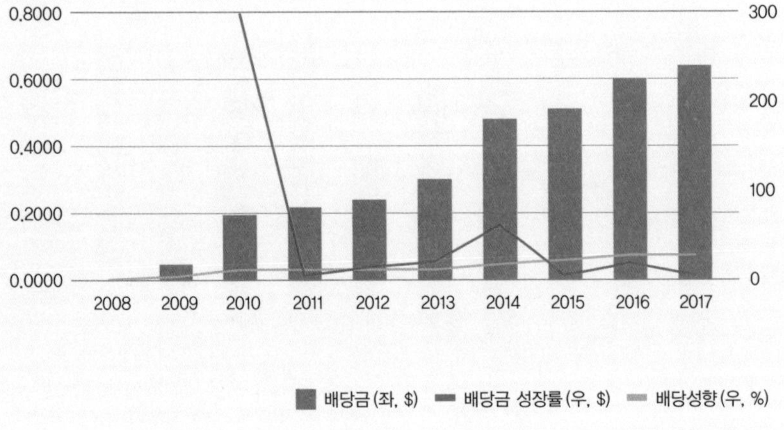

자료 : 인베스테인먼트, 오라클 IR, Google Finance (Non-GAAP, 2018. 9. 17 기준)

코스트코 홀세일 (COSTCO WHOLESALE CORP.)

섹터	서비스	세부 섹터	매장 판매업
시가총액	101.7 (10억$)	평균 거래량	19.0 (3개월, 10만 주)
시가배당률(%)	0.92	배당성향(%)	33.52

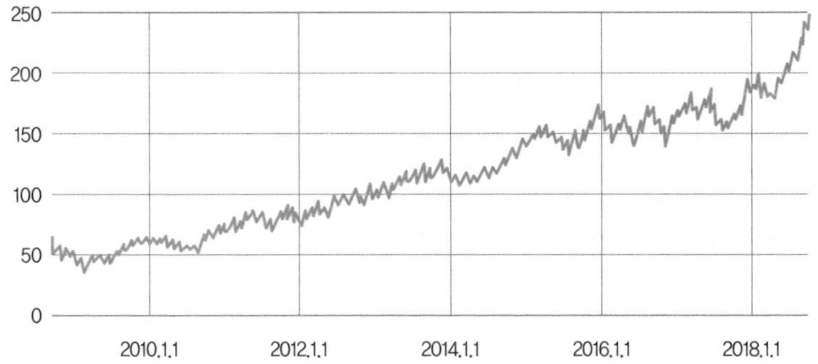

1983년 설립된 코스트코는 미국 및 푸에르토리코, 캐나다, 영국, 멕시코, 일본, 호주, 스페인, 대만, 한국의 자회사를 통해 창고형 마트를 회원제로 운영한다. 본사는 워싱턴주 아이자쿠아, 직원은 218,000명 정도. 2017년 말 기준 전 세계에 715개의 창고형 마트를 운영 중이며 최저 가격의 번들형 상품을 회원들에게 공급한다. 각종 식품, 잡화, 가전제품, 전자제품, 하드웨어, 신선 식품 등 다양한 상품을 판매하고 있다.

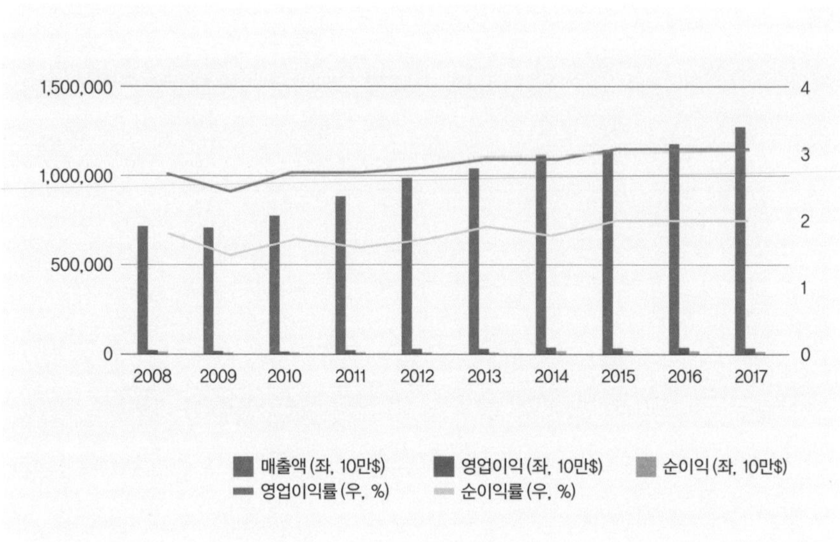
1,500,000
1,000,000
500,000
0
4
3
2
1
0
2008
2009
2010
2011
2012
2013
2014
2015
2016
2017
매출액 (좌, 10만$)
영업이익 (좌, 10만$)
순이익 (좌, 10만$)
영업이익률 (우, %)
순이익률 (우, %)

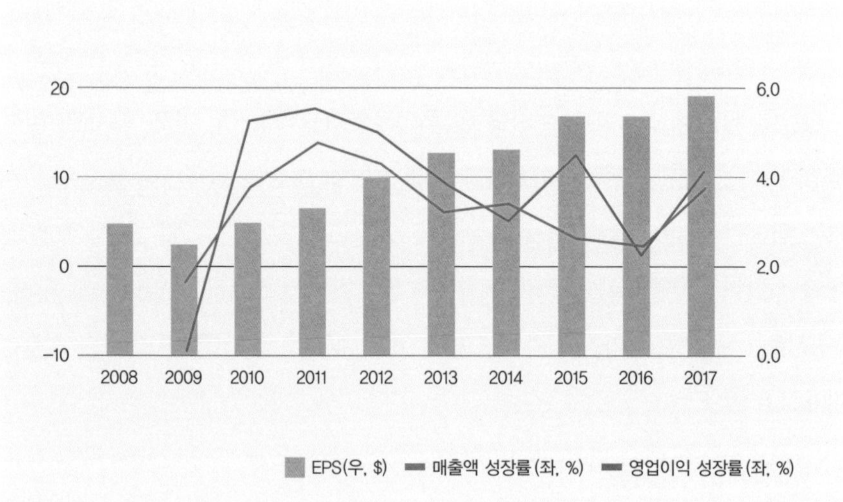
20
10
0
−10
6.0
4.0
2.0
0.0
2008
2009
2010
2011
2012
2013
2014
2015
2016
2017
EPS(우, $)
매출액 성장률 (좌, %)
영업이익 성장률 (좌, %)

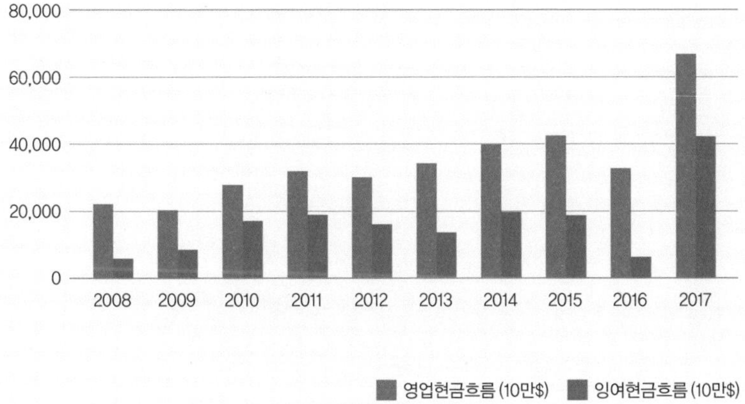

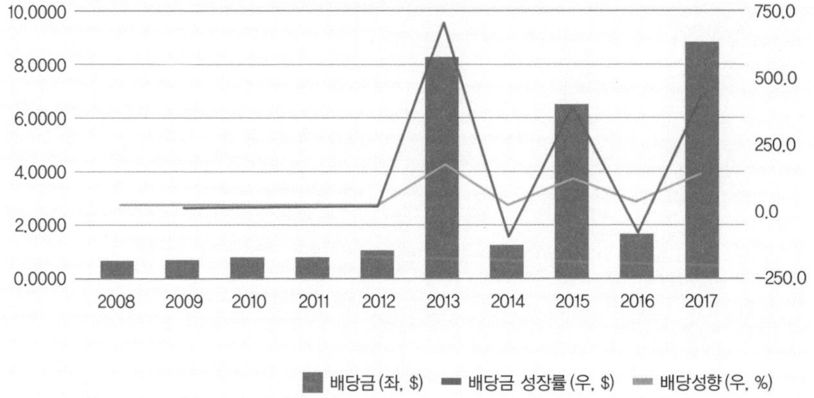

자료 : 인베스테인먼트, 코스트코 IR, Google Finance (Non-GAAP, 2018. 9. 17 기준)

웰스 파고 (WELLS FARGO & CO.)

섹터	금융	세부 섹터	종합 은행
시가총액	261.6 (10억$)	평균 거래량	189.5 (3개월, 10만 주)
시가배당률(%)	2.95	배당성향(%)	40.99

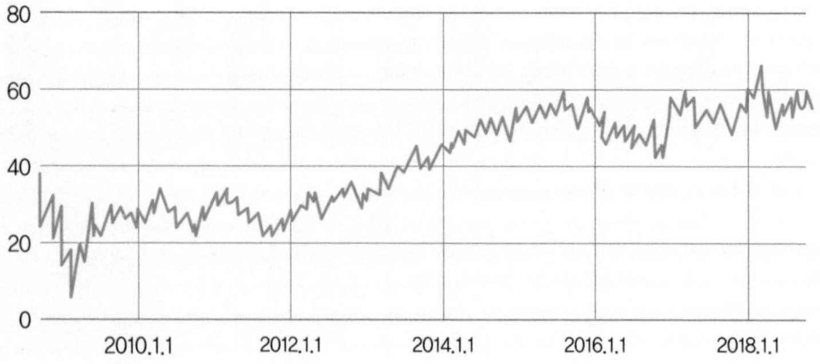

1852년 설립된 웰스 파고는 소매금융 및 기업금융 서비스를 개인-기업-기관에 제공하는 금융기업이다. 본사는 캘리포니아주 샌프란시스코, 269,100명의 직원이 있다. 예금, 송금, 개인 은퇴계좌 등을 제공하며, 주택담보대출을 위시한 각종 대출, 체크카드, 신용 카드 등의 다양한 서비스를 제공한다. 상업용 대출, 신용한도, 담보대출, 장비 임대, 무역금융, 외환, 재무관리, 상품 및 주식 위험 관리라든지 보험, 기업 신탁, 투자은행 서비스도 제공한다. 또 재무계획, 개인금융, 신용 및 투자관리, 은퇴 및 신탁 서비스를 제공하고 있으며, 미국 내 8,600개의 지점과 13,000개의 ATM을 통해 은행 업무를 하고 있다.

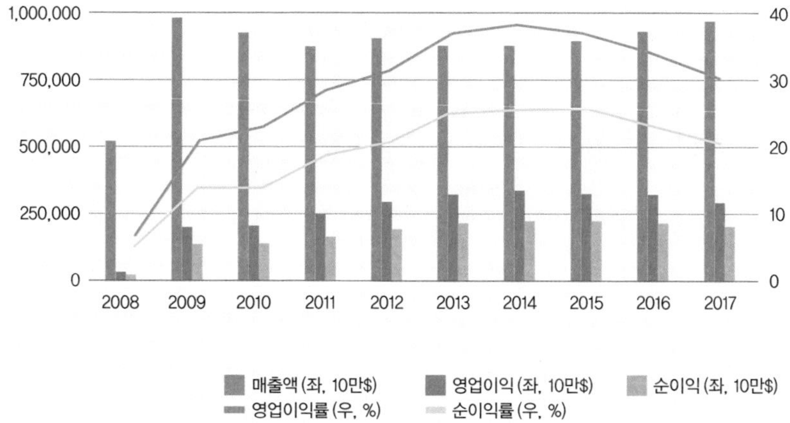
1,000,000
750,000
500,000
250,000
0
40
30
20
10
0
2008
2009
2010
2011
2012
2013
2014
2015
2016
2017
매출액 (좌, 10만$)
영업이익 (좌, 10만$)
순이익 (좌, 10만$)
영업이익률 (우, %)
순이익률 (우, %)

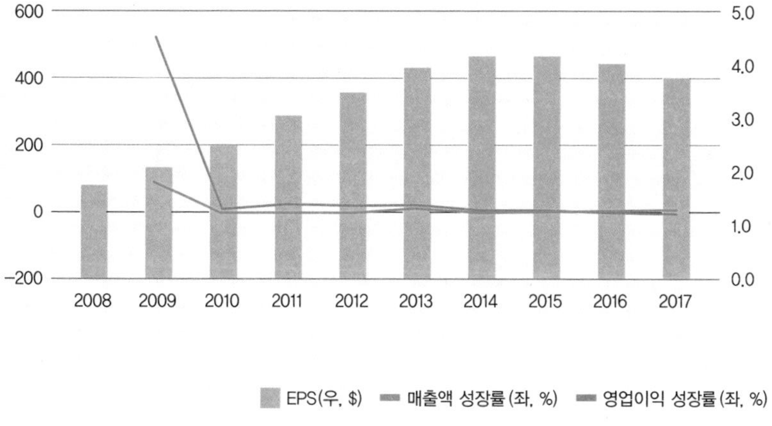
600
400
200
0
-200
5.0
4.0
3.0
2.0
1.0
0.0
2008
2009
2010
2011
2012
2013
2014
2015
2016
2017
EPS(우, $)
매출액 성장률 (좌, %)
영업이익 성장률 (좌, %)

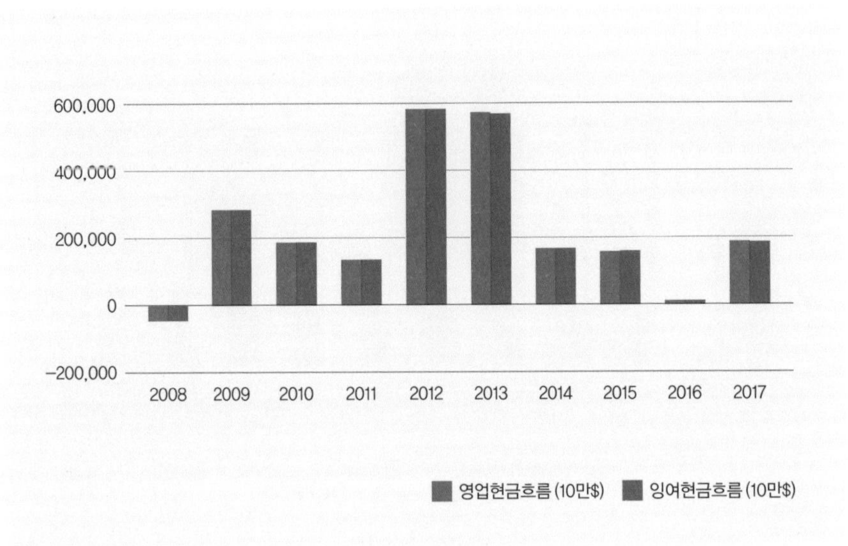

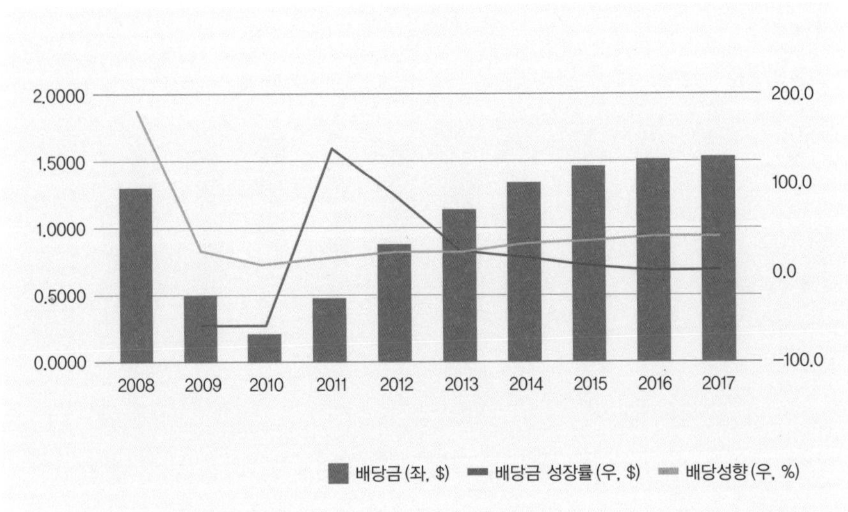

자료 : 인베스테인먼트, 웰스 파고 IR, Google Finance (Non-GAAP, 2018. 9. 17 기준)

AT&T (AT&T INC)

섹터	통신	세부 섹터	통신
시가총액	244.1 (10억$)	평균 거래량	374.6 (3개월, 10만 주)
시가배당률(%)	5.92	배당성향(%)	84.80

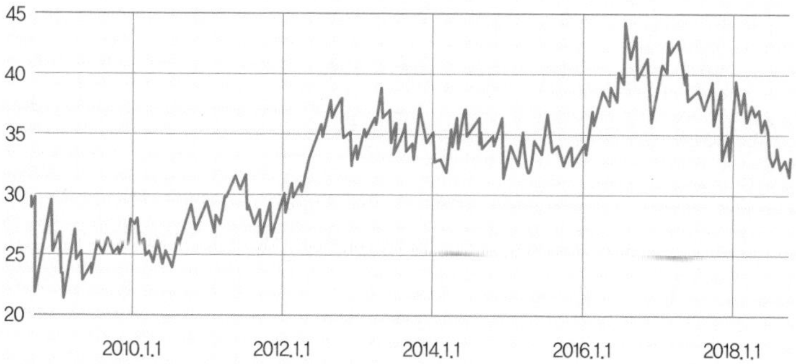

AT&T는 통신업과 콘텐트 사업을 영위하는 지주회사. 미국 및 전 세계에서 통신 및 디지털 엔터테인먼트 서비스를 제공한다. 1885년 앨릭잰더 그레이엄 벨이 설립, 본사는 텍사스주 댈러스, 직원은 약 273,000명이다. 비즈니스 솔루션, 엔터테인먼트, 소비자 모빌리티 서비스 및 국제부문으로 나눠진다. 버라이즌에 이어 미국 2위 이동통신 서비스 기업이다. 아울러 3개의 지역 스포츠TV 네트워크를 소유-운영하고 있다. 올해 타임워너 인수를 통해 콘텐트 사업을 보강 중이다.

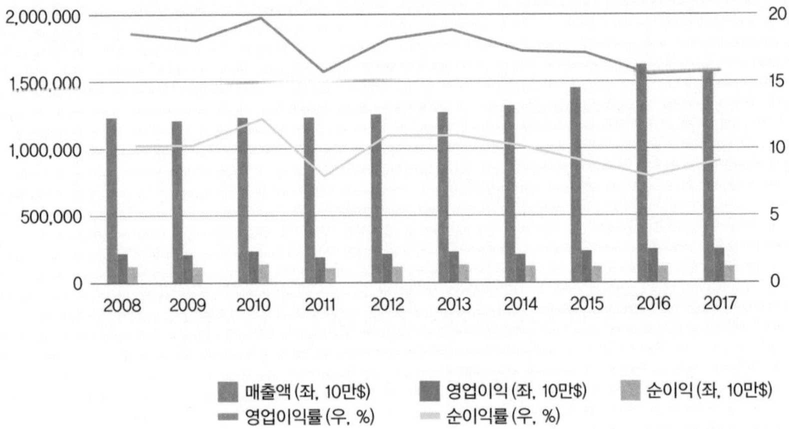
2,000,000
1,500,000
1,000,000
500,000
0
20
15
10
5
0
2008
2009
2010
2011
2012
2013
2014
2015
2016
2017
매출액(좌, 10만$)
영업이익(좌, 10만$)
순이익(좌, 10만$)
영업이익률(우, %)
순이익률(우, %)

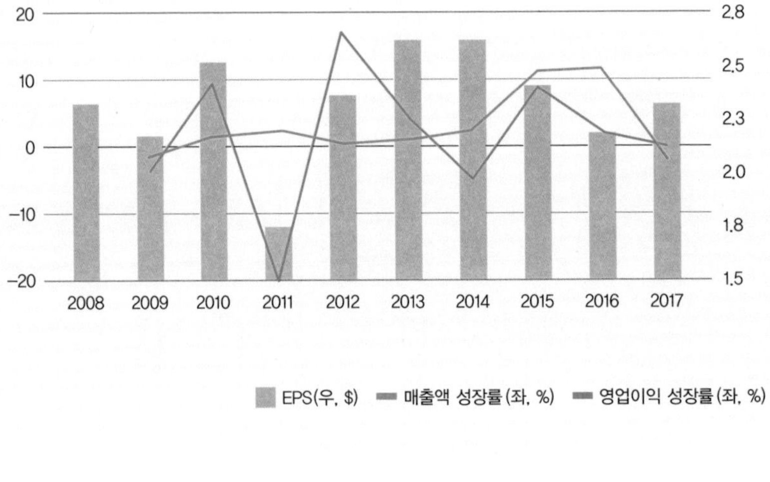
20
10
0
−10
−20
2.8
2.5
2.3
2.0
1.8
1.5
2008
2009
2010
2011
2012
2013
2014
2015
2016
2017
EPS(우, $)
매출액 성장률(좌, %)
영업이익 성장률(좌, %)

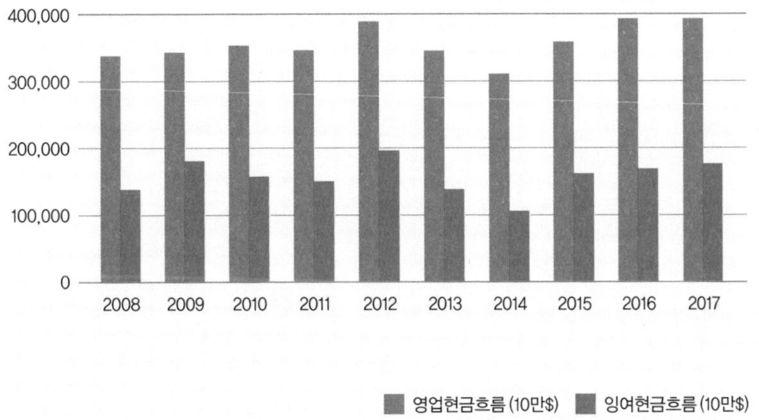

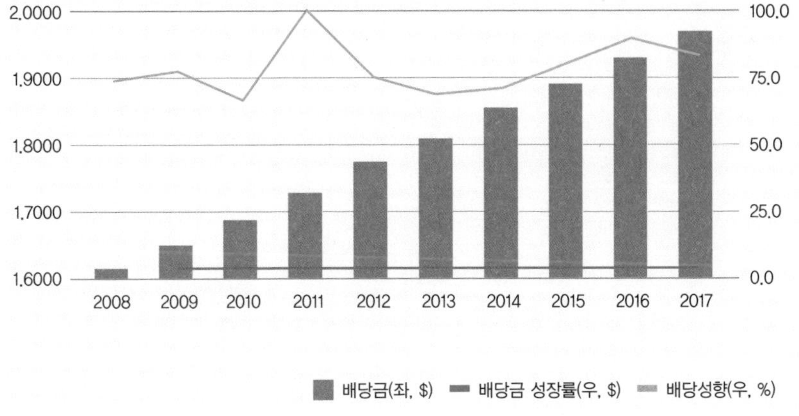

자료 : 인베스테인먼트, AT&T IR, Google Finance (Non-GAAP, 2018. 9. 17 기준)

월트 디즈니 (THE WALT DISNEY CO.)

섹터	서비스	세부 섹터	엔터테인먼트
시가총액	162.6 (10억$)	평균 거래량	67.8 (3개월, 10만 주)
시가배당률(%)	1.54	배당성향(%)	27.19

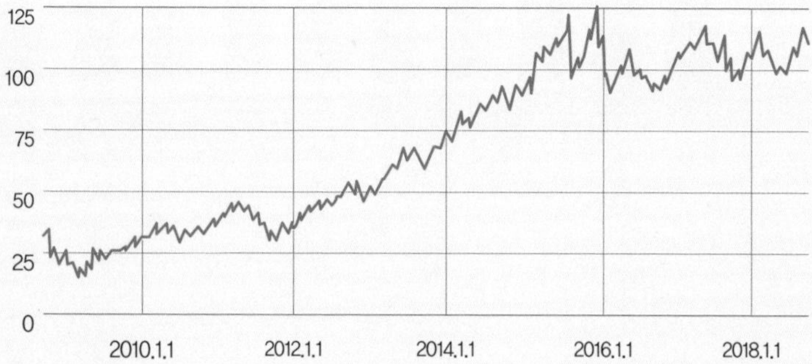

전 세계에서 엔터테인먼트 사업을 영위하는 업체. 1963년 설립, 본사는 펜실베이니어주 필라델피아, 직원은 159,000명 정도. 미디어 네트워크, 공원, 리조트, 스튜디오 엔터테인먼트, 소비재, 인터랙티브 미디어 등이 주 사업 분야다. ESPN 케이블, 디즈니 채널, CBS 등의 텔레비전 네트워크와 라디오 네트워크를 운영하고 있다. 그리고 모바일 플랫폼, 도서, 잡지 및 만화책을 중심으로 게임을 개발-배포한다. 캐릭터 상품은 소매, 온라인, 도매를 통해 직접 유통. 현재 21세기 FOX의 뉴스 사업부문을 제외하고 인수합병이 완료된 상태다.

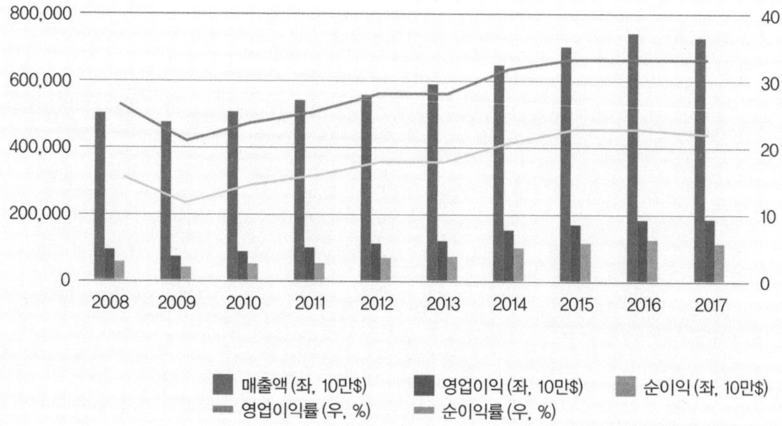
800,000
600,000
400,000
200,000
0
40
30
20
10
0
2008
2009
2010
2011
2012
2013
2014
2015
2016
2017
매출액 (좌, 10만$)
영업이익 (좌, 10만$)
순이익 (좌, 10만$)
영업이익률 (우, %)
순이익률 (우, %)

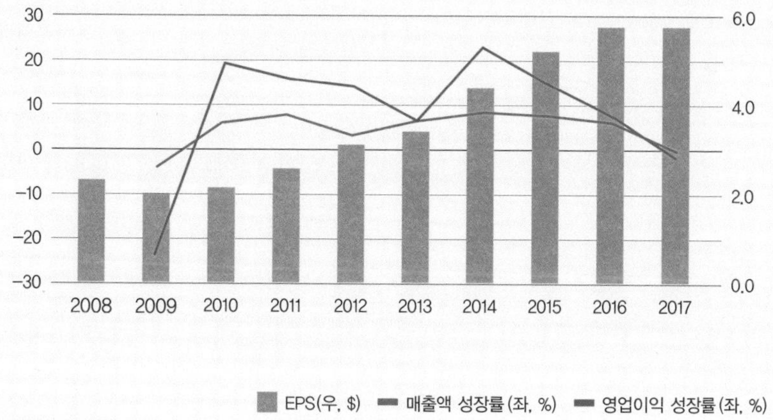
30
20
10
0
-10
-20
-30
6.0
4.0
2.0
0.0
2008
2009
2010
2011
2012
2013
2014
2015
2016
2017
EPS(우, $)
매출액 성장률 (좌, %)
영업이익 성장률 (좌, %)

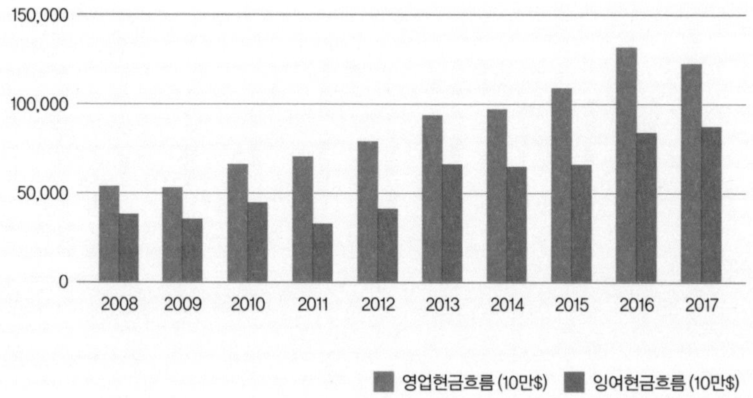

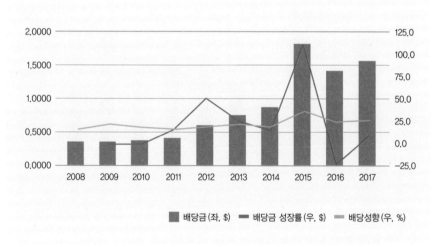

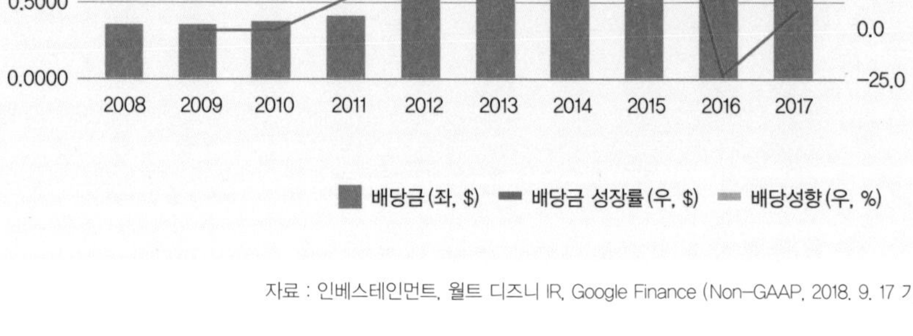

자료 : 인베스테인먼트, 월트 디즈니 IR, Google Finance (Non-GAAP, 2018. 9. 17 기준)

라스베이거스 샌즈 (LAS VEGAS SANDS CORP.)

섹터	서비스	세부 섹터	리조트&카지노
시가총액	48.2 (10억$)	평균 거래량	41.7 (3개월, 10만 주)
시가배당률(%)	4.83	배당성향(%)	99.96

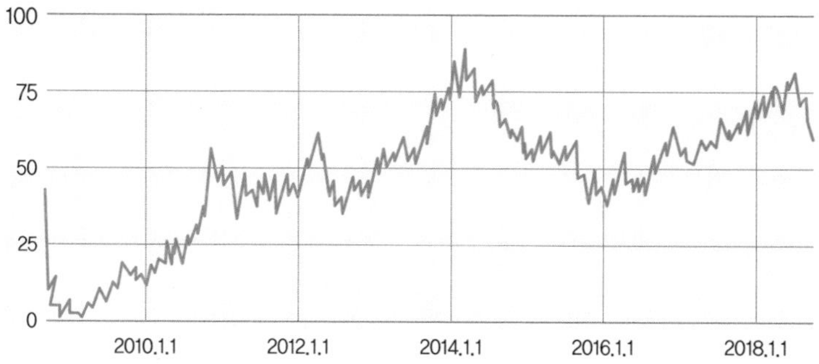

숙박시설, 게임, 엔터테인먼트, 소매, 컨벤션 및 전시 시설, 유명 레스토랑, 다양한 편의 시설을 갖춘 통합 리조트를 개발-운영하는 업체. 2004년 설립, 본사는 네바다주 라스베이거스, 직원은 약 50,500명이다. 샌즈 코퍼레이션은 마카오와 싱가포르를 위시한 아시아와 미국에서 통합 리조트를 소유-운영 중이다.

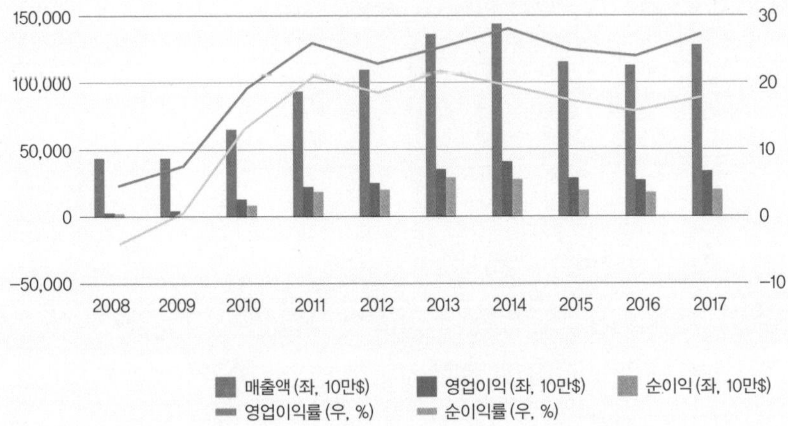
150,000
100,000
50,000
0
−50,000
30
20
10
0
−10
2008
2009
2010
2011
2012
2013
2014
2015
2016
2017
매출액 (좌, 10만$)
영업이익 (좌, 10만$)
순이익 (좌, 10만$)
영업이익률 (우, %)
순이익률 (우, %)

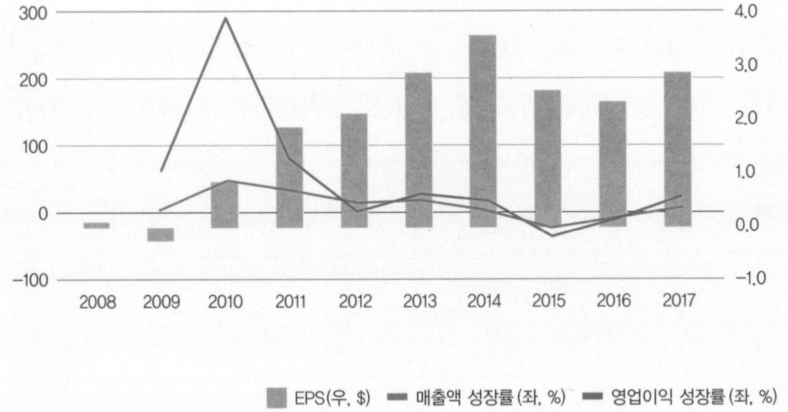
300
200
100
0
−100
4.0
3.0
2.0
1.0
0.0
−1.0
2008
2009
2010
2011
2012
2013
2014
2015
2016
2017
EPS(우, $)
매출액 성장률 (좌, %)
영업이익 성장률 (좌, %)

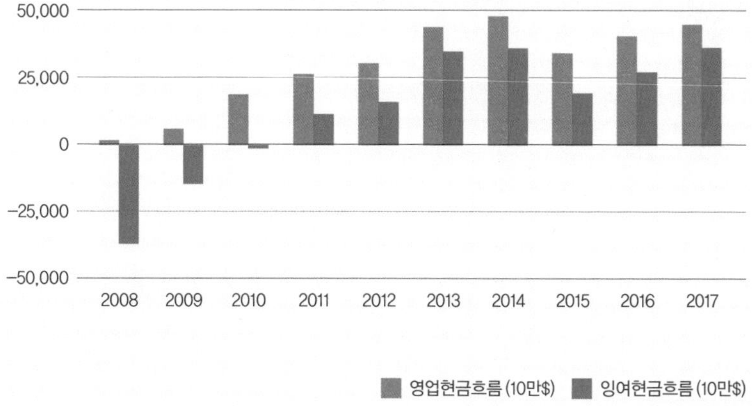

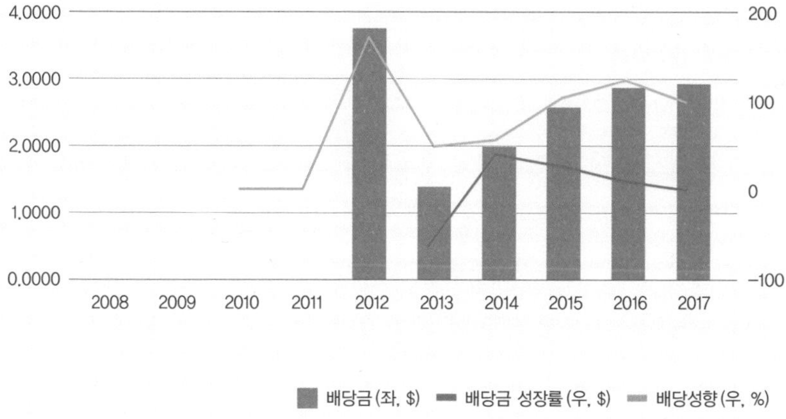

자료 : 인베스테인먼트, 라스베이거스 샌즈 IR, Google Finance (Non-GAAP, 2018. 9. 17 기준)

퀄컴 (QUALCOMM INC.)

섹터	IT	세부 섹터	통신장비
시가총액	107.6 (10억$)	평균 거래량	111.5 (3개월, 10만 주)
시가배당률(%)	3.25	배당성향(%)	77.33

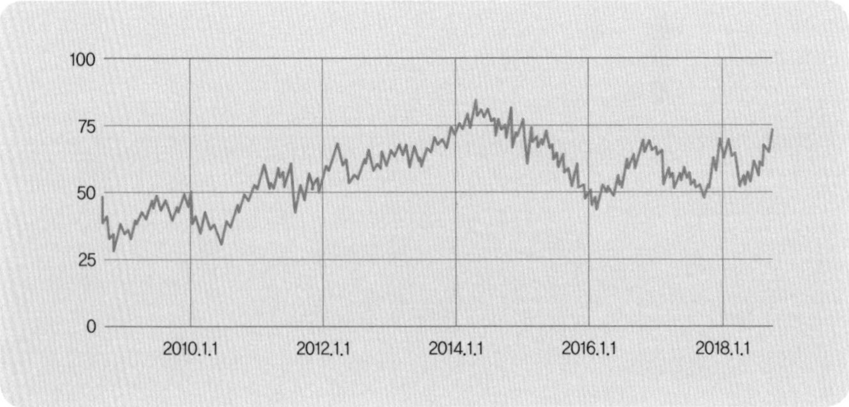

1993년에 설립되어 무선통신 제품 및 서비스를 설계-판매하는 반도체 및 통신장비 업체. 본사는 캘리포니아주 샌디에이고, 직원은 약 30,500명. 코드분할 다중접속의 디지털 통신기술 상용화를 주도하고 있으며, 직교 주파수분할 다중접속 제품군의 개발 및 상용화 분야의 선두주자다. LTE 통신에 독보적일 뿐 아니라, 코드분할 다중접속 및 직교 주파수분할 다중접속의 모든 버전을 구현하는 제품에 적용되는 중요한 지적재산권을 소유하고 있다. 매출의 대부분은 통신 칩 생산과 특허 라이선싱 사업에서 창출된다.

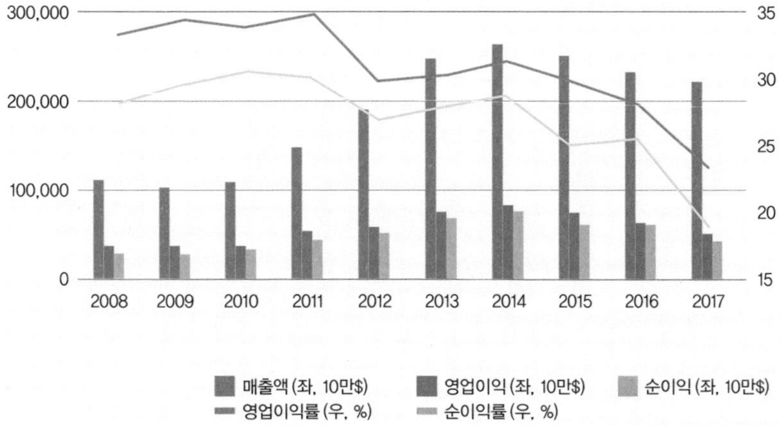
300,000
200,000
100,000
0
35
30
25
20
15
2008
2009
2010
2011
2012
2013
2014
2015
2016
2017
매출액(좌, 10만$)
영업이익(좌, 10만$)
순이익(좌, 10만$)
영업이익률(우, %)
순이익률(우, %)

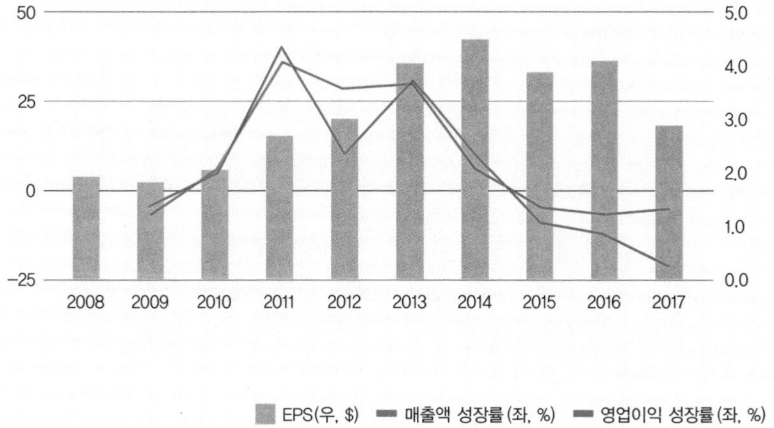
50
25
0
−25
5.0
4.0
3.0
2.0
1.0
0.0
2008
2009
2010
2011
2012
2013
2014
2015
2016
2017
EPS(우, $)
매출액 성장률(좌, %)
영업이익 성장률(좌, %)

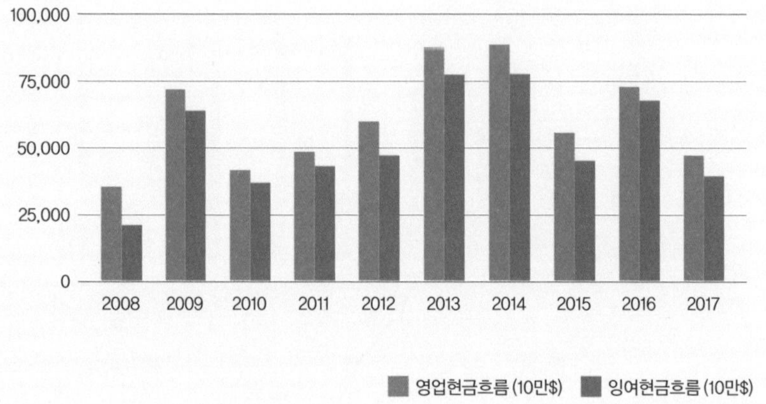

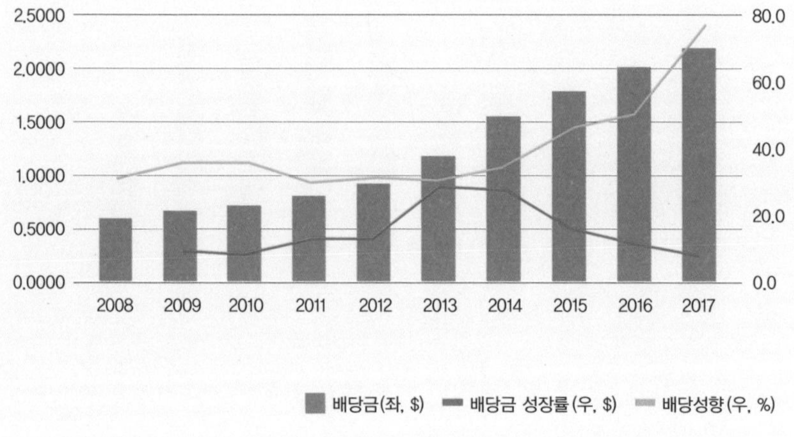

자료 : 인베스테인먼트, 퀄컴 IR, Google Finance (Non-GAAP, 2018. 9. 17 기준)

위에 열거한 기업들을 당신의 배당주 포트폴리오에 담는다면, 적어도 20년에서 30년간은 상당한 배당수익과 시세차익을 얻을 확률이 높을 것이다. 물론 우리는 미래를 알 수 없고 모든 기업들이 항상 수익을 주지는 않을 터이다. 하지만 유대인들의 자본이 들어가고 그들이 경영하고 있는 기업에 관심을 가진다면, 그래서 확률이 높은 투자를 통해 리스크를 줄인다면, 길게 가져가야 할 배당주 투자에서는 수익률을 상당히 높일 수 있지 않을까 생각한다.

ETF로 배당투자 하기

미국에는 6천 개가 넘는 종목들이 상장되어 있다. 그중 많은 종목들이 배당을 꾸준히 지급하고 있다. 그러나 많은 투자자들이 호소하는 어려움은 이런 종목들을 지속적으로 발굴하고 관리하기가 어렵다는 점이다. 그렇다고 미국 배당주를 포기하기란 너무나도 아깝다. 미국 배당주에 투자하고 싶지만 관리하기가 어려운 독자들을 위한 방법이 바로 상장지수펀드(ETF; Exchange Traded Fund)를 통한 투자다.

사실 보다 포괄적인 용어는 상장지수상품(ETP; Exchange Traded Products)으로서, 그 안에 ETF, 상장지수채권(ETN; Exchange Traded Note), 폐쇄형 펀드(CEF; Closed-End Fund) 등이 포함되지만, 여기서는 편의상 가장 보편적인 ETF를 대표 용어로 쓰겠다. 또한 ETF는 투자자에게 배당금이 아니라 '분배금'을 지급하게 된다. 지급하는 돈의 재원이 해당 기업의 배당금뿐만 아니라 ETF가 보유한 현금의 이자, 주가 상승, 보유주식 매각 등으로 다양하기 때문에 이들을 포괄하여 '분배금'이라고 부르는 것이다. 다만 분배금 재원의 대부분이 배당금이므로 여기서는 간단히 배당금이란 용어로 통일하겠다.

ETF를 '패키지여행'으로 생각하면 이해하기 쉽다. 직접 여행을 가려면 막연하지만, 패키지여행 상품을 구매하면 여행사가 알아서 코스를 짜준다. ETF도 마찬가지다. 해당 ETF를 운용하는 매니저가 최적의 주식들을 담아 한 꾸러미로 제공하기 때문이다. 가령 전자상거래 관련 ETF인 ONLN(주가 약 $38) 속에는 아마존, 알리바바 등 관련 기업들이 골고루 담겨 있다. 따라서 5만 원 내외의 ETF 한 주만 사면, 그 안에 주가 200만 원에 달하는 아마존 주식이 일부 포함된 상품을 구매할 수 있다는 얘기다. 소액 분산투자, 적립식 투자를 원하는 투자자에게 최적화된 상품이다.

예 : 약 5만 원($48.5)에 매수할 수 있는 XLC라는 ETF에는 페이스북 주식이 약 20% 들어 있다. 즉 주당 20만원($165)에 달하는 페이스북 주식을 1만 원치만 분할 매수할 수 있는 가장 좋은 방법이다. (상세 상품설명은 QR코드 참조)

미국 배당 ETF, 어떻게 고를까?

ETFdb.com에 등록되어 있는 ETF는 모두 2,183개. 2018년 9월 23일을 기준으로 최근 1년간 조금이라도 배당을 지급한 ETF는 1,691개이며, 5% 이상 배당금을 지급한 ETF는 118개다. 자, 여기까지 읽은 독자라면 무턱대고 배당률만 높은 종목을 고르지는 않을 것이다. 배당 ETF, 어떻게 골라야 성장과 배당을 동시에 잡을 수 있는지 살펴보자. 다만 이 책의 주제가 '배당성장'인 만큼, 배당성장을 주제로 한 ETF를 중심으로 다루도록 한다.

우선 배당 ETF에 투자하기 전에 기억해야 할 기본 원칙이 있다. 아무리 배당을 많이 주더라도 이 원칙에서 벗어나는 ETF들은 피하는 것이 좋다.

첫째, 시가총액(AUM)이 10억 달러(1조 1천억 원) 이상일 것

둘째, 최근 3개월 일평균 거래대금이 1천만 달러(110억 원) 이상일 것

셋째, 운용보수가 연간 기준 1.5% 이하일 것

이 원칙들은 일정 규모 이상의 ETF만을 선정함으로써 안정성을 확보하는 데 그 목적이 있다. 아무리 좋은 테마를 가진 ETF라고 하더라도 규모가 너무 작다면 상장폐지의 우려가 있다. 게다가 변동성 및 원래 가치와의 괴리율이 커질 수 있다는 것도 단점이다. 따라서 보다 안정적인 투자를 위해서는 시가총액과 거래대금이 가장 우선적으로 고려되어야 할 요소다. 또한 운용보수가 높으면 장기적으로 수익률을 저해할 수 있는 요인이 되므로, 운용보수가 높은 ETF도 제외하도록 한다.

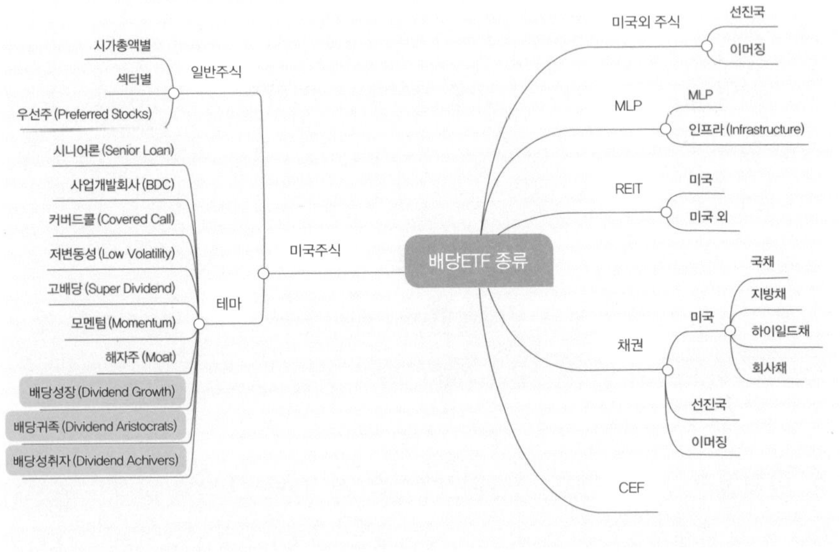

자료 : 인베스테인먼트, ETF.com

ETF.com 기준 4% 이상 배당을 지급하는 ETF를 분류하면 위 마인드 맵과 같다. 그중 우리가 주로 다루는 것은 노란색으로 표시된 배당성장(Dividend Growth), 배당귀족(Dividend Aristocrats), 배당성취자(Dividend Achivers) ETF로, 미국에서 주로 매매되는 배당 지수(Dividend Index) 분석과 함께 살펴본다.

미국 배당 ETF (시가총액 10억 달러 이상)

티커	ETF 이름	총자산 (10억$)	보수 (%)	배당률 (%)
SPY	SPDR S&P 500 ETF	283.9	0.09	1.68
VIG	Vanguard Dividend Appreciation ETF	31.1	0.08	1.73
VYM	Vanguard High Dividend Yield ETF	22.6	0.08	2.79
DVY	iShares Select Dividend ETF	17.7	0.39	3.05
SDY	SPDR S&P Dividend ETF	16.4	0.35	2.33
SCHD	Schwab US Dividend Equity ETF	8.4	0.07	2.51
HDV	iShares Core High Dividend ETF	6.1	0.08	3.38
IDV	iShares International Select Dividend ETF	4.53	0.50	4.67
DGRO	iShares Core Dividend Growth ETF	4.49	0.08	1.96
FVD	First Trust Value Line Dividend Index Fund	4.42	0.70	2.17
NOBL	ProShares S&P 500 Dividend Aristocrats ETF	3.89	0.35	2.01
DON	WisdomTree U.S. MidCap Dividend Fund	3.51	0.38	2.68
SPHD	Invesco S&P 500 High Dividend Low Volatility ETF	2.67	0.30	3.70
DGRW	WisdomTree US Quality Dividend Growth Fund	2.40	0.28	1.96
SDOG	ALPS Sector Dividend Dogs ETF	2.31	0.40	3.35
DES	WisdomTree U.S. SmallCap Dividend Fund	2.22	0.38	3.56
DLN	WisdomTree U.S. LargeCap Dividend Fund	2.04	0.28	2.36
DEM	WisdomTree Emerging Markets High Dividend Fund	1.93	0.63	3.78
QDF	FlexShares Quality Dividend Index Fund	1.87	0.37	2.48
DLS	WisdomTree International SmallCap Dividend Fund	1.87	0.58	3.33
FDL	First Trust Morningstar Dividend Leaders Index Fund	1.45	0.45	3.39
DGS	WisdomTree Emerging Markets SmallCap Dividend Fund	1.42	0.63	3.33
DFJ	WisdomTree Japan SmallCap Dividend Fund	1.09	0.58	1.69

자료 : 인베스테인먼트, ETFdb.com (2018. 9. 23 기준)

배당지수 분석

지수(Index)는 일정한 규칙 혹은 기준을 충족시키는 주식 종목을 모아 구성한 주식 덩어리(basket)로서, 시장에 상장되어 거래되는 회사들의 주식 가격 동향을 종합적으로 나타내는 지표다. 이들 지수는 시장의 합리성을 반영하거나 펀드 매니저들이 오랜 기간 시장에서 가장 잘 살아남은 종목과 그 방법을 관찰해 구성한 것으로, 오랫동안 이용된 지수는 그만큼 주식투자의 기본 원칙에 충실하다고 할 수 있다.

가령 ProShares S&P 500 Dividend Aristocrats Index라는 지수를 만들어내는 규칙은 (1) 미국 대표지수인 S&P 500에 속해 있을 것, (2) 25년 이상 배당금을 늘려왔을 것 등이다. 이 규칙에 따라 미국에 상장되어 있는 수많은 종목 중 S&P 500에 속해 있는 500여 개의 종목이 선택되고, 그 중 배당금을 25년 이상 늘린 종목들을 최종적으로 가려낸다. 펀드나 ETF는 이 지수를 따라 가며 해당 지수에 포함되어 있는 종목들을 담는 것이다.

이들 지수를 살펴보는 이유는 크게 두 가지다. 첫째, 미국-한국에서 가장 많이 활용되는 배당지수(배당주 펀드)의 구성 기준을 살펴봄으로써 배당주들을 어떻게 선별하는 것이 좋은지 알 수 있다. 둘째, 보유 비중 상위 종목들을 통해 대개 어떤 종목들이 선호되는지, 배당주 투자를 할 때 어떤 종목을 선택할지 가늠할 수 있다. 만약 개별 종목에 대한 직접투자가 어렵다면 해당 지수를 따르는 ETF를 매수하고, 종목별 직접투자를 원한다면 해당 지수의 보유 상위 종목들을 우선 검토해보면 효율적일 것이다.

다만 여기 소개된 ETF 및 편입 비중이 높은 종목은 해당 지수를 소개하기 위한 수단이지, 특정 선호를 반영한 것은 아니라는 점을 유의하기 바란다. 또한 주가변동, 리밸런싱으로 구성 종목, 비중의 차이가 있을 수 있다.

1. 배당 증액 25년 이상의 배당귀족 ETF

[미국] "ProShares S&P 500 Dividend Aristocrats Index"

배당귀족 지수는 대표적인 배당성장 관련 지수로, S&P 500에 속해 있으면서 25년 이상 배당금을 늘려온 종목으로 구성되어 있다. 미국 대표지수인 S&P 500 내에 편입되어 있다는 점에서 미국의 대표 종목들을 포함하고 있다고 할 수 있으며, 25년 이상 배당을 늘려왔다는 점에서 배당의 지속성도 검증되어 있다는 장점이 있다.

*** 대표 ETF: NOBL (ProShares S&P 500 Aristocrats)**

시가총액(10억 $) : 3.89
편입 종목 수 : 54개
시가배당률 : 2.01%

NOBL 업종별 비중 및 편입 비중 상위 10개 종목

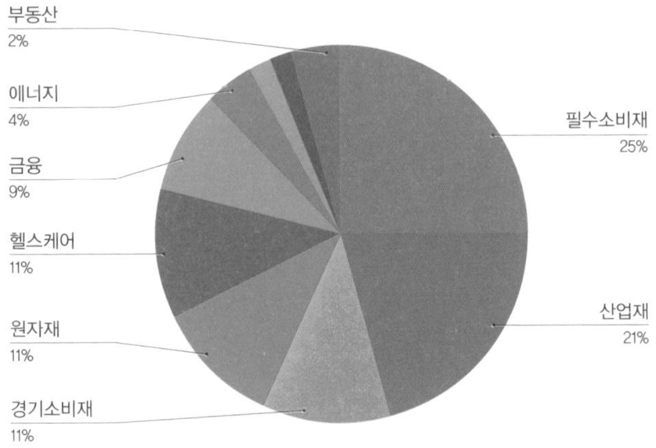

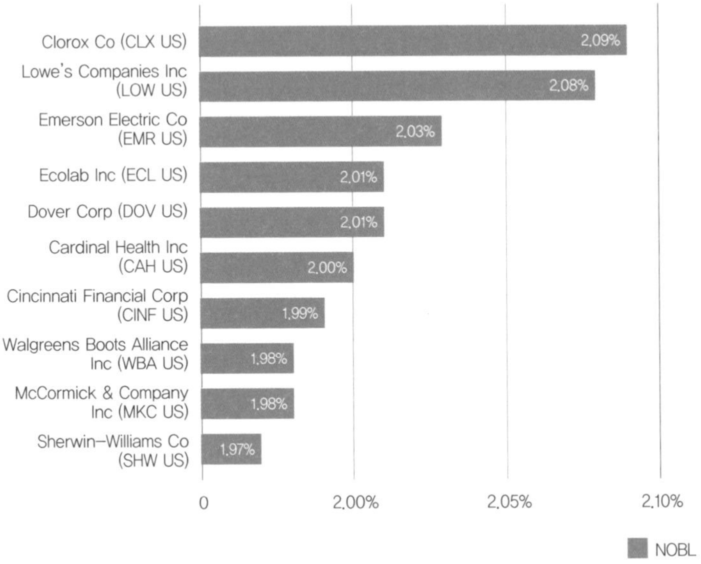

자료 : 인베스테인먼트, ETFdb.com (2018. 9. 20 기준)

*** 유사한 ETF : REGL**

(ProShares S&P MidCap400 Dividend Aristocrats ETF)

S&P MidCap400 Dividend Aristocrats Index는 S&P MidCap400에 속해 있는 중형주 가운데 적어도 15년 연속으로 배당금을 늘린 종목들을 아우르는 지수다. 배당귀족 지수에 비해 변동성은 다소 높지만 적극적인 수익을 추구하려는 투자자들에게 적합하다. 다만 시가총액은 4억 달러로 위에서 언급한 매매 조건을 충족시키지 못한다.

시가총액(10억 $) : 0.41
편입 종목 수 : 51개
시가배당률 : 1.70%

REGL 업종별 비중 및 편입 비중 상위 10개 종목

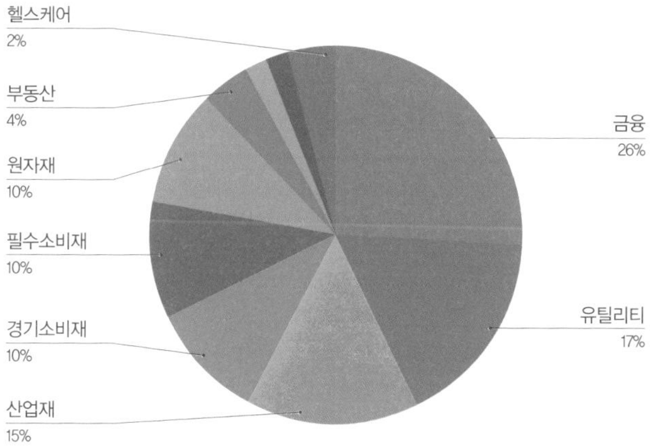

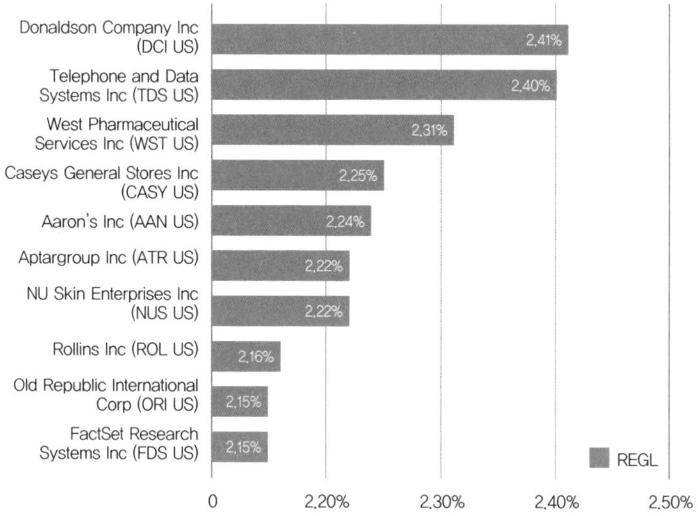

자료 : 인베스테인먼트, ETFdb.com (2018. 9. 20 기준)

2. 배당 증액 10년 이상의 배당성취자(Dividend Achievers) ETF

[미국] "NASDAQ U. S. Dividend Achievers Select Index"

배당귀족이 25년 이상 배당금을 늘려온 종목이라면, 배당성취자는 10년 이상 배당금을 늘려온 종목으로, 나스닥 종목 가운데 이들 배당성취자 종목으로 구성된 지수다.

*** 대표 ETF: SDY (SPDR S&P Dividend ETF)**

SDY는 S&P 1500 기업 중 적어도 20년간 연속으로 배당금이 증가한 기업을 포함하는 ETF다. 배당수익률을 기준으로 종목 가중치를 부여하고 있으며 리츠도 포함하고 있다. 시가총액은 원화 기준으로 18조 원가량이다.

시가총액(10억 $) : 16.4

편입 종목 수 : 112개

시가배당률 : 2.33%

SDY 업종별 비중 및 편입 비중 상위 10개 종목

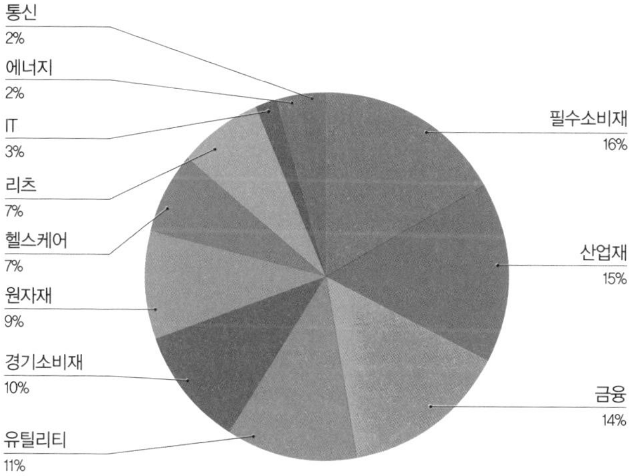

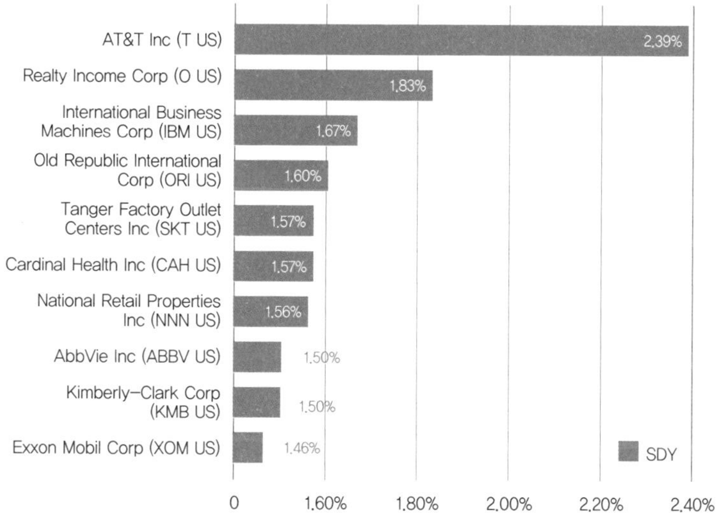

자료 : 인베스테인먼트, ETFdb.com (2018. 9. 20 기준)

*** 유사한 ETF: VIG (Vanguard Dividend Appreciation ETF)**

원화 기준 시가총액이 34조 원 이상으로 미국 대표 배당 ETF 중 하나다. 10년 이상 배당금을 늘린 종목들을 대상으로 하고 있다.

시가총액(10억 $) : 31.1
편입 종목 수 : 183개
시가배당률 : 1.73%

VIG 업종별 비중 및 편입 비중 상위 10개 종목

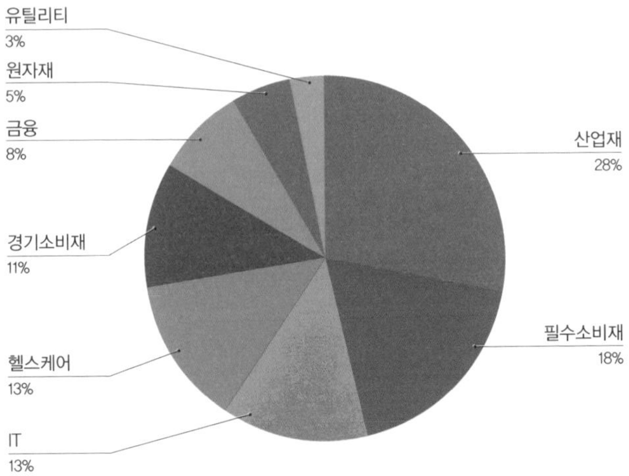

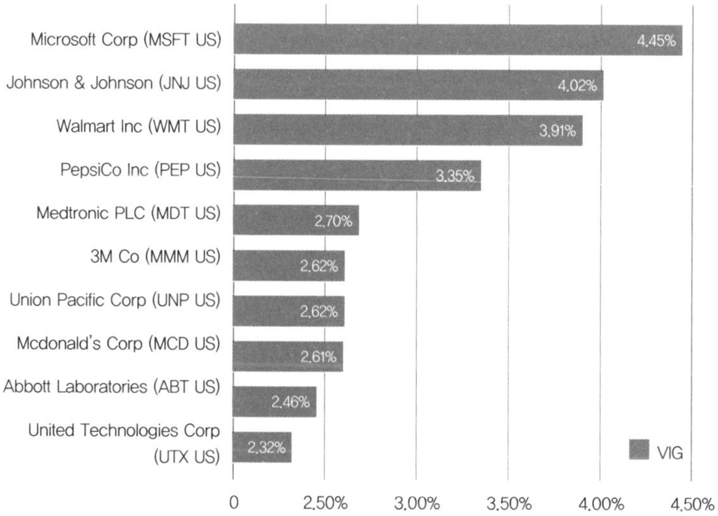

자료 : 인베스테인먼트, ETFdb.com (2018. 9. 20 기준)

*** 유사한 ETF: SCHD (Vanguard Dividend Appreciation ETF)**

SCHD는 리츠를 제외한 섹터를 대상으로 10년 이상 배당을 늘려온 종목들을 아우른다. 부채비율, ROE, 배당수익률 등을 고려하여 포트폴리오를 구성한다.

시가총액(10억 $) : 8.4
편입 종목 수 : 101개
시가배당률 : 2.51%

SCHD 업종별 비중 및 편입 비중 상위 10개 종목

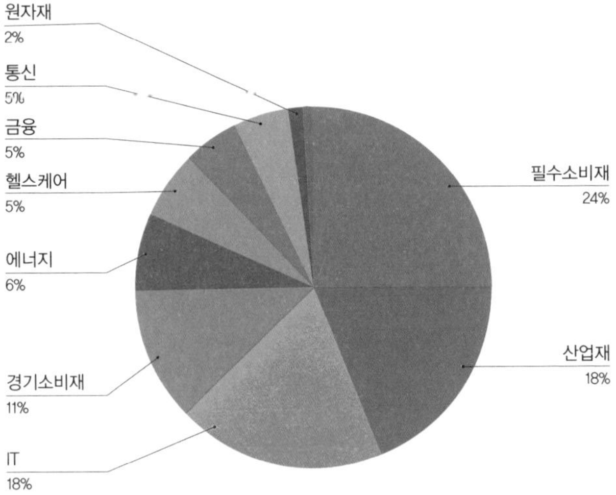

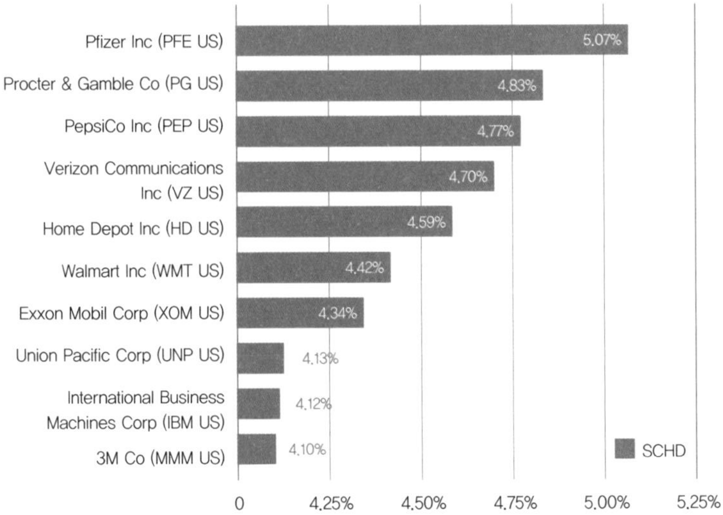

자료 : 인베스테인먼트, ETFdb.com (2018.9.20 기준)

3. 배당을 꾸준히 늘려가는 배당성장 ETF

[미국] "Dow Jones U. S. Select Dividend Index"

대표적인 배당성장 지수로, 배당성장률, 배당성향 및 거래량을 고려한 100여개 종목으로 구성되며, 5년 이상 배당을 늘린 중소형주를 대상으로 한다. 개별 종목의 비중은 ETF 전체 시가총액의 10%로 제한되며 GICS 기준 섹터 비중은 30% 이하로 제한된다.

*** 대표 ETF: DVY (iShares Select Dividend ETF)**

DVY는 5년 이상 배당을 늘린 중소형주를 담는 ETF로 시가총액은 원화 기준으로 2조 원 가량이다. 리츠를 포함하고 있으며 고배당을 기준으로 종목을 선정한다.

시가총액(10억 $) : 17.7
편입 종목 수 : 99개
시가배당률 : 3.05%

DVY 업종별 비중 및 편입 비중 상위 10개 종목

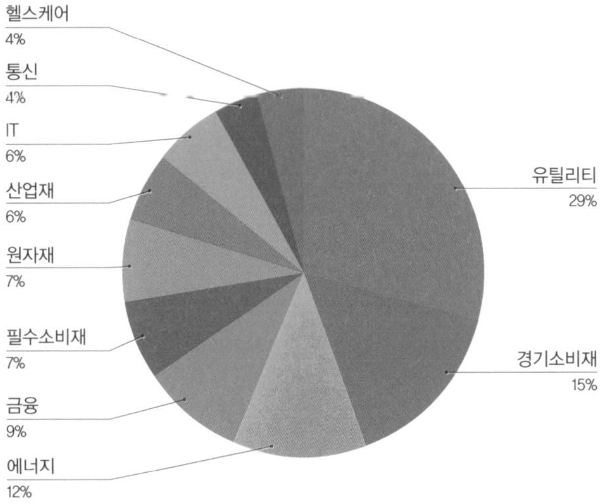

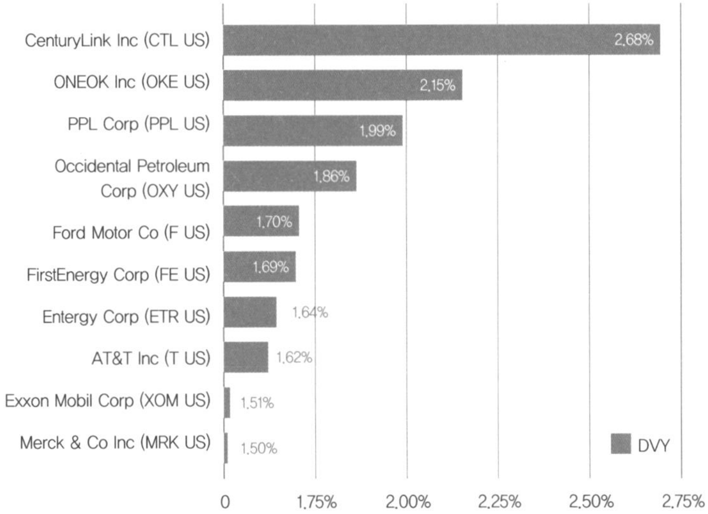

자료 : 인베스테인먼트, ETFdb.com (2018. 9. 20 기준)

*** 유사한 ETF: DGRO (iShares Core Dividend Growth ETF)**

DGRO는 5년 이상 배당 증액과 배당성향 75% 이하에 해당되는 종목을 담는 ETF로 시가총액은 원화 기준으로 약 5조 원이다. 리츠를 포함하고 있으며 고배당을 기준으로 종목을 선정한다.

시가총액(10억 $) : 4.49
편입 종목 수 : 449개
시가배당률 : 3.05%

DGRO 업종별 비중 및 편입 비중 상위 10개 종목

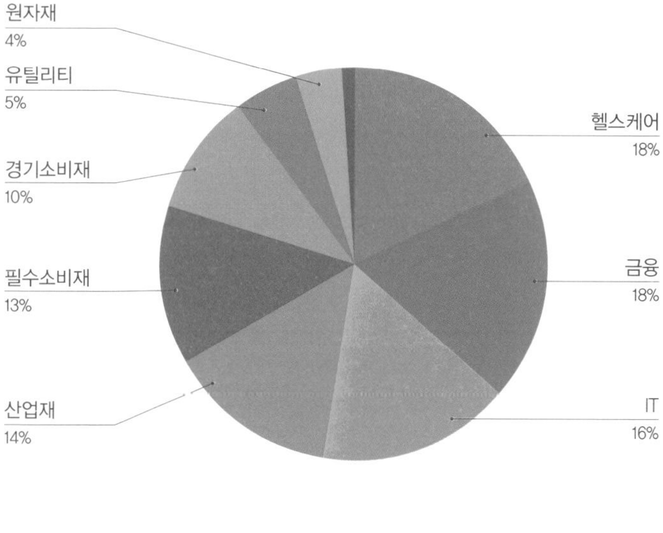

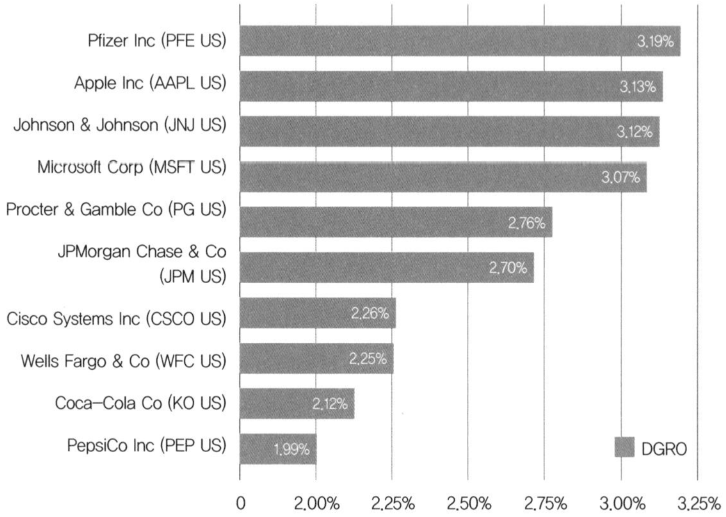

자료 : 인베스테인먼트, ETFdb.com (2018. 9. 20 기준)

4. 그 외 배당 관련 ETF

1) 장래에 배당이 늘어날 종목들을 추정하여 편입한다.

[미국] FTSE High Dividend Yield Index

이 지수는 고배당 기업에 대해 향후 12개월 동안 예상되는 배당을 기준으로 기업을 선별한다. 리츠를 제외한 미국 기업들을 대상으로 하고 있으며, 배당보다는 시가총액을 기준으로 가중치를 적용하고 있다.

시가총액(10억 $) : 23.5
편입 종목 수 : 396개
시가배당률 : 2.80%

* 대표 ETF: VYM (Vanguard High Dividend Yield ETF)

VYM 업종별 비중 및 편입 비중 상위 10개 종목

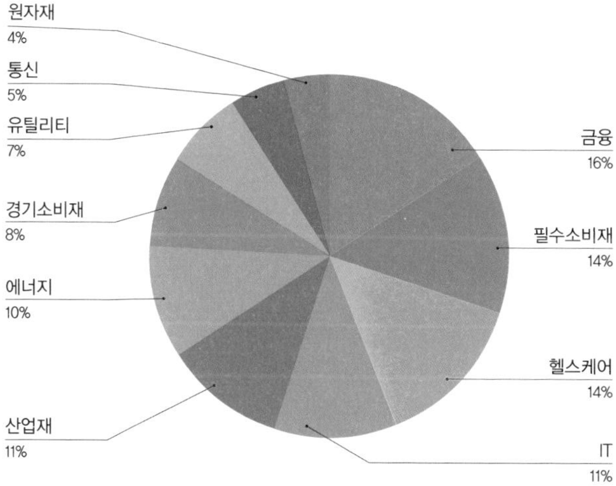

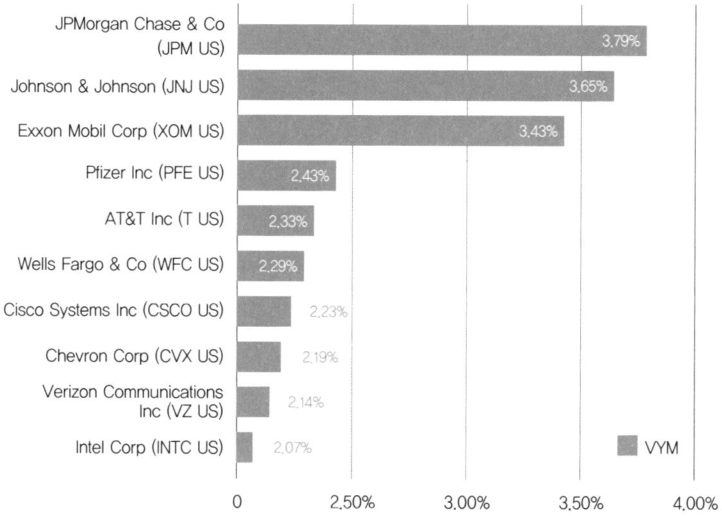

자료 : 인베스테인먼트, ETFdb.com (2018. 9. 20 기준)

2) 경제적 해자(Moat)를 보유한 종목에 투자한다.

[미국] Morningstar Dividend Yield Focus Index

*** 대표 ETF: HDV (iShares Core High Dividend ETF)**

HDV는 두 가지 기준에 의해 선별된 종목들을 추종한다. 첫 번째는 경제적 해자(Moat)를 보유했는지의 여부다. 여기서 '경제적 해자'란 성을 보호하기 위해 성 둘레를 따라 만들어진 연못(해자)처럼 브랜드나 제품을 보호해주는 경쟁력 또는 진입장벽을 의미한다. 애플의 iOS가 대표적인 사례다. 따라서 HDV에 포함된 종목들은 그 회사의 제품이 경쟁업체에 비해 경쟁력 및 가격결정력이 있어야 한다. 두 번째 기준은 자산 및 부채 수준이다. 이들 두 조건을 통과한 종목을 대상으로 배당수익률을 가중하여 ETF를 구성한다.

시가총액(10억 $) : 6.1
편입 종목 수 : 76개
시가배당률 : 3.38%

HDV 업종별 비중 및 편입비중 상위 10개 종목

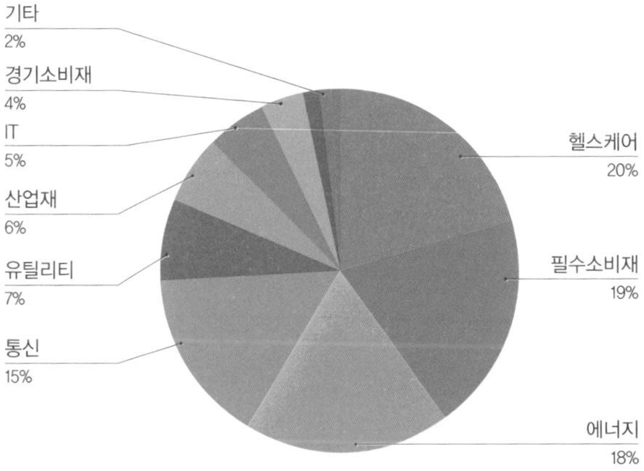

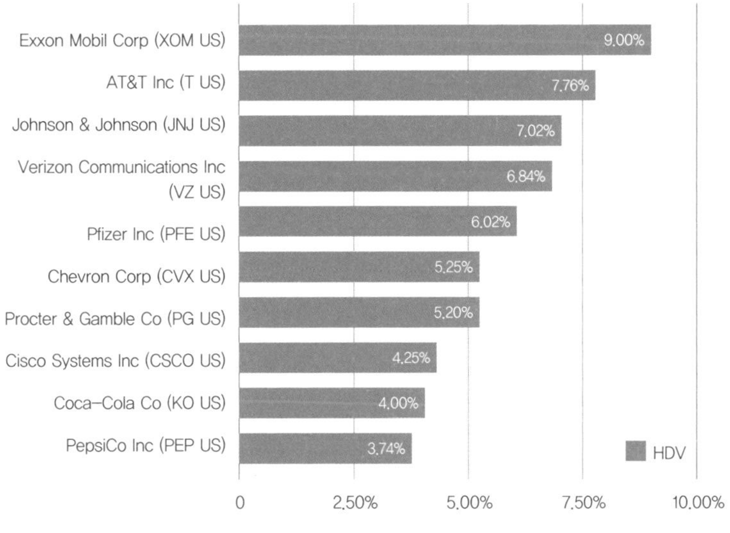

자료 : 인베스테인먼트, ETFdb.com (2018. 9. 23 기준)

3) 미국 내 리츠에 투자한다.

[미국] Dow Jones U.S. Select REIT Index

미국 리츠 산업은 3조 달러(약 3,300조 원) 규모의 부동산 51만 개를 소유한 거대 산업이다. 그 비즈니스 형태도 다양해서 부동산을 소유-임대하면서 임대료를 수취하는 형태, 부동산 관련 대출을 취급하는 모기지 형태 등이 있으며, 임대-소유하는 부동산 물건도 거주용, 상업용, 오피스용 등으로 다양하다. 아래 표는 시가총액 상위 3개 리츠 ETF이다.

시가총액 기준 상위 3개 리츠 ETF (SPY : 벤치마크)

티커	ETF 이름	총자산 (10억$)	보수 (%)	배당률 (%)
SPY	**SPDR S&P 500 ETF**	**283.9**	**0.09**	**1.68**
VNQ	Vanguard Real Estate Index Fund	32.50	0.12	4.29
SCHH	Schwab US REIT ETF	4.81	0.08	2.68
IYR	iShares U.S. Real Estate ETF	4.41	0.39	3.59

자료 : 인베스테인먼트, ETFdb.com (2018. 9. 23 기준)

*** 대표 ETF: VNQ (Vanguard Real Estate Index Fund)**

VNQ는 미국 최대 규모의 리츠 ETF로, 총 운용자산은 약 35조 원에 달한다. 다양한 영역의 부동산을 포괄하고 있으며, 연간 기준 0.12%의 운용보수는 리츠 ETF 중에서도 저렴한 편에 속한다.

시가총액(10억 $) : 32.5
편입 종목 수 : 180개
시가배당률 : 4.29%

VNQ 업종별 비중 및 편입비중 상위 10개 종목

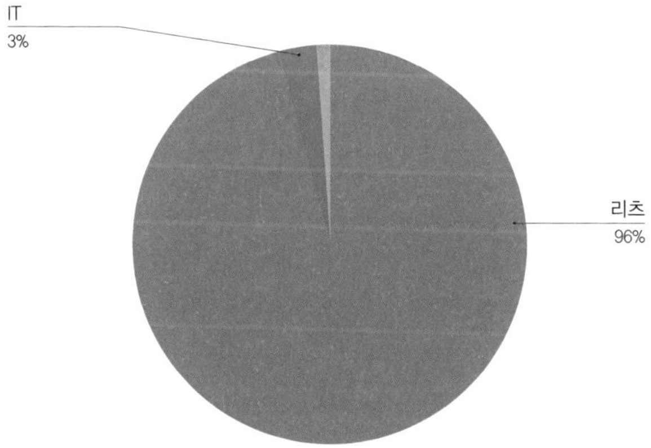

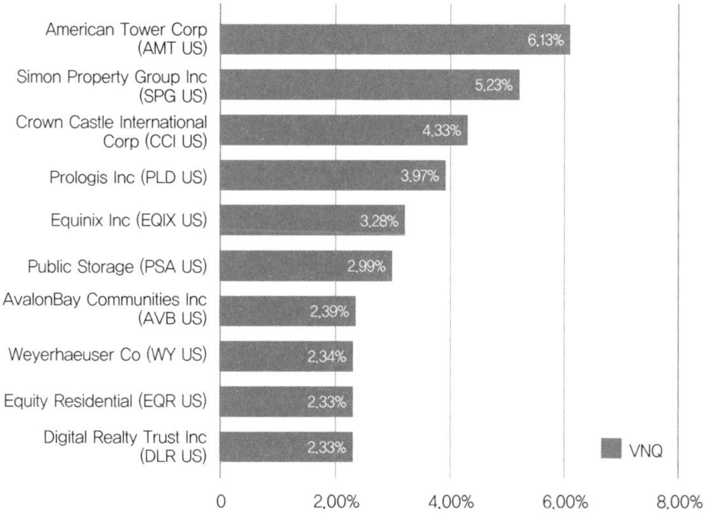

자료 : 인베스테인먼트, ETFdb.com (2018. 9. 23 기준)

4) 채권처럼 배당을 지급하는 우선주에 투자한다.

[미국] BofA Merrill Lynch Core Fixed Rate Preferred Securities Index

미국 우선주는 그 성격이 채권과 매우 흡사하며, 한국의 신형우선주에 해당한다. 정해진 배당을 지급하되, 주가는 크게 움직이지 않는다. 시장의 오르내림에 비해 현저히 적게 움직이는 것이다. 배당성장과는 거리가 있지만 변동성을 낮추면서 꾸준한 배당을 원한다면 관심을 가져볼 만하다. 시가총액 기준 상위 3개 우선주 ETF는 아래와 같다.

시가총액 기준 상위 3개 우선주 ETF (SPY : 벤치마크)

티커	ETF 이름	총자산 (10억$)	보수 (%)	배당률 (%)
SPY	**SPDR S&P 500 ETF**	**283.9**	**0.09**	**1.68**
PFF	iShares U.S. Preferred Stock ETF	16.6	0.46	5.62
PGX	Invesco Preferred ETF	5.3	0.51	5.72
FPE	First Trust Preferred Securities and Income ETF	3.5	0.85	5.66

자료 : 인베스테인먼트, ETFdb.com (2018. 9. 23 기준)

*** 대표 ETF: PGX (Invesco Preferred ETF)**

PGX의 총 운용자산은 약 5조 9천억 원 규모다. 1위인 PFF 규모의 1/3 정도지만, 배당의 안정성은 PFF보다 높은 편이다.

> **시가총액(10억 $) : 5.3**
> **편입 종목 수 : 257개**
> **시가배당률 : 5.72%**

PGX 편입비중 상위 10개 종목

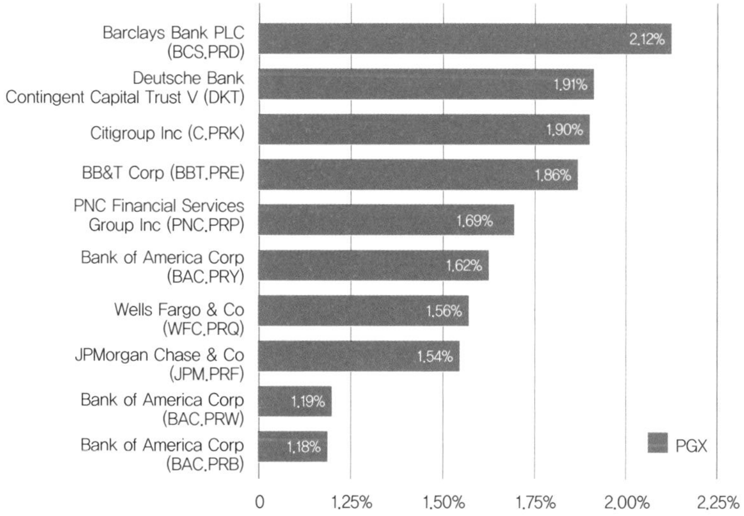

자료 : 인베스테인먼트, ETFdb.com (2018. 9. 20 기준)

5. 우리나라 주식시장의 배당지수

[국내] 코스피 배당성장 50(KOSPI Dividend Growth 50 Index)

한국거래소에서 제공하는 '코스피 배당성장50 지수'는 코스피에 상장되어 있는 종목 중 장기간 안정적으로 배당을 실시해왔고, 향후 배당 규모가 증가할 것으로 예상되는 50종목으로 구성된다. 여기에 포함될 수 있는 조건을 좀 더 자세히 들여다보면, 최근 7사업연도 연속으로 배당을 해왔고, 최근 사업연도의 주당배당금이 최근 7사업연도의 평균 주당배당금보다 증가했으며, 최근 5사업연도 평균 배당성향 60% 미만 및 연속 당기순이익을 실현해야 한다.

*** 대표 ETF: TIGER배당성장 (211560), KODEX배당성장 (211900)**

TIGER 업종별 비중 및 편입 비중 상위 10개 종목

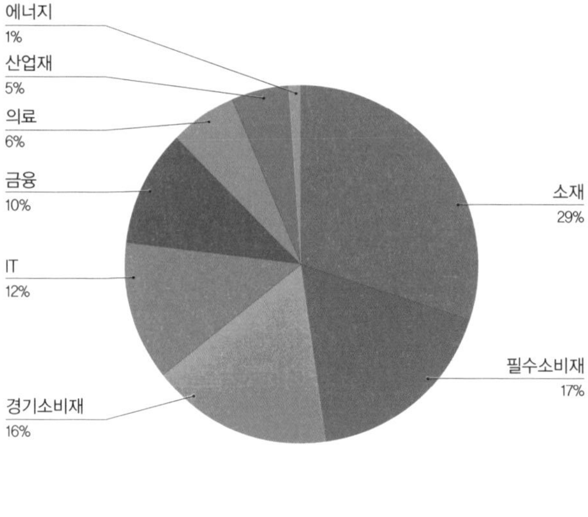

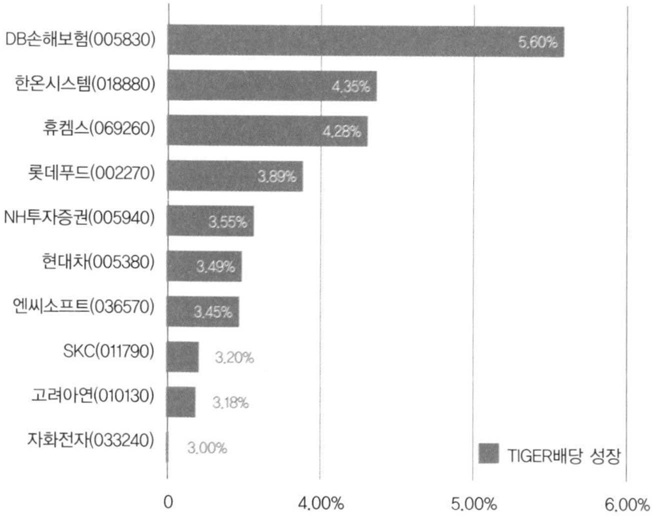

자료 : 인베스테인먼트, FnGuide, 미래에셋자산운용,
업종 비중 2018. 8. 1 기준, 종목 비중 2018. 9. 22 기준

[국내] FnGuide 고배당 포커스 지수

금융정보 제공업체인 FnGuide의 고배당 포커스 지수는 코스피와 코스닥에 상장되어 있는 MKF500 종목 가운데 시가총액 1,000억 원 이상, 3개월 일평균 거래대금이 2억 원 이상인 종목을 선별하고, 이들 중 배당수익률이 높은 순으로 정렬하여 80종목을 선별한다.

대표 ETF: KBSTAR 고배당 (266160)

KBSTAR 업종별 비중 및 편입비중 상위 10개 종목

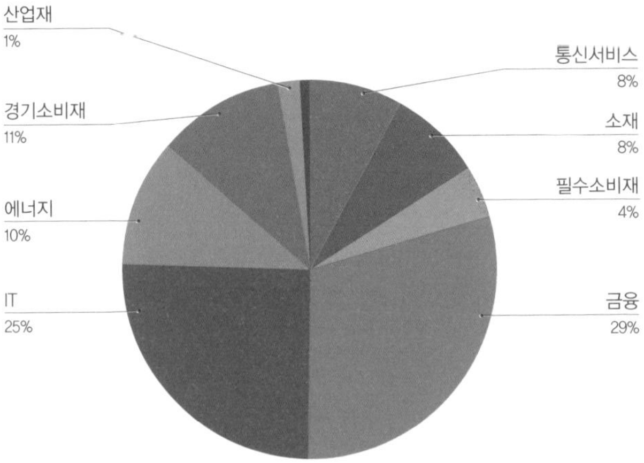

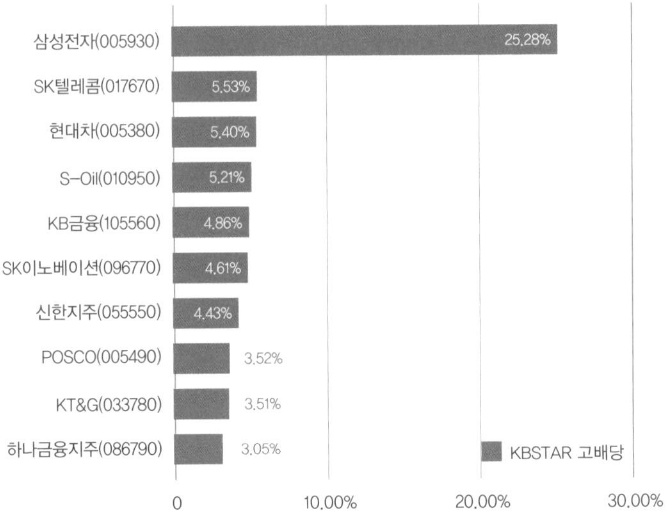

자료 : 인베스테인먼트, FnGuide, KB자산운용
(업종 비중 2018. 8. 1 기준, 종목 비중 2018. 9. 22 기준)

트렌드 변화에 따른 미국 배당투자 아이디어

트렌드 변화를 감지하는 방법은 아주 간단하다. 나 자신의 행동 변화부터 살펴보는 것이다. 내가 어떤 재화나 서비스에 새롭게 돈을 지불하기 시작했거나 시간을 소비하기 시작했는지, 조금만 더 민감하게 생각해보자는 것이다. 더 나아가 내 가족, 친구, 지인들의 변화까지도 관심과 호기심으로 살펴보면 어렵지 않게 트렌드 변화를 감지할 수 있다. 물론 이러한 눈을 기르기 위해서는 일정 수준의 노력과 공부가 필요한 것은 두말할 필요가 없다.

예를 들면 1970년대와 1980년대 한국인들은 건강에 대한 관심이 부족했다. 당시 담배 관련 기업의 주가성장률이 아주 높았는데 그것은 공공장소뿐만 아니라 사무실, 버스, 심지어 비행기 안에서조차 흡연이 자유로웠기 때문이다. 요즘 같은 세상에선 상상도 하기 힘든 일이다. 건강에 대한 관심이 확대되면서 끝없이 오를 것만 같았던 담배 관련 기업들의 주가가 곤두박질치자 전자담배 개발/판매 등으로 재기를 노리고 있듯이, 모든 기업들은 트렌드 변화에 뒤쳐지지 않기 위한 꾸준히 노력을 하고 있다.

꾸준히 줄고 있는 미국 흡연인구 비중

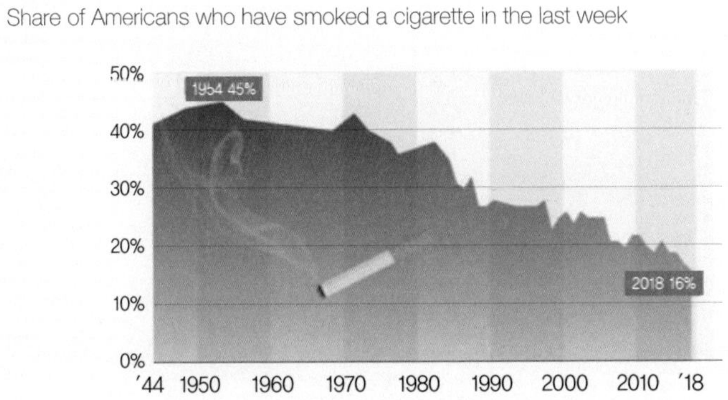

자료 : Forbes

말보로, 팔러먼트 등의 브랜드를 보유한 전 세계 담배 1등 기업 필립 모리스 인터내셔널(PM) 역시 그러한 노력으로 금융위기 이후 2018년 초까지도 시장의 수익률을 상회하는 성과를 보였다. 2008년 4월 4일을 100으로 잡았을 때 주가 변동률은 아래와 같다.

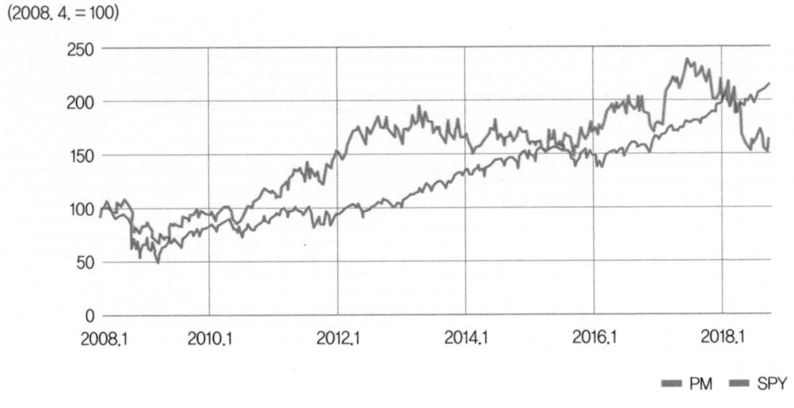

자료 : 인베스테인먼트, Google Finance

지금 당장은 비록 주가의 움직임이 정체되어 상승 여력이 없는 것처럼 느껴지는 배당기업들도 더러 있다. 비즈니스 모델도 매력이 없어 보이고, 심지어 트렌드에 뒤처져 망하지는 않을까 걱정도 된다. 하지만 앞서 언급한 것처럼 트렌드 변화의 기회를 놓치지 않고 성공적으로 잡아내는 기업들은 정체의 터널을 빠져나오면서 다시 긴 상승기를 맞이할 확률이 높다. 우리가 해야 할 일은 단기가 아닌 10년, 20년의 미래 모습을 파악하여 이러한 기업들을 선점하는 것이다. 고배당을 확보하고(주가가 상당히 저렴하거나 정체되어 있을 확률이 높음) 시세차익까지 얻을 수 있는 좋은 전략 중 하나이기 때문이다. 대표적인 트렌드들은 아래와 같다.

1. 통신(커뮤니케이션) 업종; 세상의 모든 것을 잇는 5G

미국의 대형 통신 기업인 버라이즌과 AT&T는 2018년 초 이후 S&P500 대비 낮은 성과를 보이고 있다.

S&P500, AT&T, 버라이즌의 연초 대비 수익률 (2018.1.1.=100)

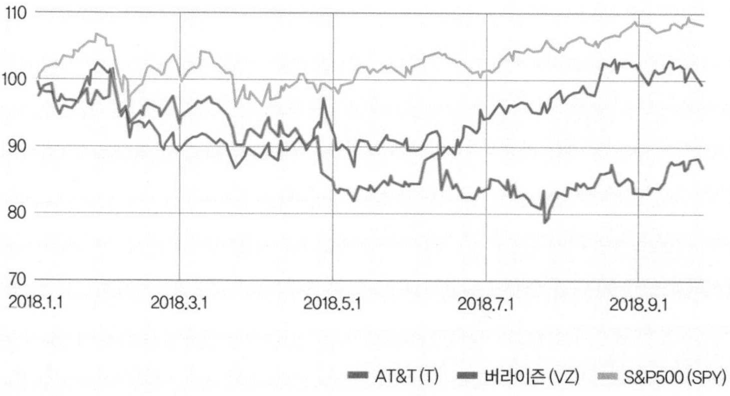

종목	AT&T (T)	버라이즌 (VZ)	S&P500 (SPY)
수익률 (%)	−13.47	−0.73	+7.85

자료 : 인베스테인먼트, Google Finance (2018. 1. 1~2018. 9. 27 / 2018. 1. 1=100)

2018년 9월 기준 AT&T의 배당률은 6%, 버라이즌의 배당률은 4.5% 수준에 달하지만, 성장 동력이 없다는 이유와 다양한 우려가 겹쳐 주가는 정체 또는 하락하고 있다. 하지만 버라이즌의 경우 인터넷의 아이콘이라 불렸던 야후(현재 상장폐지)의 인터넷 사업부를 인수해 미디어 플랫폼으로서의 성장 동력을 창출하고 있다. 또 2018년 콘텐트 공룡 타임워너를 인수한 AT&T 역시 기존 통신사업에 콘텐트를 보강하여 플랫폼 사업자로의 변신을 꾀하고 있다. 머지않은 미래에 자율주행차, AI를 활용한 클라우드 등이 모두 엄청난 속도의 통신망을 필요로 하게 된다.

TIP

• 업종 변경 이슈

한 걸음 더 나아가 2018년 9월 28일 '업종 변경'이라는 큰 이슈가 있었다. 통신업종이 '통신커뮤니케이션' 업종으로 확대-변경되면서 기존 인터넷(IT) 업종의 큰 비중을 차지했던 구글, 페이스북 등의 기업들이 통신커뮤니케이션 업종으로 이동하게 되는 것이다. 이로 인해 전 세계 기관들의 자금이 기계적으로 통신 커뮤니케이션 업종 관련 상품(대표적으로는 XLC) 및 주식에 유입될 것으로 예상한다. 그러므로 이로 인한 혜택 역시 기존 통신 대표기업인 버라이즌, AT&T가 받을 확률이 높다.

커뮤니케이션 업종 ETF: XLC (Communication Services Select Sector SPDR Fund)

시가총액(10억 $) : 3.1
편입 종목 수 : 27개
시가배당률 : 0.27%

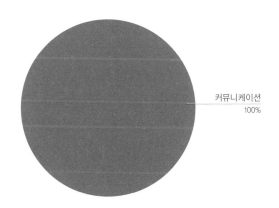

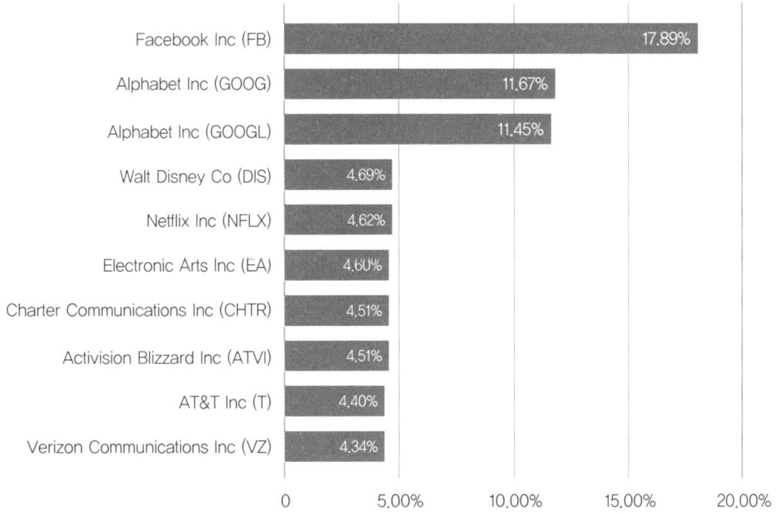

자료 : 인베스테인먼트, ETFdb.com (2018. 11. 18 기준)

2. 유틸리티 업종 : 데이터 사용의 실질적 수혜

한국 주식시장에 상장된 한국전력(015760 KS)과 비슷하게 미국에도 각종 에너지 관련 유틸리티 기업이 상장되어 있다. 우리가 유틸리티 기업을 살펴보는 가장 큰 이유는 바로 '전력 소비의 증가'다. 데이터 소비가 폭증하며, 이를 보관할 데이터센터가 미국 각지에 계속하여 건립되고 있다. 텍스트보다 영상으로 소통하는 것이 익숙해진 소위 '영상의 시대'를 맞아 데이터 사용량이 기하급수적으로 늘어나는 것은 이미 피부로 느껴지는 상황이다.

그뿐인가, 가까운 미래에 인공지능 및 자율주행차의 상용화까지 더해진다면, 데이터센터의 수요는 가히 상상을 초월할 것이다. 이러한 데이터센터들이 필요로 하는 에너지는 당연히 '전력'이다. 이 데이터센터들에겐 밤낮이 없다. 24시간, 365일 눈을 뜨고 필요한 데이터를 전송-보관-처리해야 하니까. 당연히 막대한 전력 소비가 뒤따를 것이며, 그 수혜는 고스란히 지역 전력회사들에게 돌아갈 것으로 전망된다.

아래의 그림은 2018년 현재 알파벳이 미국에서 보유하고 있는 데이터센터와 향후 설립 후보지로 고려 중인 지역을 나타낸다. 이처럼 알파벳도 막대한 자금을 투자해 데이터센터 증설에 박차를 가하고 있다.

미국 내 구글의 데이터센터

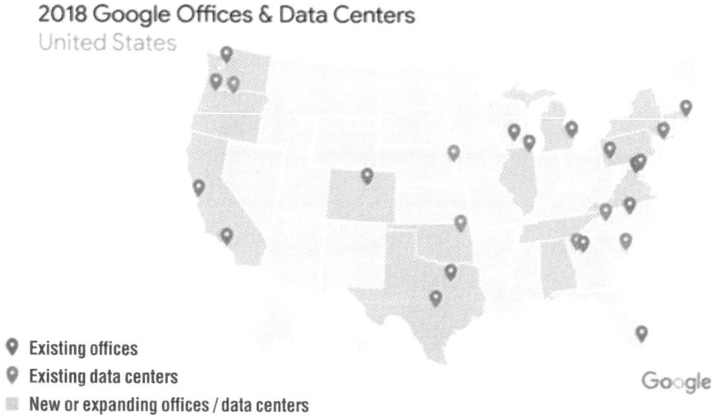

자료 : 알파벳 인베스터 릴레이션

어디 구글뿐이겠는가? 데이터센터를 운영하는 거대 공룡 아마존, 마이크로소프트, 페이스북 등도 미국 각지에 데이터센터의 신-증설을 진행하고 있다. 물론 성장성이 돋보이는 위의 클라우드 업체들에 직접 투자하는 방법도 있지만, 현재는 마이크로소프트를 제외하고는 아쉽게도 배당금을 지급하는 기업이 없거나 매우 드물다. 그 대안으로 미국 각 지역에서 독-과점을 형성하여 전력을 공급하고 있는 개별 기업들이나 유틸리티 ETF(XLU, IDU)가 하나의 방법이 될 수 있다.

지역 전력회사들은 기본적으로 물가상승에 따른 요금 인상 등으로 이미 안정적인 현금을 창출하고 있는 경우가 많다. 그 위에 데이터센터의 등장은 말 그대로 새로운 성장 동력이자 추가 현금흐름을 확보하게 되는 주요 이슈가 되는 것이다. 관심 있는 기업의 데이터센터 증설 위치를 파악해보거나, 반대로 관심 있는 미국 지역의 데이터센터 현황을 알아두면 투자 대상을 선정하는 데 매우 도움이 될 것으로 보인다.

미국 내 어떤 전력회사가 어떤 지역에 서비스를 영위하고 있는지, 한눈에 보여주는 지도가 아래에 있다. 조금 더 관심이 있는 독자라면, 아래 링크를 통해 미국의 지역별 전력 공급회사들의 현황을 보다 상세히 알아볼 수 있다.

http://fatihtorun.net/us-electric-utility-territory-map

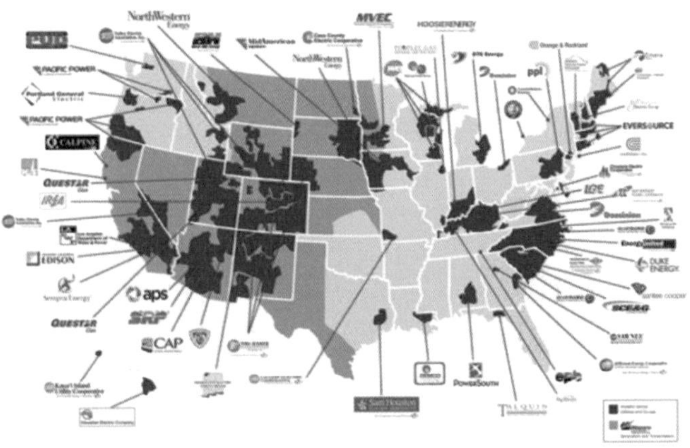

자료 : STUDYROOM.CO, 인베스테인먼트

개별 기업에 대한 리스크를 피하고 싶거나, 분석에 한계를 느끼는 독자들은 앞서 언급한 바와 같이 유틸리티 주요 기업들을 한 번에 매수할 수 있는 ETF인 XLU, IDU를 매수하면 된다.

XLU (Utilities Select Sector SPDR Fund)

시가총액(10억 $) : 7.65
편입 종목 수 : 30개
시가배당률 : 3.53%

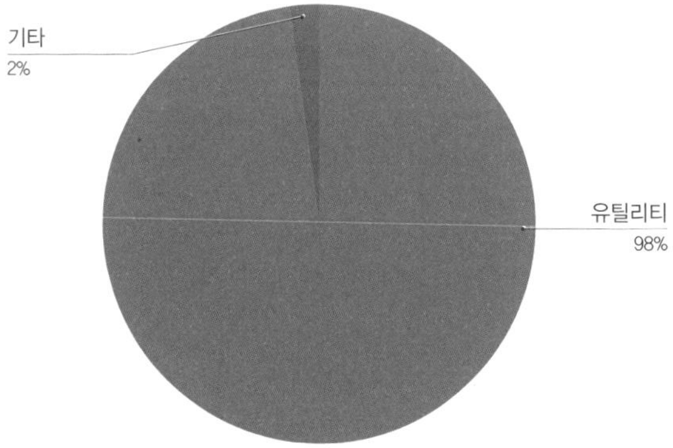

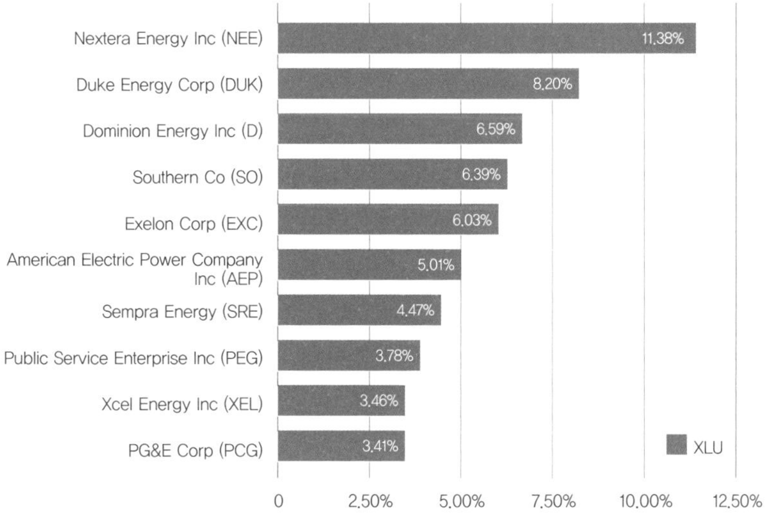

자료 : 인베스테인먼트, ETFdb.com (2018. 9. 20 기준)

3. 헬스케어 업종 : 2035년이면 미국 인구의 20%가 65세 이상

미국은 현재 2차 대전 전후로(1940~1964년 사이) 태어난 베이비부머들이 은퇴하고 있으며, 전체 인구에서 차지하는 비중도 상당히 늘어나고 있다. 애플 역시 이제는 고령화로 인해 헬스케어의 필요성이 높아지고 있음을 인지하고, 2018년 9월 출시된 애플워치4에 건강기능 관리시스템을 넣게 되었다.

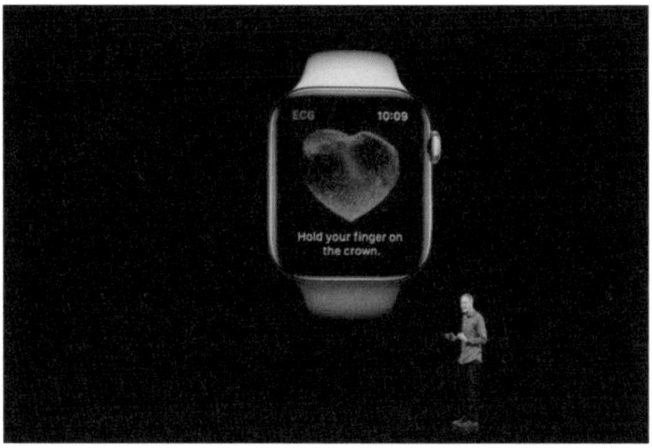

자료 : 인베스테인먼트, BUSINESS TODAY

2018년 2월에는 아마존, 버크셔 해서웨이, JP모건 체이스가 미국의 불합리한 의료보험의 문제점을 함께 해결하기 위한 계획을 발표하기도 했다. 아마존의 경우는 약국을 시작했고, 버크셔는 자회사 게이코를 통해 이스라엘의 직장 의료보험사업 및 바이오시밀러와 복제약 업체 테바(TEVA)의 지분을 인수했으며, JP모건 체이스는 해마다 바이오 컨퍼런스를 통해 수많은 스타트업과 신약 개발업체들을 발굴하고 있다. 우리는 이런 흐름을 통해 많은 기업이 헬스케어에 관심이 있다는 것을 느낄 수 있었고, 이것이 곧 다가올 큰 트렌드 변화가 아닐까 생각한다.

고령화 시대에 관한 관심은 애플이 이례적으로 이번 신제품 발표회에서 아이폰이 아니라 애플워치4를 가장 먼저 발표했다는 사실에서도 유추할 수 있다. 애플워치4에 많은 기능이 추가되었지만, 무엇보다도 심전도 및 낙상 방지 기능이 추가된 것은 무엇을 의미하는가? 바로 고령자들을 위한 헬스케어의 중요성이 부각되고 있다는 것이다. 앞으로 출시될 애플워치에는 노령인구의 건강관리를 위한 새로운 기능이 더 추가될 것이라고 본다. 그렇게 쌓이는 빅 데이터를 통해서 다양한 서비스를 제공할 것이고 더 좋은 제품들을 생산할 것이다. iOS 운영체제로 대표되는 애플이라는 가두리 양식장을 벗어나지 못하도록 고객들의 충성도에 부합하는 서비스와 제품으로 화답할 것이다.

이미 전 세계적으로 스마트폰의 수요와 공급은 포화상태고, 스마트폰 시장 전체의 영업이익 가운데 80%를 애플이 가져가고 있다. 애플도 요즘에는 아이폰과 아이패드 등의 판매보다 부가서비스를 통해 영업이익과 매출을 높이고 있다. 아래의 그림을 보면 매년 서비스의 매출이 늘고 있으며, 2017년에는 아이패드(19.2B)나 맥북(25.8B)의 판매액을 능가했음도 확인할 수 있다. 앞으로도 애플은 지속적으로 서비스를 통한 매출을 늘려갈 것으로 보인다.

애플의 주요 제품군별 매출 비중

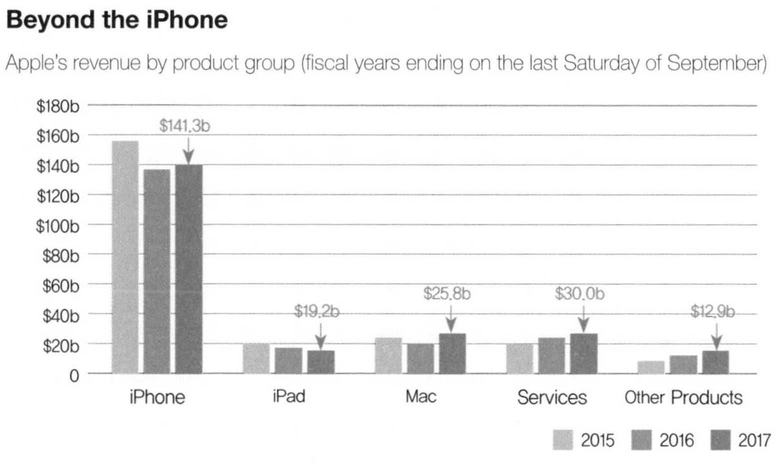

자료 : 애플(AAPL), Statista, 인베스테인먼트

애플뿐만 아니라 헬스케어와 관련된 업종 ETF(XLV, IBB)를 투자하는 방법도 있다.

XLV (Health Care Select Sector SPDR Fund)

시가총액(10억 $) : 19.6
편입 종목 수 : 65개
시가배당률 : 1.39%

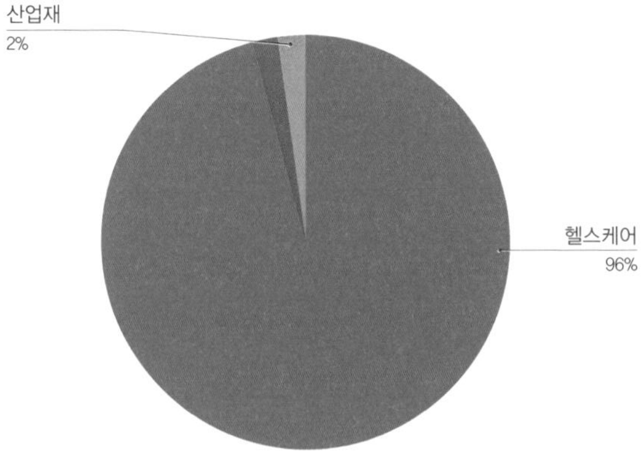

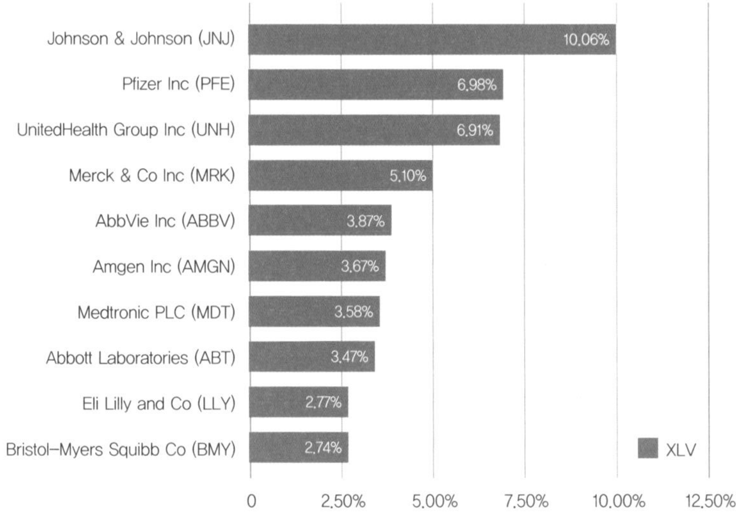

자료 : 인베스테인먼트, ETFdb.com (2018. 9. 20 기준)

LESSON 08

이제 시작하자,
미국 배당주 투자!

해외주식 투자를 위한 기본기

어떤 단계를 거쳐야 시작할 수 있는가?

Step 1	Step 2	Step 3
계좌 개설 및 약정 – 계좌 개설 – 외화 증권 약정 – 해외주식 매매 신청	환전 – 외화 환전 – 연계계좌로 외화 입금	주식 매수/매도 – 영업점/HTS/MTS

1. 계좌 개설 및 약정

먼저 해외주식 계좌가 필요하다. 해외주식 매매가 가능한 증권사 영업점을 방문해서 할 수도 있고, 최근에는 굳이 지점을 방문하지 않아도 핸드폰을 통한 비대면 계좌개설이 가능한 증권사도 많다.

해외주식 거래만을 위해 별도의 계좌를 새로 개설할 필요는 없고, 국내용 계좌가 이미 있다면 그걸로 해외주식 매매도 가능하다. 그런 경우엔 해외주식 매매가 가능하도록 '외화증권 약정'과 '해외주식 매매신청 약정'을 하면 된다. 이 약정은 영업점에 가서 처리할 수도 있고, 홈페이지나 HTS/MTS에서도 가능하다.

2. 환전

일반적으로 증권사에서는 외화 실물을 입/출금하는 것이 불가능하다. 해외주식은 해당 국가의 통화로 매매되기 때문에 해외주식을 매매하고자 할 경우 원화를 입금하여 환전하거나 외화 연계계좌를 통해 은행 계좌에서 보유하고 있는 외화를 입금하여 매매하면 된다.

3. 주문

1) **매수/매도 :** 해외주식 매매 방법은 국내주식과 동일하다. 종목을 검색하여 가격과 수량을 지정하고 매수/매도하면 된다.

2) **매매 시간 :** 미국주식의 거래 시간은 아래 표와 같다. 야간이라 부담스럽다면 예약 주문도 가능하다. 증권사에 따라 주문 시간을 지정할 수도 있는데, 일반적으로는 장 시작과 동시에 주문이 들어가며, '개시+30분'을 선택한 경우 장 시작 30분 후에, '마감-30분'을 선택한 경우 장 마감 시간 30분 전에 주문이 들어간다. 또한 기간 예약을 할 경우 지정한 기간 동안 반복적으로 주문이 접수되기 때문에 편리하게 활용할 수 있다.

	서머타임 실시	서머타임 해제
거래시간	22:30 ~ 05:00	23:30 ~ 06:00

4. 수수료

해외주식 매매에 대한 수수료는 증권사에 따라 차이가 있지만, 대부분

온라인 기준 0.2~0.5%가량이다. 거래 금액이 너무 적을 경우를 대비해서 '최소 수수료'가 있는 경우도 있어서, 소액으로 매매할 경우 수수료율이 과도하게 높아질 수 있기 때문에 주의해야 한다.

한국 주식시장에 비해 미국 주식시장은 어떻게 다른가?

1. 상승은 녹색, 하락은 빨간색

미국에서는 주가 상승은 녹색, 하락은 빨간색으로 표시한다. 동양과 서양에서 선호하는 색이 다르기 때문으로 보인다. 우량 주식을 '블루 칩(Blue Chip)'이라 부르는 서양에서는 파란색이나 녹색을 긍정적인 의미로 좋아하며, 동양에서는 대개 빨간색을 선호하니까 말이다.

2. 달러화로 거래

미국에 상장된 주식은 달러(USD)로, 중국에 상장된 주식은 위안화(CNY)로, 일본에 상장된 주식은 엔화(JPY)로 거래된다. 그러다보니 한국에서 해외주식을 거래하는 투자자의 수익률은 주식의 움직임뿐만 아니라 환율의 움직임에도 영향을 받게 된다. 하지만 단기적인 변동이 있더라도 최근 1~3년 정도의 환율 흐름을 보고 어느 정도 만족할 만한 수준일 때 환전하면 될 것이다. 환전 타이밍을 따지다가 좋은 주식을 살 기회를 놓칠 수도 있기 때문이다.

1995. 8. 13 이후 달러/원 환율 추이

자료 : 인베스테인먼트, Investing.com

3. 상-하한가 및 동시호가가 없으며 프리마켓-애프터마켓이 길다.

미국시장에서는 상-하한가와 동시호가란 것이 없다. 따라서 기업 실적에 영향을 줄 수 있는 이벤트가 발생하면 당일 장에서 거의 다 반영된다. 일반적으로 선진국일수록 상-하한가 범위가 크고, 후진국일수록 범위가 좁다. 시장이 이런저런 사건들을 얼마나 합리적으로 받아들일 수 있는지가 상-하한가 범위로 반영되는 것이다.

또한 프리마켓(장전 거래)과 애프터마켓(장후 거래)이 장 전후 4~5시간으로 길다는 점도 특징이다. 실적 발표 등 대부분의 중요한 발표가 이 시간대에 이뤄지기 때문에 해당 시간대의 주가 움직임도 주의 깊게 살펴봐야 한다.

4. 결제일 : T+3일

증권사에 따라 다를 수 있지만 일반적으로 미국 주식시장의 결제일은 T+3일이다. 다만 현지 사정 등으로 결제 지연이 있을 수 있으니까, 자금이 필요할 때는 넉넉하게 기간을 두고 매매하는 것이 필요하다. 참고로 중국은 T+1일, 홍콩, 베트남은 T+2일, 미국을 포함한 일본, 인도네시아, 독일, 영국, 캐나다는 T+3일이다.

세금 문제

1. 해외주식에 붙는 세금, 왜 신경 쓰고 관리해야 할까?

해외주식은 국내주식과 세금을 부과하는 체계가 다르다. 세금을 어떻게 관리하느냐에 따라 수익률에 차이가 생길 수 있으므로, 해외주식에 투자하는 투자자는 세금 관리에 신경 쓸 필요가 있다. 그러나 낯선 부분이라고 해서 지레 겁먹을 필요는 없다. 이 책의 내용을 따라가며 어떤 부분이 나에게 해당되는지 체크하고 실천하기만 하면 된다.

우선 해외주식에 투자하면서 발생하는 세금은 대략 아래와 같다.

과정	세금	세율	비고
매수/매도	거래세(제세금)	미국: 매도 시 SEC Fee 0.0013%	*증권사별 상이
매도(매매손익)	양도소득세	매매차익의 22% (양도소득세 20% + 지방소득세 2%)	*연간합산, 250만 원까지 비과세
배당소득	배당소득세	미국 15%, 중국 10%, 홍콩 0%, 일본 15.315%	*14% 미만 시 초과분은 원화 과세

* 제세금은 국가 및 증권사별로 다를 수 있음. 수수료 제외
* 환전 차익은 비과세

2. 사고파는 과정에서 발생하는 세금 : 거래세
(거래 과정에서 부과되는 제세금)

1) 과세제도

주식의 매수/매도 거래 대금(금액)에 비례해서 부과되는 세금이며, 딱히 이를 줄일 수 있는 방법은 없다.

3. 주식을 팔아 시세차익이 생길 때 부과되는 세금 : 양도소득세

1) 과세제도

양도소득세는 매매차익에 대해 부과되는 세금이다. 현재 세율은 22%(양도소득세 20% + 지방소득세 2%, 연간 250만 원까지는 비과세)로 해외주식을 매매하면서 가장 부담이 될 수 있는 부분인 동시에 다양한 절세 방법을 활용할 수 있는 부분이다.

양도소득세 = 양도소득 과표 금액 × 22% (지방소득세 포함)

양도소득 과표 금액 = 매도금액 - 매수금액 - 제비용
- 기본 공제 금액 (연 250만 원)

*** 매도금액 = 가격 × 수량 × 매도 시점의 기준 환율**

*** 매수금액 = 가격 × 수량 × 매수 시점의 기준 환율**

*** 제비용 = 제세금, 수수료 등**

위 계산이 다소 복잡하게 보일 수는 있지만, 대다수의 증권사에서는 양도소득세 신고 대행 서비스를 제공하고 있다. 투자자는 제때 서비스를 신청

하고 세금만 내면 된다. 한편 환차익은 기본적으로 비과세지만, 양도소득을 계산할 때는 매수-매도 시점의 기준 환율이 적용된다는 점을 유의하자.

또한 양도소득세는 분류과세로서 금융소득 종합과세에 포함되지 않기 때문에, 해외펀드와 비교하여 유리하다. 국내에 상장된 ETF나 펀드를 통해 해외에 투자할 경우, 기본 세금은 15.4%로 양도소득세보다 6.6%p 낮다. 그러나 이 경우 발생하는 수익은 금융소득 종합과세에 포함되기 때문에 소득에 따라 세율이 올라갈 수 있다. 따라서 본인이 금융소득 종합과세에 대한 우려가 있다면 해외주식 직접투자가 유리할 수 있다.

또한 해외 직접투자는 '손익통산'이 가능하다는 점에서 보다 합리적인 측면이 있다. 예를 들어 2017년 국내에 상장된 해외펀드 A에서 수익이 1,000만 원, 해외펀드 B에서 손실이 1,000만 원이면 수익에 15.4%의 세금이 매겨져 154만 원을 내야한다. 실제 수익은 없음에도 불구하고 세금은 나가는 것이다. 그러나 직접투자 시 해외주식 A에서 1,000만 원 수익, B에서 1,000만 원 손실이면, 실제 양도소득의 과세표준은 0원이 되어 세금을 내지 않아도 된다.

2) 양도소득세 관련 이슈

a. **과세 대상 기간 :** 양도소득세를 매기는 대상 기간은 기준년도 1월 1일에서 12월 31일까지다. 이 기간에 이루어진 매매를 대상으로 수익-손실을 따져 세금을 부과하는 것이다. 단, 과세 대상 기간에 속하는지의 여부는 매매의 '결제 시점'을 기준으로 결정된다. 가령 2017년 마지막 거래일에 해외주식을 매도했다면 그 결제는 2018년에 이뤄지기 때문에 이는 2018년 양도소득세 계산에 포함된다.

b. 신고 및 납부 : 양도소득세의 신고와 납부는 기준년도 다음 해 5월 1일부터 5월 31일 사이에 이뤄진다. 3~4월에 준비하고 이 기간 내에 신고하여 '확정금액'을 받고 이를 납부하면 된다. 이 기간 내에 신고하지 않을 경우 '신고불성실가산세' 20%가 부과되며, 수익 금액을 줄여서 신고하는 과소 신고에 대해서는 가산세 10%가 부과된다. 납부불성실가산세는 연 10.95%에 달하기 때문에, 꼭 챙겨서 내도록 해야 한다.

또한 해당 기간에는 종합소득세 신고도 이뤄지기 때문에, 세무서나 회계법인 모두 바쁜 시기다. 마감이 코앞에 닥쳐 준비를 하게 되면 제대로 신고를 할 수 없을지 모른다. 반드시 기간을 넉넉하게 두고 신고를 준비하자.

c. 연말 정산에서 피부양자 기준 : 해외주식 투자에서 발생한 양도소득 금액이 1년에 100만 원을 넘으면 연말정산 피부양자 자격을 잃게 된다. 이는 공제기준 250만 원과는 별도로 계산되기 때문에 양도소득세 공제 한도인 250만 원을 최대한 활용하기 위해 가족 명의로 분산해서 매매하면 연말정산의 인적공제를 못 받는 문제가 발생할 수 있다. 인적공제에서 제외될 경우 신용/체크카드 결제분, 보험료 등이 공제에서 빠지기 때문에 매매를 할 때 유의할 필요가 있다.

3) 양도소득세, 어떻게 줄일 수 있을까?

a. 손실 종목 매도 후 재 매수 : 앞서 양도소득세는 '결제'된 매매만을 대상으로 부과된다고 했다. 예컨대 팔지 않은 A 종목에서 1,000만 원 수익이 났고 팔지 않은 B종목에서 500만 원 손실이 났다면, 이 둘은 아직 양도소득세 부과 대상이 아니다. 만약 이미 팔아서 수익이 난 종목이 있고, 아직 팔진 않았지만 손실 난 종목이 있다면, 손실 난 종목을 매도함으로써

양도소득세를 줄일 수 있다. 좀 더 구체적으로 말해서 양도소득세 과세표준이 250만 원 이상이면, 연말 전에 결제가 이뤄지도록 시점을 맞추어 손실 종목을 매도한다는 얘기다.

예를 들어보자. 어떤 종목을 이미 팔아서 1,000만 원의 이익을 실현했는데, 다른 A 종목의 경우는 아직 팔지 않았지만 500만 원의 손실이 생긴 상태라고 가정하자. 이때,

아무런 조치를 취하지 않고 A 종목을 그대로 보유한다면 :

수익 1,000만 원에 대한 과세 → (1,000만-250만) × 22% = 165만 원

A 종목을 매도하여 손실을 발생시키고, 동시에 A 종목을 다시 매수하면 :

수익 1,000만 원에서 손실 500만 원을 뺀 금액에 대한 과세 →
(1,000만 - 500만 - 250만) × 22%
= 55만 원 (A 종목 보유량은 변함없음)

보다시피, 투자자는 주식 보유량을 그대로 유지하면서 세금을 110만 원 절감할 수 있다. 다만 유의할 점이 두 가지 있다.

첫 번째는 세금이 '결제'를 기준으로 부과된다는 점이다. 만약 위 사례에서 A 종목을 미국 시장의 마지막 거래일에 매도한다면, 그 결제는 다음 해에 이뤄진다. 따라서 A 종목을 사고파는 조치를 취하더라도 세금은 그대로 165만 원이다. 게다가 결제 지연 등의 문제가 생길 수도 있기 때문에 반드시 기간 여유를 두고 매도해야 한다.

두 번째는 증권사 계좌가 후입선출後入先出 방식일 경우, 즉, 나중에 매수한 주식을 먼저 매도하는 방식일 경우, 팔고 나서 당일 다시 사는 데 문

제가 생길 수 있다는 점이다. 먼저 매수한 주식을 먼저 매도하는 방식인 선입선출 先入先出 계좌라면 문제가 없다. 그러나 후입선출의 경우, 매도 후 당일 재매수할 경우 재매수한 가격이 반영되기 때문에, 매도에서 생긴 손실은 반영되지 않는다. 이런 경우에는 A 종목을 매도하고 하루 뒤에 다시 매수하면 문제가 없을 것이다.

4) 증여를 통한 양도소득세 감면

해외주식을 증여할 경우 증여 받은 사람 입장에서는 매수 평균 가격을 주식을 매수한 가격이 아닌 증여 받은 시점을 기준으로 전후 2개월의 평균 가격으로 계산한다. 수익이 나 있는 경우, 이를 활용하여 양도소득세를 줄일 수 있다. 예를 들면 다음과 같다.

주식 100주 보유, 매수 가격 $100, 현재 가격 $200, 따라서 주식평가 차익이 ($200 - $100) × 100주 = $10,000이며, 달러-원 환율이 1,000원이라고 가정할 때 :

① 증여 없이 매도한 경우

차익 $10,000에 대해 아래와 같은 양도소득세 부과 (250만 원 공제 적용)
1천만 원($10,000 × 1,000원) - 250만 원 = 750만 원 × 22% = 165만 원

② 배우자에게 증여한 경우

양도 전후 2개월 간 평균 주가 $200이 그대로 유지된다고 가정하면 매매차익 [($200 - $200) × 100주]이 0으로 계산되어 양도소득세도 0이 됨.

①에 비해 ②의 경우에는 $10,000에 대한 양도세를 절감할 수 있다. 달러-원 환율이 1,000원으로 동일하다면 차익에 대해서 165만 원의 세금을 절감할 수 있게 된다.

물론 절감된 양도소득세가 고스란히 없어지는 것은 아니다. 주식을 다른 사람에게 증여할 때는 증여세가 부과되기 때문이다. 다만 배우자나 자녀에게 증여할 때는 세금 없이 증여할 수 있는 한도가 있으므로, 위 방법에서는 증여한 금액($200*100주*1,000원=2천만 원)만큼을 차감하게 된다. 참고로 현 세법상 증여세 없이 증여할 수 있는 금액은 매 10년 기준으로 배우자 6억 원, 성인 자녀 5,000만 원, 미성년 자녀 2,000만 원이다.

이때도 매도로 인해 생기는 양도소득이 100만 원이 넘을 경우, 연말정산에서 피부양자 자격을 상실하기 때문에 유의해야 한다.

또한 증여의 경우 실질적인 귀속, 즉 자금이 완전히 상대방에게 넘어갔는지의 여부를 기준으로 판단하기 때문에, 양도소득세를 줄일 목적만으로 주식을 반복적으로 주고받으며 증여할 경우 (남편이 주식을 사고 부인에게 증여하여 매도한 이후 다시 부인이 주식을 사고 남편에게 증여하여 매도하는 경우) 문제가 될 수 있다.

4. 배당을 받을 때 발생하는 세금 : 배당소득세

1) 과세제도

배당액에 배당소득세가 부과되는 것은 해외주식도 마찬가지. 대부분의 경우 원천징수되어 계좌에 입금되므로 크게 신경 쓸 필요가 없기는 하지만, 금융소득 종합과세에 포함이 되므로 적극적으로 절세가 필요한 경우 자세한 내용을 확인해볼 필요가 있다.

한국 : 14% + 그 세금의 10% 지방소득세(1.4%) = 15.4%

[* 현지 세율이 14%보다 높으면 현지 통화로 현지 세율만큼 원천징수 하고, 현지 세율이 14%보다 낮으면, 우선 현지 통화로 현지 세율만큼 원천징수하고, 그 위에 초과분을 원화로 과세]

미국 : 세율 15% → 15% 원천징수(USD), 주식 배당은 원화로 과세
[* 단, 유한회사(Limited Partners, LP)로 분류된 종목은 39.6%]

중국 : 세율 10% → 10% 원천징수, 4%(=14% - 10%)에 대해 지방소득세 10% 포함한 4.4% 원화로 과세

홍콩 : 세율 0% → 0% 원천징수, 14%(=14% - 0%)에 대해 지방소득세 10% 포함된 15.4% 원화로 과세

달러(현금)로 배당을 받은 경우, 배당소득세는 달러로 원천징수 되고 남은 돈이 계좌에 입금된다. 그러나 현금이 아닌 주식으로 배당을 받는 경우엔 배당소득세가 원화로 부과된다. 예를 들어 똑같은 100달러라도 현금으로 배당을 받는 경우 15%인 15달러를 뺀 85달러가 계좌에 입금되지만, 주식으로 배당받으면 100달러어치의 주식이 그대로 계좌에 들어오고, 15달러에 해당하는 원화 금액이 배당소득세로 빠져나간다.

한편 중국과 홍콩의 경우 원화로 과세되는 부분(중국 : 배당금액의 4.4%, 홍콩 : 배당금액의 15.4%)이 있기 때문에, 배당 투자를 하는 해외투자자라면 원화를 계좌에 미리 준비해두는 것이 좋다. 해외 투자 계좌라고 해서 원화를 아예 넣어두지 않으면 자칫 세금 때문에 미수금이 생길 수 있기 때문이다.

2) 배당소득세 관련 이슈

a. **과세 기준 :** 배당소득세의 과세 기준은 기준년도 1월 1일부터 12월 31일까지다. 한 해 동안 모든 금융권에서 받은 이자 및 배당을 합산하여 2,000만 원이 넘으면 금융소득 종합과세 대상자가 된다.

b. **신고 및 납부:** 배당소득은 원천징수가 기본이다. 예를 들어 미국주식인 A 종목에서 배당금이 $100 나왔다면 15%인 $15를 제외한 $85가 계좌에 입금된다. 중국이나 홍콩은 조금 다르다. 중국주식 B에서 배당금이 100위안(CNY)만큼 나왔다면 10%인 10위안은 원천징수 되고, 나머지 4.4%만큼이 원화로 계좌에서 빠져나간다.

c. **의료보험 피부양자 자격 :** 배당금을 받는 사람이 직장인 가입자의 피부양자로 등록되어 있는 경우, 이자-배당과 같은 금융소득을 포함한 종합과세소득이 1년에 3,400만 원을 넘으면 피부양자 자격을 잃고 지역 가입자로 전환된다. 이 한도는 2018년 7월부터 적용된 만큼(기존 4,000만 원), 배당금을 미리 계산하여 적절하게 나누는 것이 필요하다.

3) 배당소득세 줄이기 : 증여

금융소득 종합과세 대상자가 아닌 경우, 배당소득에 대한 세금은 딱히 절감할 이유도 방법도 없다. 이자-배당이 2,000만 원을 넘지 않는 한, 세율이 동일하기 때문에 굳이 신경 쓸 필요가 없는 것이다.

그러나 금융소득 종합과세 대상자 혹은 대상자가 될 가능성이 높은 사람, 의료보험 직장인 가입자의 피부양자로서 금융소득이 3,400만 원을 초과할 가능성이 있는 사람이라면, 주식의 증여를 통해 배당금 수령 금액을 조절할 필요가 있다. 최근 일단락되기는 하였으나 금융소득 종합과세의 기준을 2,000만 원에서 1,000만 원으로 낮추려는 시도가 있었던 만큼, 미리 대비해둘 필요가 있다.

또한 다른 소득이 전혀 없다면 최대 7,220만 원까지는 금융소득 종합과세로 인한 세율 증가는 걱정할 필요가 없다. 종합소득을 계산할 때는 아래 표에 나와 있는 각각의 과표에 해당하는 세율만 적용되는 '초과누진세율'이 적용되기 때문에 따로따로 계산해야 한다. 금융소득의 경우 이미 주민세를 포함하여 15.4%의 세금을 원천징수로 이미 낸 상태이기 때문에 과세표준에 의해서 계산된 세금이 원천징수 세금보다 높은 경우에만 더 높은 세율이 부과된다.

배당소득이 7,220만 원인 경우 세금 계산

과표	세율 (%)	세금 (만 원)	누적 (만 원)
1,200만 원 이하 (1,200만 원 전액에 세율 6% 적용)	6	72	72
1,200만 원 초과～4,600만 원 이하 (3,400만 원 전액에 세율 15% 적용)	15	510	582
4,600만 원 초과～8,800만 원 이하 (5220만 원－4600만 원＝620만 원에 세율 24% 적용)	24	148.8	730.8

*2,000만 원을 초과하는 5,220만 원에 대해서 계산

2,000만 원을 초과하는 5,220만 원에 대해서 세금을 계산하면 총 7,308,000원이며, 같은 금액에 대해 이미 원천징수 형태로 납부한 세금 14%가 7,308,000원이므로 추가로 납부할 세금은 없다. 다만 이 경우에도 직장인 의료보험의 피부양자 자격 기준(3,400만 원)은 그대로 적용된다.

2018년 귀속 종합소득세율

과표	세율 (%)	누진공제 (만 원)
1,200만 원 이하	6	–
1,200만 원 초과~4,600만 원 이하	15	108
4,600만 원 초과~8,800만 원 이하	24	522
8,800만 원 초과~1억 5,000만 원 이하	35	1,490
1억 5,000만 원 초과~3억 원 이하	38	1,940
3억 원 초과~5억 원 이하	40	2,540
5억 원 초과	42	3,540

자료 : 인베스테인먼트, 국세청(http://www.nts.go.kr)

'영알못'(영어를 전혀 알지 못하는 사람)도 쉽게 활용할 수 있는 핵심 배당투자 사이트 & 해외 배당 블로거

영어를 잘 해야 미국주식을 할 수 있을까? 당장 우리 주위만 봐도 영어에 대한 막연한 두려움 때문에 미국주식 투자를 염두조차 못 내는 투자자가 많다. 그러나 재무제표를 잘 다루는 회계사가 반드시 주식수익률이 높지 않듯, 영어 실력과 미국주식의 성과는 큰 관련이 없다는 것이 나의 생각이다. 가장 유용하게 써먹을 수 있는 배당투자 핵심 사이트와 해외 배당투자 블로그를 소개하고, 그 활용 노하우도 공유하고자 한다.

아래 소개할 해외 배당투자 블로거 사이트들은 대부분 월 1회 이상 업데이트가 된다. 배당금을 기록하며 그에 관련된 코멘트를 달아주는데, 거기서 우리보다 먼저 배당투자의 길을 걷고 있는 다양한 사람들의 생각과 인사이트를 얻을 수 있다.

그리고 모르는 기업, 좀 더 알고 싶은 기업을 발견했다면 슈어디비던드 닷컴, 디비던드 닷컴 등의 사이트에 접속해 배당투자 관점에서 기업을 다각도로 분석한 뒤 매수-매도 및 관심군 선정 여부를 최종 결정한다. 말하자면 해외 배당투자 블로거로부터 인사이트와 동기부여라는 혜택을 누릴 뿐만 아니라, 배당 관련 정보와 뉴스도 얻을 수 있는 훌륭한 방법이다.

TIP 구글 크롬 브라우저로 영어자료 쉽게 번역하기

여기서 소개할 해외 사이트들을 살펴볼 때 강력 추천하는 툴이 바로 구글의 '크롬(Chrome) 브라우저'다. 외국어를 한국어로 자동 번역할 수 있기 때문이다.

물론 아직까지는 번역 품질이 충분하지 않아 정확한 의미가 전달되지 않을 수도 있지만, 핵심적인 내용이나 사실 관계 파악 정도에는 크게 무리가 없다.

적용 전

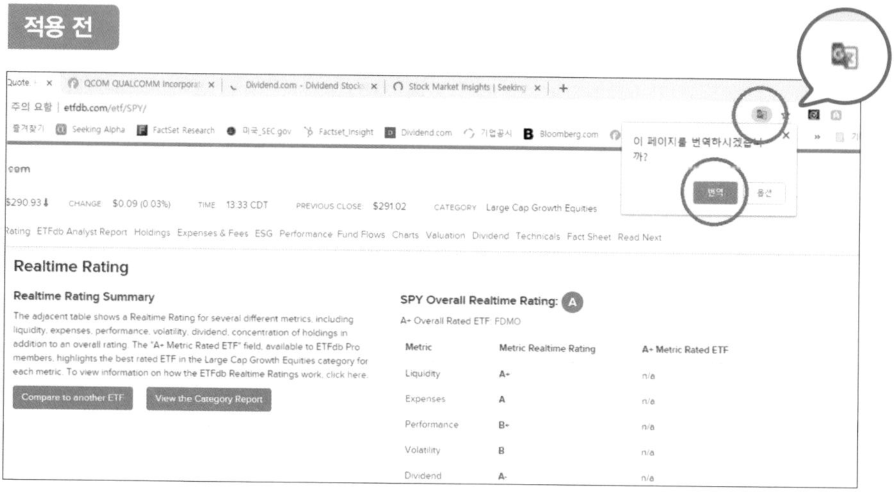

적용 후

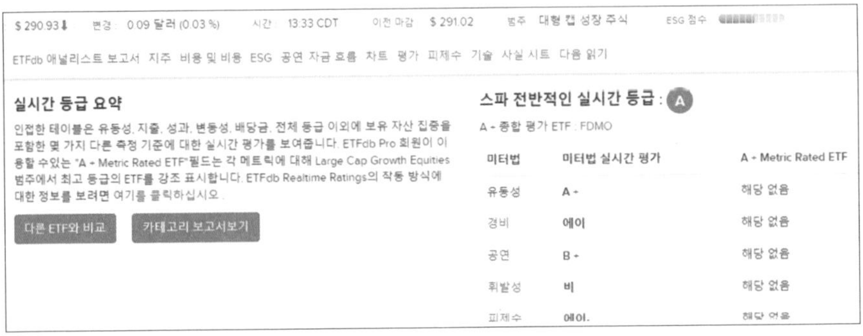

배당투자에 많은 도움을 줄 사이트

1. 디비던드 닷컴(www.dividend.com)

자료 : Dividend.com

디비던드 닷컴은 미국 배당과 관련된 대표 정보 포털 사이트이다. 각종 배당종목에 대한 분석과 함께 조건에 맞는 배당주들을 검색할 수 있는 스크리너(Screener)를 제공하고 있으며, 배당 관련 뉴스도 제공하고 있다. 또한 상단의 검색(Search)에 종목 티커를 입력하면 개별 종목의 현재 시가배당률, 배당금, 배당증액 연수 및 아래와 같은 역사적 시가배당률과 배당금 지급 내역을 확인할 수 있다. 미국 배당투자를 하려는 투자자에게는 꼭 필요한 사이트이다.

[KO] Dividend Yield & Stock Price History

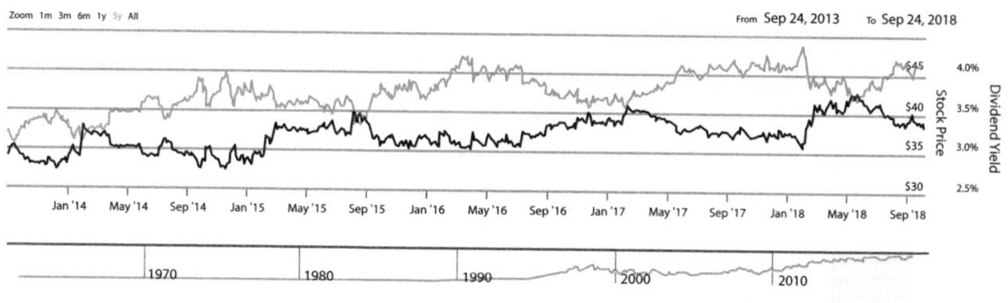

[KO] Dividend Payout History

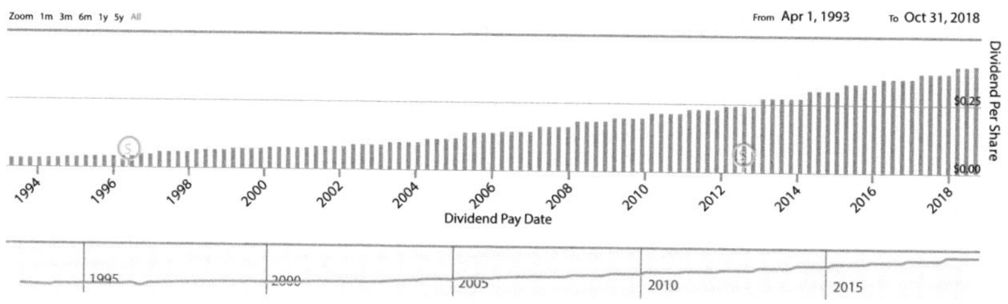

자료 : Dividend.com

2. 슈어 디비던드 닷컴(www.suredividend.com)

Sure Dividend
HIGH QUALITY DIVIDEND STOCKS, LONG-TERM PLAN
See 400+ Stocks Ranked in the Sure Analysis Database
Premium Newsletters & Courses
Member's Area
Welcome to Sure Dividend
Sure Dividend helps individual investors build high quality dividend growth portfolios for the long run.
The goal is financial freedom through an investment portfolio that pays rising dividend income over time.
To this end, Sure Dividend provides a great deal of free information. Our 10 most recent articles are below.
Newest Articles
Capital Allocation: Corporate Strategy & The 5 Methods Framework
The Canadian Wide Moat 7
The Full List of All 115 MLPs: How To Prosper With Master Limited Partnerships

자료 : Suredividend.com

화면은 단순해 보이지만 미국 배당킹, 배당귀족을 포함한 광범위한 배당 종목에 대해 상세한 정보를 제공한다. 특히 여기서 다운 받을 수 있는 엑셀 파일에는 주가, 시가총액, 시가배당률, 배당성향 등의 데이터가 빼곡히 들어 있다. 2018. 9. 25. 현재 S&P500 및 Russell2000 전체 종목의 정보와 271개 블루칩 리스트, 월간 배당금을 지급하는 41개 종목 목록이 올라와 있다. 또한 개별 기사에는 아래처럼 친절하게 활용하는 방법이 작성되어 있다.

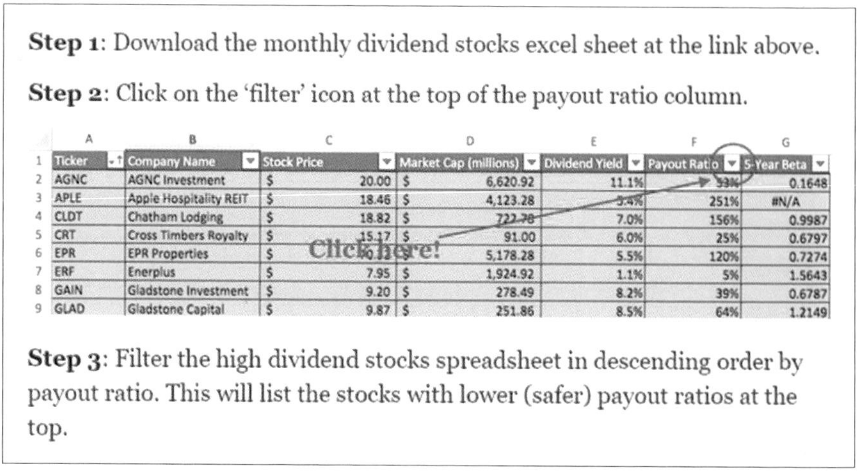

Step 1: Download the monthly dividend stocks excel sheet at the link above.

Step 2: Click on the 'filter' icon at the top of the payout ratio column.

	A	B	C		D		E	F	G
1	Ticker	Company Name	Stock Price		Market Cap (millions)		Dividend Yield	Payout Ratio	5-Year Beta
2	AGNC	AGNC Investment	$	20.00	$	6,620.92	11.1%	33%	0.1648
3	APLE	Apple Hospitality REIT	$	18.46	$	4,123.28	5.4%	251%	#N/A
4	CLDT	Chatham Lodging	$	18.82	$	722.78	7.0%	156%	0.9987
5	CRT	Cross Timbers Royalty	$	15.17	$	91.00	6.0%	25%	0.6797
6	EPR	EPR Properties	$	[illegible]	$	5,178.28	5.5%	120%	0.7274
7	ERF	Enerplus	$	7.95	$	1,924.92	1.1%	5%	1.5643
8	GAIN	Gladstone Investment	$	9.20	$	278.49	8.2%	39%	0.6787
9	GLAD	Gladstone Capital	$	9.87	$	251.86	8.5%	64%	1.2149

Click here!

Step 3: Filter the high dividend stocks spreadsheet in descending order by payout ratio. This will list the stocks with lower (safer) payout ratios at the top.

자료 : Suredividend.com

3. 나스닥 닷컴

(www.nasdaq.com/symbol/aapl/dividend-history)

나스닥 닷컴에서는 배당금 내력을 조회할 수 있다. 예로 든 위 링크에서 빨간 색으로 표기한 'AAPL'(애플의 티커) 대신 조회하고자 하는 종목의 티커를 입력하면 해당 종목의 배당금 내력을 조회할 수 있다. 배당금 내력 외에도 실적 발표 자료, 연간 보고서, 재무제표, 기관 보유 비중 등 다양한 데이터를 조회할 수 있다.

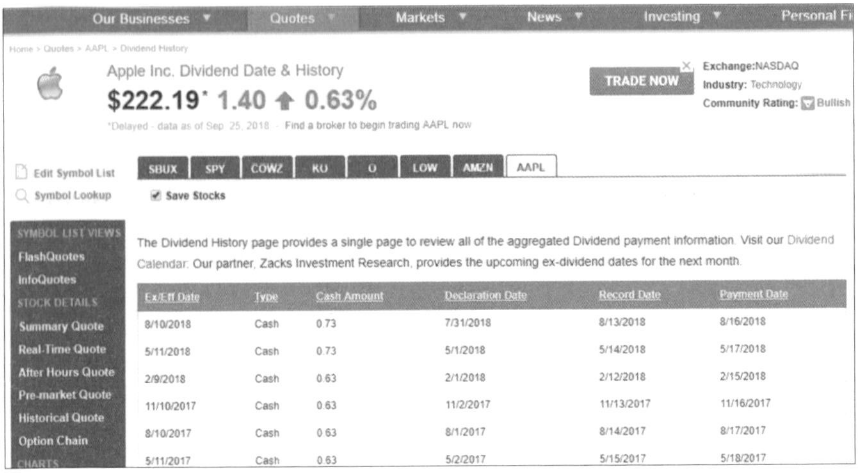

Our Businesses ▼ Quotes ▼ Markets ▼ News ▼ Investing ▼ Personal Fi

Home > Quotes > AAPL > Dividend History

Apple Inc. Dividend Date & History

$222.19* 1.40 ⬆ 0.63%

*Delayed - data as of Sep. 25, 2018 - Find a broker to begin trading AAPL now

TRADE NOW

Exchange:NASDAQ
Industry: Technology
Community Rating: Bullish

Edit Symbol List
Symbol Lookup

SBUX | SPY | COWZ | KO | O | LOW | AMZN | AAPL

Save Stocks

SYMBOL LIST VIEWS
FlashQuotes
InfoQuotes
STOCK DETAILS
Summary Quote
Real-Time Quote
After Hours Quote
Pre-market Quote
Historical Quote
Option Chain
CHARTS

The Dividend History page provides a single page to review all of the aggregated Dividend payment information. Visit our Dividend Calendar. Our partner, Zacks Investment Research, provides the upcoming ex-dividend dates for the next month.

Ex/Eff Date	Type	Cash Amount	Declaration Date	Record Date	Payment Date
8/10/2018	Cash	0.73	7/31/2018	8/13/2018	8/16/2018
5/11/2018	Cash	0.73	5/1/2018	5/14/2018	5/17/2018
2/9/2018	Cash	0.63	2/1/2018	2/12/2018	2/15/2018
11/10/2017	Cash	0.63	11/2/2017	11/13/2017	11/16/2017
8/10/2017	Cash	0.63	8/1/2017	8/14/2017	8/17/2017
5/11/2017	Cash	0.63	5/2/2017	5/15/2017	5/18/2017

자료 : Nasdaq.com

4. 심플리 세이프 디비던즈 닷컴(www.simplysafedividends.com)

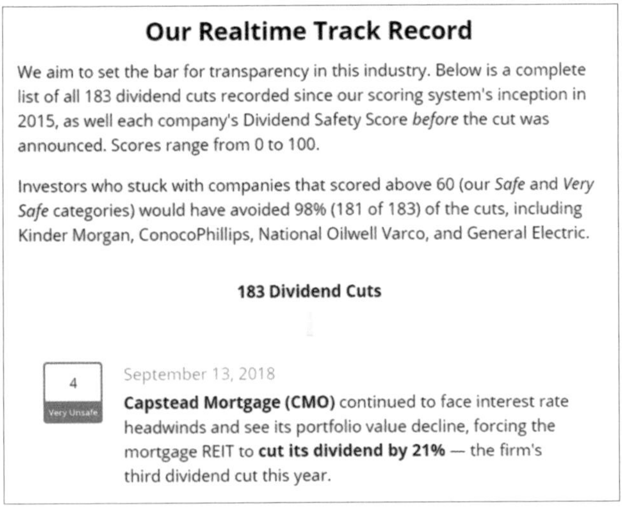

Our Realtime Track Record

We aim to set the bar for transparency in this industry. Below is a complete list of all 183 dividend cuts recorded since our scoring system's inception in 2015, as well each company's Dividend Safety Score *before* the cut was announced. Scores range from 0 to 100.

Investors who stuck with companies that scored above 60 (our *Safe* and *Very Safe* categories) would have avoided 98% (181 of 183) of the cuts, including Kinder Morgan, ConocoPhillips, National Oilwell Varco, and General Electric.

183 Dividend Cuts

4
Very Unsafe

September 13, 2018

Capstead Mortgage (CMO) continued to face interest rate headwinds and see its portfolio value decline, forcing the mortgage REIT to **cut its dividend by 21%** — the firm's third dividend cut this year.

자료 : Simplysafedividends.com

배당기업들을 일정한 기준에 따라 점수를 매기고 배당 삭감-증가 여부 등을 신속하게 올려준다. 관련 코멘트도 달려 있어 종목을 판단하는 데 도움이 된다. 다만 14일간 무료 서비스 이용 후 유료로 전환해야 서비스를 계속 받을 수 있다는 점은 다소 아쉽다.

5. 시킹 알파(www.seekingalpha.com)

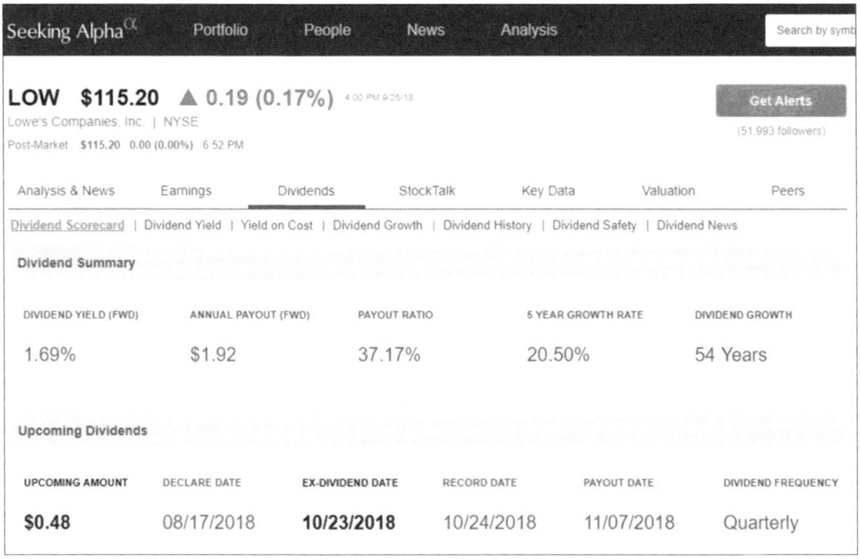

자료 : Seekingalpha.com

배당에 특화되어 있는 사이트는 아니지만, 다양한 전문가들이 광범위한 주제로 글을 올리는 사이트. 가입 후 관심 있는 종목에서 Get Alerts를 누르면 관련 기사 및 배당 시 알람을 받을 수 있다. 그 밖에 시킹 알파에서 확인할 수 있는 내용은 아래와 같다.

메뉴	내용
Analysis & News	종목에 관련된 대략적인 데이터 및 최신 뉴스/분석
Earnings	주당순이익 및 매출 자료. 언론 보도 및 실적 발표에서 기업과 기관투자자 사이의 질의응답 원고, 실적 보고서 등
Dividends	시가배당률, 배당성향, 배당 일정 등
StockTalk	일반 투자자들의 의견
Key Data	회사 프로필, 시가총액, PER, 이익률, 현금흐름 등 재무 자료
Valuation	시가총액, PER, PBR 등을 차트로 구현
Peers	관련 기업, 관련 ETF, 산업 분석

자료 : 인베스테인먼트, Seekingalpha.com

6. 디비던드 채널 닷컴(www.dividendchannel.com)

배당 관련 기사, 배당 정보, 달력, 스크리너 등을 제공한다. Caculator 메뉴에서는 배당 재투자 시 수익률을 계산해볼 수 있다. DRIP(Dividend Reinvestment Plan)은 배당 재투자에 따른 수익률을 의미한다.

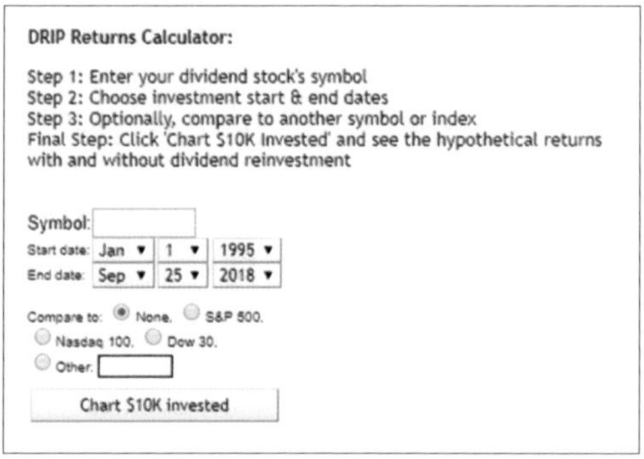

자료 : Dividendchannel.com

이와 비슷한 사이트로 디비던드 인베스터(https://www.dividendinvestor.com)가 있으며 배당투자 계산기(https://www.dividendinvestor.com/dividend-Caculator)에서는 기간 및 투자 기간에 따른 예상 수익률을 제공한다.

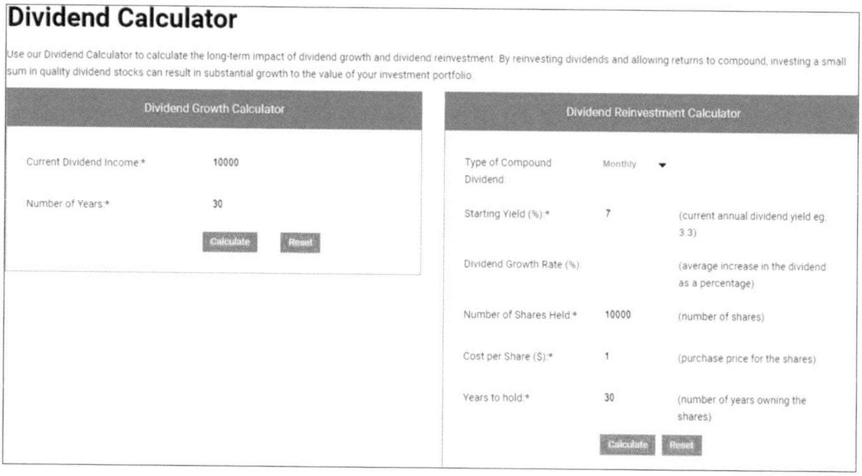

자료 : Dividendinvestor.com

7. 스톡 스플릿 히스토리(www.stocksplithistory.com)

각 기업의 스플릿(분할) 역사와 함께 티커를 입력하면 10년간 배당금 재투자 시와 배당금 미투자 시의 수익률 차이를 보여주는 유용한 사이트.

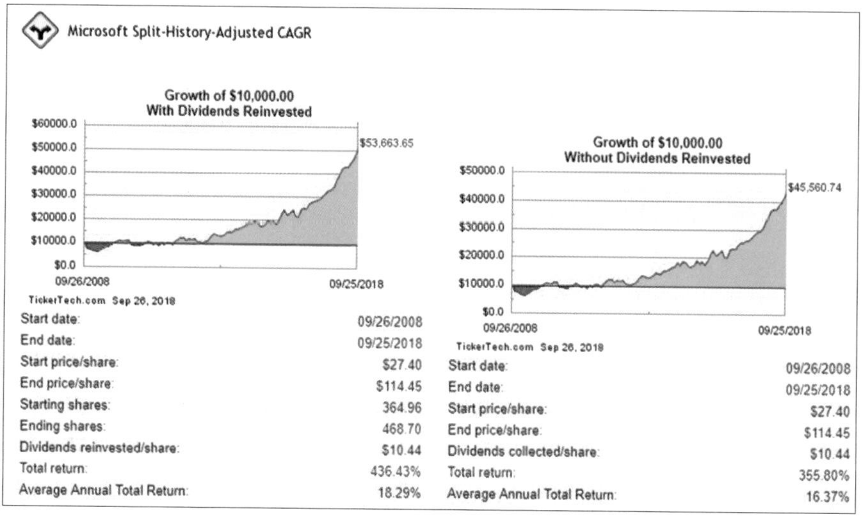

자료 : Stocksplithistory.com

인사이트를 줄 해외 및 국내 배당 블로거

1. 디비던드 인베스팅 블로그(www.divhut.com)

40대 개인 블로거로 2007년부터 배당 기록을 한 해도 빠짐없이 꾸준히 작성하고 있다.

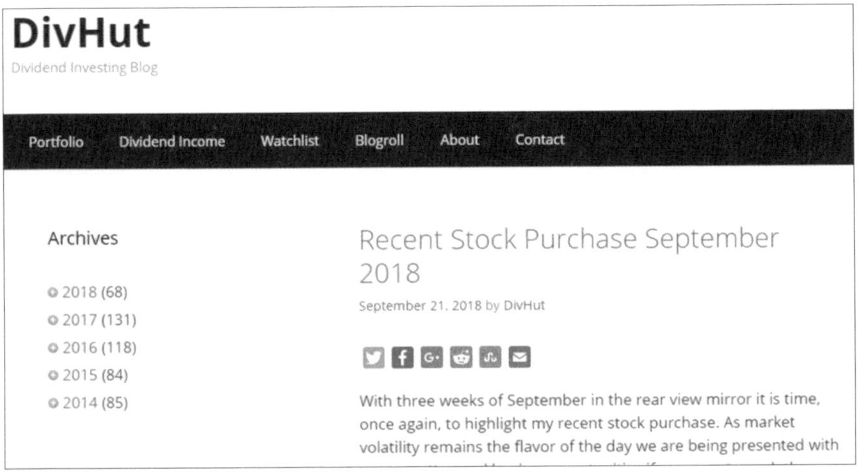

자료 : Divhut.com

2. TAWCAN 블로그(www.tawcan.com)

배당으로 경제적 자유를 이룬 캐나다의 개인투자자로, 매달 배당투자 현황을 올리고 있다.

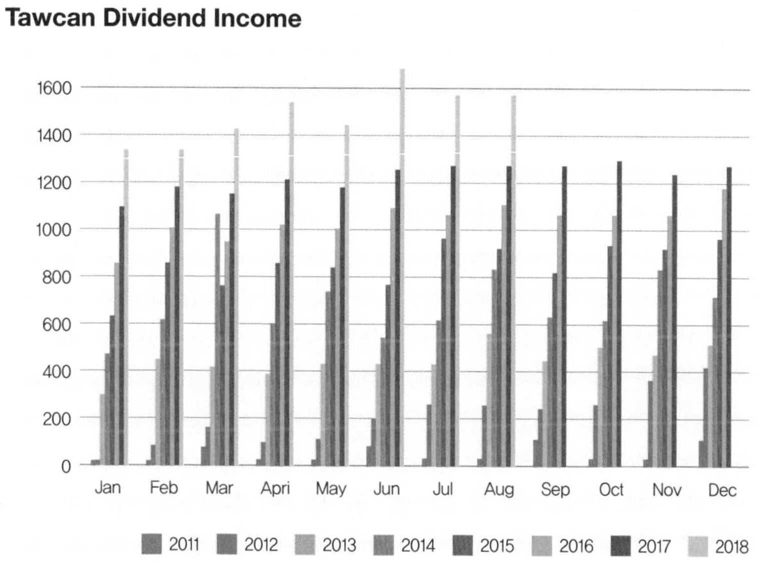

In total, we received $1,588.16 from 24 companies in August 2018. Unfortunately, we didn't cross the $1,600 mark because companies like Costco and Metro didn't have dividend distributions; they will be paying dividends in September instead.

자료 : Tawcan.com

3. 노 모어 와플즈(www.nomorewaffles.com)

벨기에에 거주하는 28살 개인투자자로, 2014년부터 배당을 꾸준히 기록하는 모습 자체로 많은 영감과 자극을 주고 있다.

4. 디비던드 캐시플로 닷컴

(http://www.dividend-cashflow.com/dividend-income)

2015년부터 배당투자를 시작한 블로거로, 배당 내역, 관심 종목, 재정적 목표를 블로그에 계속 기록해오고 있다.

5. 디비던드 가이 블로그(www.thedividendguyblog.com)

배당성장주에 투자하는 블로거. 3~5년 연속 배당 증액 여부를 기준으로 배당주를 선별하고 있으며, 주기적으로 배당과 관련된 글을 작성하여 공유하고 있다.

6. 디비던드 그로쓰 스톡스 닷컴
(www.dividend-growth-stocks.com)

매주 배당과 관련된 기사를 모아 올리고 있으며 개별 종목에 대해 배당의 관점에서 분석한 글도 올리고 있다.

7. 디비던드 어너 닷컴(www.dividendearner.com)

매달 배당금을 기록하고 있으며, 캐나다 배당귀족, 헬스케어 배당주 등 다양한 주제로 글을 작성하고 있다.

8. 디브-넷 닷컴(https://www.thediv-net.com)

여러 명의 필진이 모여 배당과 관련된 최신 기사, 배당 관련 정보 등을 제공하는 사이트이다.

에필로그

만들어주는 대로 살지 말라. 남의 지혜로는 멀리 가지 못한다. 수학에서 답을 외우면 60점, 공식을 외우면 80점, 스스로 이해해서 과정을 풀면 100점이다. 투자도 똑같다. 남이 만든 툴을 이용하고 남이 분석한 데이터를 이용하고 남이 풀어놓은 해석과 예측에 기대면 좋은 투자를 할 수 없다. 자신의 투자에 확신을 갖지 못하고 시장 변동에 일희일비하고 남들 따라 투자할 수밖에 없다. 롱런하기 어렵다. 절대 큰돈을 벌지 못한다.

– 유대열, 《나는 오늘도 경제적 자유를 꿈꾼다》 249쪽

내가 미국주식 블로그를 운영하며 가장 많이 받는 질문 중에 이런 것이 있다. "이거 지금이라도 살까요?" 그 답답하고 막막한 마음은 백 번 천 번 이해하지만, 결국 모든 결정은 스스로의 책임이다. 투자의 대가 워런 버핏은 주식공부가 어려우면 '시장(인덱스)'을 사라고 했지만, 시장을 사는 것에도 공부가 필요하다는 것이 나의 생각이다.

미국주식이 오르니까 좋아 보이는가? 그렇다면 잠깐의 조정에도 쉽게 흔들릴 수밖에 없다. 직접 뉴스를 찾고 리포트를 읽고 기업의 홈페이지를 들어가 보라. 어렵고 귀찮고 돌아가는 길 같아 보이지만, 감히 자신 있게 말하건대, 그거야말로 가장 빨리 목표에 다다를 수 있는 지름길이다. 스스로 찾아 메모하고 밑줄 그으며 공부한 바탕을 가지고 있으면, 외부의 어떤 소음에도 쉽게 흔들리지 않는다.

남이 알려주는 이야기만을 근거로 투자하는 이들은 이러한 가벼운 바람에도 쉽게 휘청거릴 수밖에 없으며 하루하루를 불안 속에서 보내야 한다. 그런 투자를 피하기 위해서 나는 '배당'이라는 그 무엇보다도 확실한 지표를 기준으로 투자를 해왔으며, 그 경험을 공유하고자 이 책을 쓰게 되었다. 독자들 역시 자신만의 확고한 기준을 세워 절대 흔들리지 않는 투자의 나침반으로 삼아 하루라도 더 빨리 진정한 경제적 자유에 도달하기를 진심으로 기원한다.

잠든 사이 월급 버는 미국 배당주 투자

초판 1쇄 인쇄 2019년 1월 3일
초판 21쇄 발행 2023년 8월 16일

지은이 | 소수몽키(홍승초), 베가스풍류객(임성준), 윤재홍
펴낸이 | 권기대
펴낸곳 | ㈜베가북스

주소 | (07261) 서울특별시 영등포구 양산로17길 12, 후민타워 6-7층
대표전화 | 02)322-7241 **팩스** | 02)322-7242
출판등록 | 2021년 6월 18일 제2021-000108호
홈페이지 | www.vegabooks.co.kr **이메일** | info@vegabooks.co.kr
ISBN 979-11-86137-86-4
